스포츠의 과학적 원리

윤신중 지음

혜민북스

머리말

오늘날 어린이에서 노인에 이르기까지 수많은 사람들이 건강과 여가와 직업을 위해서 스포츠에 참여하며 즐기고 있다. 어떤 사람들은 스포츠활동과 관련해서 정치, 사회, 경제적인 입지를 넓히기도 하고, 어떤 사람들은 유명 스포츠 선수의 일거수일투족에 열광적으로 환호하기도 하며, 나이 어린 운동선수들은 미래의 희망을 위해 곳곳에서 땀을 흘리며 훈련에 열중하고 있다.

이렇게 다양한 계층의 사람들이 관심을 가지고 참여하며 즐기는 스포츠의 대부분은 과학적 이론의 토대위에서 이루어지지만, 정작 우리는 그 사실을 잘 알지 못하거나 간과하고 있는 것이 현실이다. 심지어 우리 몸의 움직임이 어떠한 과학적 배경을 가지고 이루어지고, 그 움직임을 유연하게, 그리고 극대화하기 위해서 어떠한 과학적 사실이 적용되어야 하는 가에 대해서조차 생각하는 일이 드물다.

본 서는 스포츠와 관계하고 있는 모든 사람들에게 이러한 스포츠의 과학적 지식을 보다 쉽게 전달하기 위해서 집필하였다. 각 장마다 자세한 설명을 보충하여 기초 지식이 없는 사람도 보다 쉽게 이해할 수 있도록 하였으며, 스포츠의 과학적 지식을 직접 적용 가능하도록 보다 실제적인 지식을 수렴하여 집약시키고자 하였다.

그러나 제한된 시간 내에 출판을 서두르다 보니, 미흡한 점이 적지 않았음을 인정한다. 필요한 사항이나 새로운 내용에 대해서는 추후 충실히 보완할 것을 약속드리며, 독자 여러분들의 아낌없는 충고와 조언을 바란다.

끝으로 본 서의 출판을 위하여 협력해주신 도서출판 금광 안추자 사장님을 비롯한 관계자 여러분들에게 깊은 감사를 드린다.

2006. 7 윤 신 중

차 례

CHAPTER 1

서 문

1. 스포츠관의 변화

　메이저 리그나 유럽의 프로 리그에 도전하는 야구 선수나 축구 선수와 같이 스포츠 선수들은 이제 보다 경기 수준이 높은 세계무대로 눈을 돌리게 되었다. 물론, 이러한 경향이 최근에 시작된 것은 아니다. 특히 골프나 테니스 등 개인 경기는 전부터 세계를 누비며 자신과 국위선양을 위해 애써왔다.

　최근과 같이 세계적으로 유명한 선수가 수없이 등장하게 된 배경에는 스포츠관의 변화와 과학의 힘을 무시할 수 없다.

　「자신을 위해서 경기를 한다. 또는 경기를 즐긴다. 라는 말은 우리가 엘리트 스포츠 선수 인터뷰에서 곧잘 듣는 말이다. 그러나 이러한 발언은 젊은 세대에서는 통할지 몰라도 보다 윗세대 사람들에게는 위화감을 줄 수 있는 말이다.

　지금까지 어느 종목이든 국가를 대표하는 스포츠 선수는 「자신을 위해서」가 아니라, 「나라를 위해서」 싸웠으며, 좋은 성적을 얻기위해서는 「필사적」이며, 「승부 근성」이 있어야 했기 때문이다.

　과거 스포츠계에, 특히 국제 대회는 즐기는 것이 아니고, 자기가 속해 있는 단체와 나라를 짊어지고 싸우는 장이었다. 그 당시에는 「연습은 단련」이었으며, 승리를 얻기 위해서는 어떤 기술을 과학적으로 하는 것 보다 어떤 가혹한 상황이라도 견뎌내는 정신주의적인 사고방식이 지배적이었다고 말할 수 있었다. 그러나 이러한 사고방식은 이제는 낡은 방식이 되어 버렸으며, 스포츠에서도 과학적 지식과 사고방식이 일반적인 상황이 되었다.

현대 스포츠 선수는 자신의 힘을 이용하여 가능한 최고의 무대에 도전할 수 있는 자유를 획득했다. 이제 「자신을 위해서=자신의 실력을 시험하기 위해서」, 「시합을 즐긴다=쓸데없는 압력에서 벗어나 자기의 힘을 마음껏 발휘한다」, 라는 말은 스포츠 선수로서는 당연한 주장이 되었다. 그리고 세계에서 통용되는 힘을 얻기 위해서 큰 역할을 담당하는 것은 과학으로 뒷받침된 심신의 트레이닝이나 기술 연습이 되었다.

물론 기술 연습이나 트레이닝에 있어서 다른 선수들보다 몇배의 노력을 하지 않으면 좋은 결과를 얻을 수 없다는 사실은 옛날이나 지금이나 변함이 없다. 그렇지만 이것은 쓰러질 때까지 트레이닝을 하거나 트레이닝을 행하면 반드시 승리와 결부된다는 의미는 아니다.

체력 강화를 꾀하고, 기술력의 향상을 지향하기 위해서는 합리적인 뒷받침이 필요하고 그 기반이 되는 것이 바로 「스포츠 과학」이다. 다시 말하면, 스포츠에서 인간 한계에의 도전은 정신력이나 경험, 직감에 의지하고 있었던 지금까지의 기술 연습이나 트레이닝으로는 대응할 수 없는 수준에까지 도달해 있다고 할 수 있다.

컴퓨터를 이용한 근력 측정이나 멘탈트레이닝, 또는 여러 가지 기술이나 스포츠 과학에 얽힌 화제가 텔레비젼이나 신문과 잡지를 통해 소개되고 있다. 이러한 스포츠 무대 뒤의 일에 대해 일반 사람들의 관심도도 높아지고 있다. 일찌기 스포츠라고 하면 시합이나 경기가 유일한 관심사이고, 스포츠 선수 자신이나 일반인이 트레이닝 모습이나 연습장면을 본다는 생각은 없었다. 그러나 현재와 같이 이러한 무대 뒤의 일에 관심이 높다는 사실은 스포츠에서 과학이 담당하고 있는 역할이 증대하고 있음을 말하고 있는 것이다.

물론, 스포츠에 관련되는 과학의 영역은 광범위하다. 따라서 「스포츠의 과학」은 어느 특정 학문의 명칭이 아니고, 운동생리학이나 생화학, 심리학, 영양학과 여러가지 학문의 집합체로서 성립되어 있다. 예를 들면, 신체를 움직이기 위해서는 에너지가 없어서는 안 된다. 스포츠 선수는 음식으로부터 에너지를 보급받고, 소화·흡수라는 과정을 거쳐 분해된 영양소는 에너지원으로서 체내에 비축된다. 이 과정에 관해서도 생리학, 생화학, 영양학 등이 다각적으로 접근할 수 있다. 다시 말하면, 이러한 이론을 스포츠 선수의 퍼포먼스 향상에 결부시키기 위해서는 각각의 영역에서 연구 성과가 하나로 집약되어야 한다.

이와 같은 지식을 스포츠 현장에서 활용하는 중에서 코치나 트레이너를 비롯한 지도자가 담당해야 하는 역할은 실로 크다.

직접적이나 간접적으로 선수를 지지하는 과학적인 지식을 가진 여러 전문가의 존재는 이후 선수를 육성하는 데 특히 중요한 사항이 될 것이다.

2. 스포츠를 둘러싼 환경과 과학

인간은 왜 스포츠를 하는 것인가?

스포츠 과학을 말하는 데 있어서, 이 극히 근원적인 질문은 대단히 깊은 의미를 갖고 있다. 애당초 스포츠는 극히 개인적인 것이라고 할 수 있다. 특히 금전적인 보수가 없는 아마추어 선수에게 있어서, 스포츠를 행하는 목적은 승리나 기록 향상일 것이며, 최종적으로 자기 만족을 얻는 것에 있다고 해도 좋을 것이다.

이것은 테니스나 골프 등의 개인 경기에만 적용되는 것이 아니라 축구, 럭비 등 팀스포츠의 성공에도 어느 정도 자신의 능력을 공헌할 수 있기때문에 선수의 성취감을 좌우하는 요인이 될 것이다.

그러나 스포츠는 선수 자신에게 있어서의 승리나 자기 만족을 위해서만이 행해질 리는 없다. 특히 최고 수준의 스포츠 선수는 스포츠를 둘러싸고 있는 사회 문화적인 환경에 큰 영향을 받는다. 일찌기 소련이나 동독일 등의 구공산권 제국에서는 스포츠는 국위선양을 위한 수단이었다.

올림픽에서 메달의 획득 수는 서방 측의 제국에 그 존재를 어필하기 위한 하나의 유효한 방법이었던 것이다. 따라서 선수 강화를 위해서 사회제도를 이용하고, 국가 단위로의 육성을 철저히 실행했다.

여기에 여러 가지 과학적 이론이 도입된 것은 말할 것도 없다. 어렸을 때부터 스포츠에 관한 적성을 확인, 전문 지도자에 의해 선수를 육성하는 시스템은 실제로 큰 성과를 올려 왔다. 그러나 베를린 벽의 붕괴나 소련의 해체에 따라, 스포츠를 국위선양의 수단으로 하여 이용하는 일은 일부 국가를 제외하고는 대부분 없어졌다고 해도 과언이 아니다. 그것은 소련이나 독일의 올림픽에서 메달 획득 수의 감소를 보아도 알 수 있다.

한편, 스포츠는 새로이 상업주의 영향에서 벗어날 수 없는 상황에 놓이게 되었다. 상업주의의 대두에 동반하여 기록과 승리로 상품 가치가 점점 높아지고, 선수 자신도 스포츠를 생업이라고 말하는 것이 보통인 시대가 된 것이다.

종래부터 행해져 온 프로 스포츠뿐만 아니라, 지금까지 아마추어 스포츠로서 행해왔던 모든 경기에 관해서도 상금과 상품의 대회는 일반화되어 있다, 일찍이 쿠베르텡 남작이 올림픽에 내건 아마추어의 이상은 적어도 인기가 높은 종목의 최고 수준인 스포츠 선수에게 있어서는 이미 통용되지 않는다. 그리고 스포츠 선수가 자신의 상품 가치를 높이기 위해서 이용하는 과학적 이론이 전부는 아니지만 크게 공헌하고 있는 것도 사실이다.

9초 대로 달리는 100m 달리기의 러너나 시속 200km를 초월하는 서브를 넣는 테니스 선수 등, 우리들이 경기장이나 텔레비전에서 볼 수 있는 엘리트 스포츠 선수의 퍼포먼스 대부분은 과학적 이론으로 뒷받침된 트레이닝 프로그램과 영양 관리, 정기적인 체력 측정 등을 통해 얻어진 능력에 의한 것임에 틀림없다.

순수한 학문적인 관심에서 발전해 온 점도 물론 무시할 수는 없지만, 그 학문을 실제의 경기상황에 활용하려고 하는 노력이야말로 스포츠 과학발전의 원동력이 된 것은 의심 할 수 없다.

이와같이 인간의 잠재능력을 끌어내기 위해 스포츠 과학이 담당한 역할은 상당하다. 그러나 과학적인 이론과 기술의 발전은 한편으로 이용 방법에서 큰 문제를 일으키고 있는 것도 있다. 그 전형적인 예가 도핑이다.

스포츠 선수가 자기 만족을 목적으로 했다면 어쩌면 약물에 의해 신체 기능을 높이고, 퍼포먼스를 향상시키려고 하는 시도는 하지 않았을 것이다.

약물 사용에 따른 부작용은 자칫하면 선수 생명을 위협하는 것 뿐만 아니라 죽음과도 결부되기 때문이다. 선수가 약물을 사용하면서까지 기록을 올리고 싶고, 승리를 얻고 싶다고 하는 욕망의 이면에는 그 기록이나 승리가 가져다 주는 「상품」으로서의 부가 가치가 그만큼 높기 때문일 것이다.

현대 도핑에 관해서는 검사 체제와 함께 사용자에 대한 처벌 규정 정비가 행해지고 있는데, 선수나 관계자의 윤리적인 의식 향상을 요구하는 문제라고 할 것이다. 이와 같이 스포츠에서의 과학의 응용에 관해서는 스포츠와 스포츠 선수를 둘러싸고 있는 사회환경의 변화에 입각하여, 윤리적인 측면도 포함시켜 그 타당성에 대해서 충분히 논의할 필요가 있다.

지금까지 보아왔던 것과 같이 스포츠와 과학의 관계는 이미 불가분의 관계라 할 수 있다. 최고 수준의 스포츠 선수뿐만 아니라, 아마추어 선수가 최고의 수준에 이르기 까지 과학적인 트레이닝이나 영양 관리의 필요성은 말할 것도 없고, 스포츠의 전체적인 수준 향상에 공헌하고 있다고 할 수 있을 것이다. 그러나 과학은 스포츠에서 퍼포먼스를 바꾸는 필요조건이라고 해도 그것만 가지고는 충분한 조건이 아니고, 스포츠 선수의 유전적인 능력도 무시해서는 안된다.

근육에는 지구력 발휘에 우수한 성질을 가진 것과 스피드 발휘에 우수한 성질을 가진 것의 2종류가 있고, 각 근육의 비율은 최고 수준의 스포츠 선수에게 있어서는 종목에 따라 상당히 다르게 나타나고 있다.

즉, 같은 내용의 트레이닝을 반복하고, 동등한 영양 관리를 행했어도 모든 사람이 100m를 10초에 달리거나 42.195km를 2시간 정도로 달릴 수 있을 리는 없는 것이다. 이러한 의미에서 스포츠 과학이 스포츠 현장에서 만능이지 않다는 것을 명심하여야 할 것이다. 그리고 그것이 바로 각본 없는 드라마로서의 스포츠 묘미이기도 하다.

───── *쉬었다 갑시다 !* ─────

바나나킥은 공기 저항의 원리
(공의 회전에 따른 압력 변화 '매그너스 효과')

회전이 걸린 공이 골대를 한참 벗어나더니 어느 사이 곡선을 그리며 골대로 빨려 들어간다. 축구 역사상 가장 유명한 카를로스의 왼발 프리킥! 브라질의 카를로스가 골대에서 30m 떨어진 지점에서 프리킥을 한 "바나나킥"은 아직도 축구팬들의 기억에 생생하게 남아있다.

이 바나나킥 속에는 '매그너스 효과' 라는 과학 이론이 숨어 있다. 선수가 회전을 걸어 찬 공은 공기 저항으로 휘게 된다. 공기 흐름이 회전 방향과 같은 쪽에서는 공기속도가 빨라지고 압력이 감소하는 반면, 반대쪽에서는 압력이 증가하므로 회전을 건 방향으로 볼이 휘게 된다. 이때 시속 100km 이상 속도에 초당 10회 정도의 회전을 공에 걸면 최대 4m 정도 휘어진다.

축구공을 초속 25~30m, 회전은 초당 8~10회로 가정할 때, 30m 프리킥의 경우일 때, 직선 코스에서 4m나 비켜나도 골문을 뒤흔들게 된다는 것. 이 정도면 제 아무리 '거미손' 야신이라도 혀를 내두를 수 밖에 없다.

프리킥 때 수비수와 공격수의 간격에도 과학의 원리가 숨어있다. 프리킥을 차는 선수와 수비수가 떨어져 있어야 하는 간격은 9.15m. 영국의 연구 결과에 따르면 선수의 발을 떠난 볼은 정확히 9.15m를 지나면서 곡선운동을 시작한다고 한다. '회전' 킥이 가능하게 하면서 강력한 '대포알 슛' 으로 인한 수비수의 부상을 방지하기 위한 사려 깊은 장치인 셈이다.

골기퍼와 1대 1 상황에서 차는 로빙슛도 이와 비슷하다. 프리킥뿐만이 아니다. 공식수들이 찬 공은 예측이 불가능할 정도로 춤을 추듯 날아간다. 이것이 바로 무회전 마구! 빨랫줄처럼 쭉 뻗어가다 골대 근처에서 뚝 떨어지는 중거리 슛의 비밀이다. 특히 독일월드컵 공인구인 '팀 가이스트' 속에 담긴 '비밀' 이 마구를 만들어내고 있다.

축구의 과학의 저자인 영국의 물리학자 존 웨슨에 따르면 축구공이 비치볼처럼 표면이 매끄러우면 불규칙하게 좌우로 움직일 확률이 높다. 팀 가이스트가 재봉을 하지 않고 접착제로 가죽을 붙인 5.6각형 형태의 가죽조각을 붙인 공보다 구에 더 가까운 형태를 지니고 있어 움직임의 불확실성은 더욱 높아진 셈이다.

더구나 이음새가 없어 정확하게 힘을 전달할 수 있고 불규칙한 슛이 확 줄었다. 선수들이 프리킥을 찰 때 공을 빙글빙글 들리며 모양을 맞추는 것을 유심히 살펴보면, 이 부분을 찰 수 있게 공을 놓는 것을 알 수 있다. 완전한 구형에 가까워진 공! 최신 첨단과학으로 반발력도 늘었고 무게도 한층 가벼워졌다. 발가락 세 개로 공을 차는 듯한 느낌으로 공 중앙을 강하게 차면 공은 회전 없이 공기저항에 의해 춤을 추듯 날아간다. 과학기술로 발전한 공인구 덕에 공격수들은 신이 났다, 독일 월드컵에서 선보일 공격들의 최대 무기는 '무회전 마구'.

전 세계 킥의 달인들이 모이는 2006 독일월드컵에서 말로만 듣던 '무회전 킥'이 선을 보일 것이다.

CHAPTER **2**

스포츠 체력과 과학

Ⅰ. 스포츠란?

인간이 살아가기 위해서는 몸을 움직여야 하는데 이것을 신체 운동이라고 하며, 신체 운동은 몸의 위치나 자세가 시간과 함께 변화하는 것이라 정의할 수 있다.

일어서기, 걷기, 먹기, 뛰기와 같은 일상 활동은 전부 신체 운동에 의해 성립되는 것이다. 이러한 신체 운동은 생명을 유지하기 위한 활동과 즐기기 위한 활동으로 나눌 수 있다.

생명을 유지하기 위한 활동이란 주로 음식물을 먹기 위한 활동으로, 일을 하는 것도 포함된다. 한편 즐거움을 위한 활동이란, 예술 활동이나 스포츠 등, 풍요로운 생활을 하기 위해서 없어서는 안 되는 활동으로 「문화 활동」이라고 한다. 그 중에서 스포츠란 즐기기 위한 활동 중에, 「몸을 움직이는 것으로 즐거움을 얻는 것이 목적인 활동」이라고 할 수 있다.

일반적으로 스포츠=체육(교육)이라는 이미지가 강하기 때문에 경쟁하거나 몸을 단련하기 위하여 스포츠를 한다는 생각이 뿌리 깊지만, 반드시 그것만은 아니다.

「스포츠진흥법」에서도 「스포츠」란 심신의 건전한 발달을 꾀하기 위해서 운동 경기 및 신체 운동을 하는 것이라고 되어있다. 이러한 관점에서 행해지고 있는 스포츠가 평생 스포츠이고, 연령이나 성별에 관계없이 건강이나 즐거움을 위해서 스포츠를 행하는 것을 목적으로 한다.

스포츠 중에서 경쟁이나 기록을 내는 목적이 강한 것을 「경기 스포츠」라고 할 수 있다.

신체활동의 구분

인간의 신체활동은 "살기위한 활동"과 "즐기기 위한 활동"으로 분류할 수 있다.

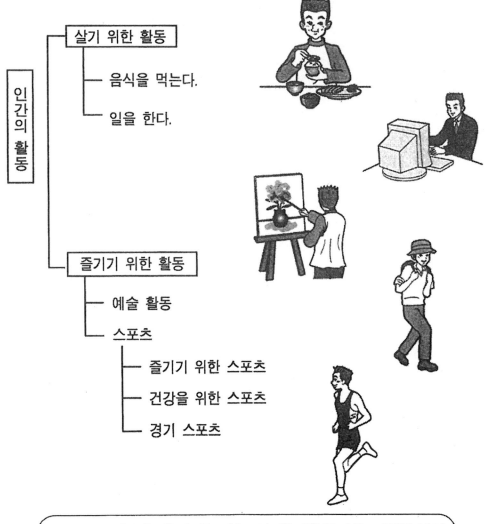

스포츠는 "몸을 움직이는 일로서 즐거움을 얻는 활동"이라 말할 수 있다.

Ⅱ. 체력이란?

「체력」에는 두 종류가 있다. 하나는 신체 활동에 필요한 능력을 가리키는 「행동 체력」이다. 일반적으로 「체력」이라고 하면 이것을 가리킨다.

다른 하나의 체력은 「방위 체력」이라고 말하고, 생명을 유지하기 위해 필요한 능력을 말한다.

1. 방위 체력 ~ 생명을 유지하기위해 필요한 「체력」

일반적으로 「저항력」이라고 할 수 있으며, 살아 나가기 위해서 필요 불가결한 아래와 같은 체력을 가리켜 말한다.

(1) 물리적·화학적인 스트레스에 대한 저항력

추위나 더위, 공기 안의 산소 농도, 기압의 고저, 진동, 화학 물질 등, 환경 조건에서의 저항력

(2) 생물적인 스트레스에 대한 저항력

바이러스나 세균, 기타 여러 가지 미생물 등에 대한 저항력

(3) 생리적인 스트레스에 대한 저항력

신체 활동이나 공복, 갈증, 불면, 피로, 시차 등에 대한 저항력

(4) 정신적인 스트레스에 대한 저항력

고통이나 불쾌감, 공포, 불만 등, 심리적 상태에 대한 저항력

2. 행동 체력 ~ 스포츠 퍼포먼스에 필요한 「체력」

신체를 적극적으로 움직일 수 있는 능력이라고 할 수 있으며, 아래와 같은 체력이 스포츠 활동을 하는 데 있어서 대전제가 된다.

(1) 근력 : 근육의 수축으로 발생한 장력의 총화. 체력 테스트에서 측정되는 악력이나 배근력 등이 이에 속한다. 근력을 단시간에 최대한 수축시킬 때 발휘되는 힘은 「파워=순발력」이라 하고, 순간적으로 폭발시키는 듯한 힘이 요구되는 종목에서 중요한 능력이다.

(2) 근지구력 : 특정 근육을 장시간 움직이는 것을 계속하는 능력. 하나하나의 근육이 피로 없이 작업을 계속할 수 있는지, 어떤지는 각 부위의 근육의 활동 능력, 특히 모세혈관의 발달 정도에 의해 좌우된다. 마라톤이나 야구 투수 등, 같은 근육을 반복 사용하는 경우에 중요하다.

(3) 민첩성 : 신체의 일부, 혹은 전신을 특정 방향으로 재빠르게 움직이는 것을 가능하게 하는 능력. 자극을 받고 나서 판단하기까지, 판단하고 나서 동작을 일으키기 까지의 시간(반응 시간)이 짧고, 판단과 동작 정확성이 요구된다. 신경 충격 전달의 속도, 정확함, 근수축의 속도 등이 관계되고 있고, 구기 등 대인 경기 스포츠에서 특히 중요하다.

(4) 평형성(밸런스) : 플레이 할 때 항상 안정된 자세를 유지하는 능력. 중이의 평형기나 근방추 등의 작용, 자세 유지에 관계하는 근력의 유무, 근육과 중추신경의 정보전달 작용 등, 여러 가지 신체 기능이 관계되어 있다.

(5) 유연성 : 관절을 움직이게 하는 범위, 이른바 신체의 부드러움을 나타낸다. 관절의 가동역은 사용되지 않으면 감소되기 때문에 움직임도 제한되어 버린다. 충분한 유연성은 스포츠 상해를 예방할 수 있다.

(6) 지구력(전신지구력) : 장시간 운동을 계속하기 위해 필요한 이 능력은 충분한 산소를 체내에 도입, 그것을 효율적으로 신체의 조직에 보내줄 수 있는가에 달려 있다. 마라톤 등 장거리 종목이나 축구, 럭비 등에서 중요하다.

(7) 조정력 : 어느 동작을 부드럽게 연계하기 위해서 근육이나 기관이 협조하는 능력으로 협응력이라고도 불린다. 근육을 제어하기 위한 신경의 움직임 등이 중요하다.

3. 정신적 요소와 신체적 요소

인간이 살아 나가기 위해서 필요한 신체 능력을 「체력」이라고 한다. 또한 체력이란 근력이나 지구력을 발휘하는 것이 전부라고 생각하기 쉽지만, 그것만은 아니다. 체력은 그림과 같이, 정신적인 강함을 나타내는 「정신적 요소」와 육체적인 강함을 나타내는 「신체적 요소」로 나뉜다.

정신적 요소와 신체적 요소는 외부 환경으로부터 몸을 지키기 위한 「방위 체력」과 몸을 움직이기 위한 「행동 체력」으로 나눌 수 있다.

정신적 요소의 방위 체력은 정신적 스트레스에 대한 저항력 등이고, 행동 체력은 의지, 판단, 의욕 등이다. 신체적 요소의 방위 체력은 기관과 조직의 구조인 「형태」와 적응능력, 체온조절, 면역력 등 신체적 스트레스에 대항하는 저항력인 「기능」으로 나뉜다.

스포츠와 관련이 깊은 것은 신체적 요소의 행동 체력으로, 이것도 「형태」와 「기능」으로 나뉜다. 「체력 측정」에서 조사되는 것도 이 능력이다. 형태는 체격, 체형, 자세 등 몸의 크기나 방법을 말한다.

기능은 몸을 움직일 때의 능력으로 「근력(몸을 움직이기 위한 근의 힘), 민첩성(재빠른 행동을 하는 능력)」, 「순발력(순간적으로 발휘하는 힘)」, 「지구성(행동을 유지하는 능력)」, 「평형성(몸의 자세를 유지하는 능력)」, 「유연성(몸의 부드러움. 행동을 원활하게 하기 위한 능력)」 등이 있다.

보통 스포츠를 위해서 필요한 체력이라고 하면 신체적 요소의 행동 체력만 생각하기 쉽지만, 스포츠를 과학적으로 연구하는 사람은 정신적 요소와 신체적 요소, 방위 체력과 행동 체력을 모두 고려하여야 한다.

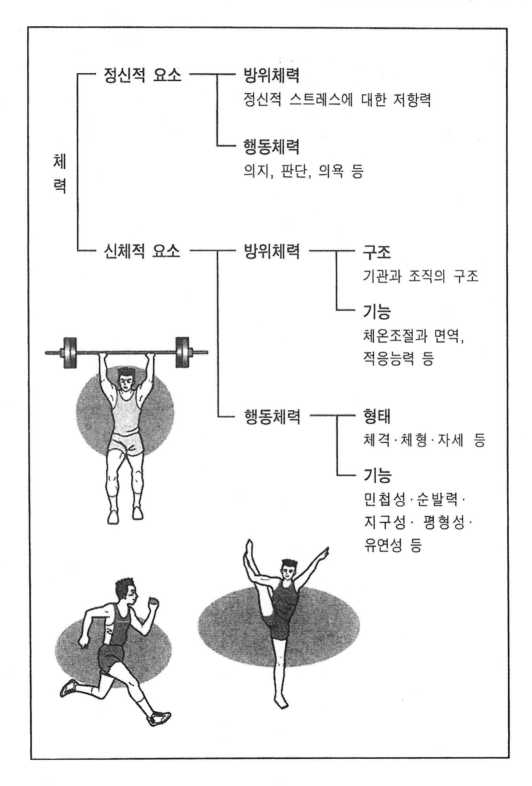

체
력

┌ 정신적 요소 ─┬─ **방위체력**
│   │   정신적 스트레스에 대한 저항력
│   │
│   └─ **행동체력**
│   의지, 판단, 의욕 등
│
└ 신체적 요소 ─┬─ **방위체력** ─┬─ **구조**
               │   │   기관과 조직의 구조
               │   │
               │   └─ **기능**
               │   체온조절과 면역,
               │   적응능력 등
               │
               └─ **행동체력** ─┬─ **형태**
                                │   체격·체형·자세 등
                                └─ **기능**
                                    민첩성·순발력·
                                    지구성·평형성·
                                    유연성 등

Ⅲ. 스포츠에 필요한 능력

1. 일상 생활과 스포츠의 차이

앞에서 살아 나가기 위한 신체 능력인 체력에 대해서 설명하였다. 그러면, 스포츠에 필요한 능력이란 어떤 것일까? 또 일상 생활에 필요한 능력과는 어떻게 다른 것인가? 한마디로 스포츠에서 행해지는 동작은 일상적인 신체 동작의 연장이다. 달리기, 뛰어넘기, 치켜세우기, 헤엄치기, 던지기와 같은 동작은 스포츠가 생기기 전부터 행해져 온 것이다. 이와 같이 스포츠에 필요한 체력도 일상 생활에 필요한 체력과 특별히 다른 것은 없다.

필요한 능력이라는 점에서 스포츠와 일상 생활을 비교해보면, 스포츠는 다음과 같은 특징이 있다.

⑴ 체력을 극한까지 사용한다. 예를 들면 육상 경기에서는 달리기, 뛰기, 던지기와 같은 동작을 하는 체력을 어느 정도 가지고 있는지, 그러한 동작이 얼마나 가능한지가 중요하다.

⑵ 일상 생활에서는 별로 행하지 않는 신체 동작을 많이 사용한다. 예를 들면 던지기, 치기, 차기와 같은 동작은 일상 생활에서는 대부분 할 수 없지만, 구기에서는 기본 동작으로서 많이 사용되고, 목적에 맞게 세련되어 있다.

⑶ 경기에 필요한 도구를 사용해 구사하고, 일상과는 다른 환경 중에서 체력을 사용한다. 이러한 경기 중에는 본래부터 놀이나 실용적으로 사용되어 온 도구나 기술을 경기로 하여 세련된 것도 있다. 스키나 스케이트 등의 겨울 스포츠, 자전거, 요트, 모터 스포츠 등이 여기에 해당된다.

이러한 경기를 하기 위해서는 우선 기본 동작을 갖추기(스키 타기, 자전거 타기 등) 위해서 상당한 훈련이 필요하다. 또 경기에 사용되는 도구가 좋고 나쁨은 그만두고, 도구나 스포츠가 행해지는 환경에 대한 지식이 경기력을 좌우하기도 한다.

스포츠와 일상생활의 차이

일상 생활보다
격한 신체활동
이다.

일상 생활에서는
별로 행하지 않는
동작을 많이 사용
한다.

도구를 사용하거나
일상과는 다른 환
경에서 신체활동을
행한다.

2. 비슷한 경기에서도 필요한 체력은 다르다.

현재, 일반적으로 행해지고 있는 경기 스포츠는 「육상 경기」, 「수영」, 「구기」, 「격투기」 등으로 크게 나눌 수 있다. 그러면, 이러한 스포츠를 행하려면, 어떠한 능력이 필요한가?

육상 경기나 수영에서 필요한 능력은, 체력을 한계까지 사용하는 것이다. 단, 육상 경기에서도 종목에 의해 요구되는 체력은 전혀 다르다. 예를 들면, 똑같이 달리는 경기에서도 단거리 달리기에서는 순발력이 필요하게 되지만, 마라톤에서는 지구력이 필요하게 된다. 또 같은 던지기 경기에서도, 던지는 물체의 무게나 방법에 따라 창던지기와 투포환에서 요구되는 근력과 기술이 다르다.

구기에서는 체력에 덧붙여 개개의 동작을 잘 행할 수 있는 능력과 상황에 맞게 필요한 동작을 선택하는 능력이 필요하다. 또 체력 이라는 점에서도, 경기에 의해 요구되는 능력이 다르고, 시합이 장시간 걸리는 축구나 럭비에서는 순발력에 덧붙여, 시합 후반에서도 정확한 플레이가 가능한 지구력이 필요하게 되지만, 야구에서 지구력은 중요하지 않은 포지션도 많다.

골프에서는 1회의 스윙을 잘 하는 기술이 있으면, 근력의 강약이나 지구력이 뛰어나지 않아도 좋은 성과를 내는 것이 가능하다.

격투기에서도 경기에 따라 기술뿐만 아니라, 요구되는 체력으로도 차이가 있다. 씨름과 레슬링의 경우 레슬링의 경기 시간 쪽이 훨씬 길기 때문에 지구력이 필요하게 된다. 또 레슬링이나 유도에서는 상대와 맞붙어 싸우기 위한 근력이 필요하지만, 복싱에서는 그러한 근력은 필요하지 않다. 이와 같이 비슷하다고 생각되는 경기에서도 종목에 따라 요구되는 능력은 다르다.

3. 포지션에 따라 필요한 능력

앞 페이지에서 「육상」과 「구기」로 분류되었음에도 불구하고 경기에 대한 필요한 신체 능력이 다르다는 것을 설명 했다. 더욱이, 구기와 같이 집단으로 행해지는 경기에서는 포지션에 따라서도 요구되는 능력이 차이가 있다. 이러한 차이가 가장 현저한 경기로는, 아메리칸 풋볼을 들 수 있다. 아메리칸 풋볼에서는 센터, 가드, 태클이라는 포지션을 정리해 라인이라고 부르지만, 이 포지션의 선수는 원칙적으로 볼에는 손을 댈 수 없다.

- **육상경기와 수영**

  격한 운동으로, 시간과 거리 등의 기록을 겨룬다.

- **구기**

  볼을 컨트롤하여 득점으로 겨룬다.
  집단경기에서는 개개의 동작에 더해, 상황을 판단하여 행동한다.

- **격투기**

  룰에 따라 상대를 쓰러뜨린다.
  체력만이 아니고, 상대의 행동에 대응하는 능력이 중요하다.

이 포지션의 역할은 상대측의 선수에게 태클하고, 볼을 든 아군 선수와 같이 길을 만드는 것이다.

그렇기때문에 이 포지션에서는 상대와 부딪혀도 패하지 않기 위한 강인한 체격과 스피드가 필요하다. 한편, 리시버라고 불리는 프랑 카, 스플릿 엔드의 포지션에서는 아군 패스를 캐치하는 것이 주요 역할이 된다.

이 때문에 이 포지션의 선수는 볼을 캐치하기 쉬운 위치를 재빠르게 파악하여 이동하는 능력과 빠르게 달려 상대를 피하는 능력이 필요하게 된다. 또 축구나 라크로스, 핸드볼 등에서는 포워드의 선수는 보다 강하게 빠른 숫을 하는 능력과 볼을 얻기 쉬운 위치를 읽는 공간 지각 능력이 필요하게 된다.

그러나 중앙에 위치하는 선수는 상대 고울 부근에까지 공격하거나 자기 진영의 고울 부근으로 디펜스에 임무를 다 할 때도 있어 운동량이 많아지기 때문에 지구력이 필요하게 된다. 키퍼의 경우, 지구력은 그다지 필요하지 않지만, 자기 진영에 공격해 온 상대 선수의 움직임을 잡는 능력과 날아 온 볼에 재빠르게 반응하고, 캐치 가능한 순발력이 필요하다.

이와 같이 포지션에 따라 요구되는 능력에는 차이가 있다. 이러한 스포츠에서는 능력에 적합한 포지션을 선택하는 것도 중요하다.

IV. 스포츠 과학이란?

신체의 움직임에 따라 몸의 기능이 변화한다는 것은 고대부터 인식되어 왔으며, 이 당시에도 운동과 신체와의 관계를 의학적으로 조사하기도 하였다.

20세기에 들어, 올림픽이나 각종 대회가 번창함에 따라서, 스포츠 경기에서 성적을 얻기 위한 조건을 의학적 측면에서 연구하는 것이 본격화 되었다. 특히 의학이나 생리학 중에서 스포츠와 신체의 관계를 조사하는 분야를 「스포츠 과학」이라고 부르게 되었다.

현재는 「스포츠 과학」이라는 말은 의학이나 생리학뿐만 아니라 스포츠에 관계되는 현상을 연구하는 학문의 총칭이 되어 있다. 이 때문에 스포츠과학에 포함되는 분야는 「스포츠 철학」, 「스포츠 교육학」, 「스포츠 사회학」, 「스포츠 경영학」등 까지 확대 되었다.

스포츠과학 중에서도 스포츠와 신체의 관계를 중점적으로 조사하는 분야로, 운동 시의 신체 기능 변화와 운동에 의한 신체의 변화를 연구하는 「운동 생리학」, 스포츠에서 행해지는 동작을 중력이나 공기 저항 등 외부의 요인도 포함시켜 역학적인 관점에서 연구하는 「스포츠 바이오메카닉스」, 스포츠에 영향을 미치는 심리 요인이나 심리적 효과 등, 스포츠에 관계되는 심리학적인 문제를 연구하는 「스포츠 심리학」, 스포츠에 의한 부상이나 허약한 신체의 치료와 예방, 스포츠에 의한 건강의 유지 등을 연구하는 「스포츠 의학」, 스포츠 경기나 트레이닝에 최고의 효과를 주기 위한 영양 상태를 연구하는 「스포츠 영양학」 등을 들 수 있다.

본서에서는 운동 생리학적인 면과 바이오메카닉스의 측면을 중심으로 스포츠를 분석·설명하였으며, 스포츠 영양학, 스포츠 의학, 트레이닝에 관한 주제도 다루고 있다. 스포츠를 행할 때의 주의나 스포츠의 즐거움 등, 스포츠 사회학의 견해도 설명하였다.

스포츠 과학의 분류

스 포 츠 과 학

운동 생리학
운동 시의 신체기능의 변화, 운동의 영향에 의한 기관, 조직의 변화를 연구한다.

스포츠 바이오메카닉스
스포츠에 있어서 신체운동을 중력이나 공기저항 등의 환경을 포함하여 역학적인 관점에서 연구한다.

스포츠 심리학
스포츠에 영향을 미치는 심리요인과 스포츠의 심리적인 효과를 연구한다.

스포츠 의학
스포츠에 의한 상해나 장애, 질병의 치료와 예방, 스포츠에 의한 건강의 유지 등을 연구한다.

스포츠 영양학
스포츠나 트레이닝에 최적인 영양의 섭취에 대하여 연구한다.

스포츠 철학
스포츠를 철학적인 측면에서 연구한다.

스포츠 사회학
스포츠에 있어서 사회적인 관계, 사회현상으로서의 스포츠를 사회학적 측면에서 연구한다.

스포츠 마켓팅
스포츠 시설의 운영, 스포츠 이벤트의 실시 등을 마켓팅의 관점에서 연구한다.

스포츠 교육학
스포츠의 교육적인 효과, 스포츠의 지도방법 등에 대해 연구한다.

CHAPTER 3

스포츠 생리학

제1절 인체의 발육·발달과 가령
I. 신체의 발육과 발달

　신체의 발육·발달 과정을 나타낸 대표적인 것에 스카몬의 발육 곡선이 있다(그림 3-1). 이것은 신체 제 기관을 4개로 크게 나누어, 성인의 발육 도달치에 대한 각 연령의 발육 비를 구하는 발육 과정의 특징을 표현한 것이다.

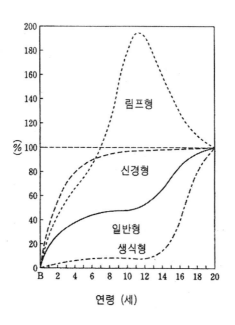

그림 3-1. 스카몬의 발육형 모식도

1. 림프형(lymphoid type)

　이 타입에는 흉선, 림프절, 편도아데노이드, 장간 림프 조직 등이 있다. 출생후 급상승하고, 사춘기 초기 때에 정점에 달하며, 성인의 2배 가깝게 되지만, 다시 급속하게 저하되어 성인의 크기로 되돌아온다.

2. 신경형(neural type)

이 타입을 나타내는 것에는 뇌, 척수, 안구, 감각 기관 등의 신경 조직이 있다. 출생 후, 급속하게 발달해 6세경에 성인의 약 90%에 달하고, 그 후 천천히 발육한다.

3. 일반형(general type)

이 타입은 골격, 근육, 내장 제 기관(호흡기, 소화기관, 신장, 대동맥 등) 등의 신체 조직 발육 곡선으로 대표된다. 출생 후, 약간 급속하게 발육하고, 아동기에 약간 완만하게 되고, 사춘기에 다시 급한 발육을 하고, 성인치에 접근한다.

4. 생식형(genital type)

이 타입의 발육을 나타내는 것은 고환, 난소, 자궁 등의 생식 기관이다. 12세 경까지는 성인의 10% 정도로 상당히 느린 발육을 하고, 사춘기 경에는 극히 급격하게 발육한다. 이것은 내분비계의 발달에 의한 것으로, 사춘기의 발육을 컨트롤 하는데 매우 중요한 작용을 가진 것이다.

Ⅱ. 형태의 발육

1. 신장

신장의 발육은 생후 1년 동안, 가장 급속한 발육(제1발육 급진기)을 하고, 그 후 비교적 완만한 발육을 한다. 제 2의 피크는 남자에서는 12~14세 경, 여자는 9~13세 경에 보인다. 이것을 제2발육 급진기라고 한다. 그 후는 점차 발육량이 줄어 완만한 발육을 나타내고, 20세 경에는 대략 성인의 신장에 달한다(그림 3-2).

체중은 신장과 같은 경향이지만, 발육 속도가 피크가 되는 연령은 남자는 11~15세, 여자는 10~14세 경이다. 어느 것이나 여자 쪽이 빨리 나타난다.

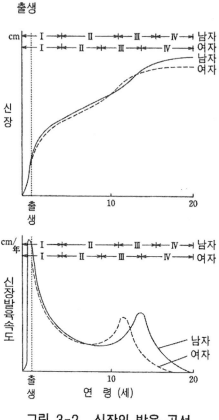

그림 3-2. 신장의 발육 곡선

2. 흉위

흉위의 크기는 심장이나 폐의 발달과 밀접한 관련을 갖고 있다고 하지만, 일반적으로 발육 속도가 피크가 되는 것은 남자는 11~15세 경, 여자는 9~13세 경이고, 이 시기에 걸쳐 현저한 발육을 보인다.

이와 같이 발육 급진기에 있어서, 남자와 여자에서는 2년 정도 시간적인 엇갈림이 있고, 여자가 남자보다 발육이 우위를 차지하는 시기도 있는 것을 알 수 있다.

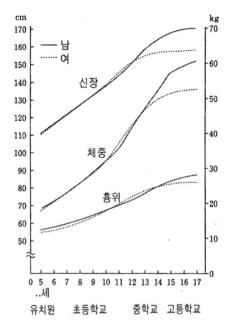

그림 3-3. 신장·체중·흉위의 평균치(1984)

Ⅲ. 성장과 발달

1. 뼈의 성장

뼈는 유아기에 있어서는 대부분이 연골의 상태이다. 발육기의 사지의 뼈는 골단, 골단선, 골간끝, 골줄기로 나뉜다.

뼈의 길이의 성장은 골단에 있는 골단선에서 행해진다. 골단선에 있는 연골 세포가 골세포로 변하는 것에 따라 길이를, 골막에 있는 결합 조직 세포가 굵기를 각각 성장시킨다.

골단선이 없어지면 성장은 멈춘다. 골단선이 없어지는 것은 부위에 따라 다소의 차이가 있지만, 대체로 16~17세 경이다.

2. 근의 발달

그림 3-4는 근의 기능 발달 일례로서 주굴근의 최대 근력, 최대 속도, 최대 파워 및 반응 시간을 나타낸 것이다. 최대 근력, 최대 속도, 최대 파워는 형태

의 발육 과정이나 제 지방 체중의 발육 변화와 평행하고 있다. 근력의 발휘는
연령, 성별을 불문하고 단위 근단면적에 대해 약 6.3kg/㎠이고, 또한 수축최대
속도는 근장길이 1cm당 약 4.0cm/초이다. 이들을 종합하면 근의 발달은 형태
발달에 뒷받침된다고 할 수 있다.

　　반응 시간은 5~6세경에 발달이 현저하고, 그 후는 점진적으로 증가하고 있
다. 이 발달 경향은 스카몬의 신경형의 발육곡선과 흡사하다는 것부터, 신경계
의 발달이 크게 관여되고 있다고 생각된다.

3. 호흡·순환기능의 발달

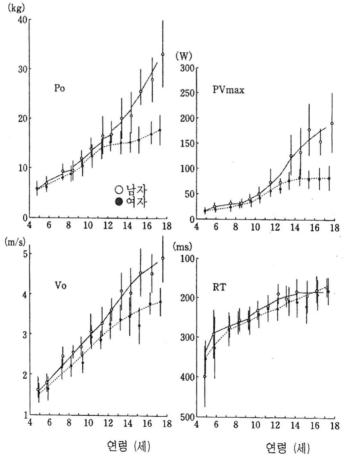

그림 3-4. 최대근육(Po)·최대속도(Vo)·최대파워(PVmax)·
반응시간(RT)의 발육에 따른 변화

호흡기능은 호흡수나 폐활량에 의해 알 수 있다.

신생아에서는 1분간에 34~45회 정도지만, 1~6세에는 20~30회, 6~10세에는 18~25회, 10세 이상이 되면 16~20회 정도로, 대개 성인과 같은 정도까지 발달한다.

호흡수가 연령과 함께 감소하는 것은 발육과 함께 폐의 탄력 조직이 늘고, 1회의 호흡량이 증대하기 때문이다. 폐활량의 발육곡선은 그림 3-5와 같다. 남자에서는 11~13세, 여자에서는 13~14세에 급속하게 발달한다.

순환기능은 맥박이나 혈압의 변화에 의해 알 수 있다.

맥박수는 신생아는 1분간에 130~150회 정도지만 발육과 함께 감소하고, 2~6세에 80~105회, 6~13세에 75~90회, 13~20세에 75~85회, 20세 이상이 되면 70~75회 정도가 된다.

일반적으로 여자는 남자 보다 맥박수가 많다. 호흡기능과 순환기능을 종합적으로 나타내는 것으로 최대산소섭취량이 있다. 최대산소섭취량이 가장 급증하는 시기는 남자는 12~15세, 여자는 10~15세 경이다.

남자의 최대산소섭취량은 약 3.0ℓ/분, 여자는 약 1.7ℓ/분이다.

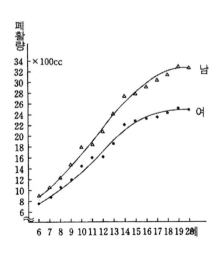

그림 3-5. 폐활량의 발육곡선

4. 신경기능의 발달

신경계의 발달은 그림 3-6과 같이 출생 후 수년간에 대부분 성인의 수준에 도달한다. 그 후는 플라토(plateau, 높은 상태로 유지되는 것)가 유지된다.

그림 3-6은 가령에 의한 뇌 무게의 발육을 나타낸 것이지만, 5세 경까지 성인의 약 90%, 10세에 95%에 달하고, 그 후는 대략 일정한 중량이 유지되며, 60세를 지날 무렵부터 서서히 경감해 나간다.

정신의 발달이나 지능의 발달은 뇌의 발달과 밀접하게 관계한다.

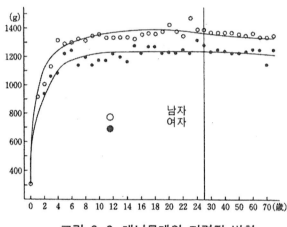

그림 3-6. 대뇌무게의 가령적 변화

5. 성적 발달

사춘기에 달할 무렵이 되면 성호르몬의 분비가 왕성하게 되고, 생식형은 12~13세 경 부터 급격하게 발육한다. 이것을 제2차 성징이라고 부른다.

성의 결정은 수정 시에 이루어지며, 정자가 난자 중에 침입하고, 상호의 염색체가 혼합해 합쳐지는 순간에 성별 결정이 되며, 제1차 성징이 형성되게 된다. 출생아의 성별은 제1차 성징에서 분별된다.

소년기부터 청년기에의 이행이 시작되는 사춘기는 체격이나 신체 제 기능 발달과 동시에 남자는 사내답고, 여자는 여자다워 지지만, 그 형태와 기능을 높여 나가는 것은 성호르몬의 분비이다.

성호르몬에는 남성 호르몬(안드로겐)과 여성 호르몬(에스트로겐)이 있고, 누구라도 양쪽의 호르몬을 모두 구비하고 있다.

남성 호르몬의 대부분은 고환에서 만들어진다. 여성 호르몬의 대부분은 난소에서 만들어지지만, 여성의 남성 호르몬은 부신에서 만들어지고, 매우 소량이지만 난소에서도 만들어진다. 여성 호르몬에는 난포호르몬(에스트로겐)과 황체호르몬(프로제스테론)이 있다.

표 3-1. 제 2차 성징의 발현

	남 자	여 자
8 세 10~11 12 13 14 15 16~17세	음경·고환의 성장 후두 돌출 음모 발생 변성 생식기 색소증가, 액모, 수염 발생 신체 발모, 골격 증대, 음모 변화, 사정 개시	골반 확대, 둔부의 원미 피지선 분비증가 유방 변화 음모 발생, 생식기의 성장 질분비물 증가 초조·액모 발생 골반 증대 배란, 월경 정상화, 골격 증대

표 3-1은 제2차 성징의 발현을 나타낸 것이지만, 남녀 공통인 것도 있고 각각인 것도 있다. 이러한 발현에는 유전, 환경, 영양 등의 제 인자가 신체에 영향을 미치며, 개인차에 따라 다르다.

성장하는 것에 따라서 인간은 자신의 성을 자각하고, 이성을 강하게 의식하며, 성에의 관심이 높아지고, 성애로서 행동화 되어간다. 따라서 성애의 문제는 인간생활상에서 그 의의와 역할을 이해하고, 그 중요성을 인식하는 것이 중요하다.

6. 운동 기능 발달

신생아의 운동에는 수의 운동은 보이지 않고 척수, 뇌간, 중뇌 및 시상에 중추가 있는 반사가 주체이다. 이 반사의 출현과 소실은 신경계의 발달에 대응하고 있고, 출생직후에 출현하여 2~3개월에 소실하는 것도 있으며, 생후 3개월 경에 출현해서 5세 경까지 소실하지 않는 것도 있다. 반사 출현과 소실로 수의 운동 발달을 보인다.

유아의 수의운동은 조대운동(거칠고 엉성함)과 미세운동으로 대별할 수 있다. 조대운동의 발달은 이동운동 발달로 대표되듯이 두부에서 시작되고, 상지, 체간, 하지의 순서대로 기능발달이 진행하는 「두부에서 둔부로」의 법칙이 알맞다. 또 상지의 발달로 대표되는 것과 같이, 상완, 전완, 손, 손가락의 순서대로 기능발달이 진행하는 「중심부에서 말초로」의 법칙도 있다.

미세운동 발달은 손가락의 조작기능의 발달이다. 손바닥을 중심으로 한 쥔 쪽부터 손(발)가락 끝을 사용해 움직임을 질적으로 고도화해 가는 과정을 보인다.

Ⅳ. 발육과 발달에 영향을 미치는 인자

신체의 발육과 발달은 유전적 요인과 환경적 요인의 상호작용에서 규정된다. 즉, 유전적 요인과 환경적 요인은 각각 독립해 관여하는 것이 아니고, 서로 작용하면서 발육과 발달의 현상으로 영향을 미치는 것이다.

1. 유전적 요인

신체의 발육과 발달에 있어서 유전자의 지배력은 크다. 부모자식의 외관과 체격 등의 형질이 유사한 것도 유전자의 이유이다. 유전적 요인의 영향은 쌍둥이의 연구에 의해 확실하게 나타난다.

일란성 쌍생아는 유전자 조성과 환경 조건이 동일하지만, 2란성 쌍둥이는 환경 조건은 동일하더라도 유전적으로는 보통 형제와 같은 유사성을 갖는 것에 지나지 않는다. 양자의 신장을 비교하면 일란성 쌍생아의 유사성이 뛰어나고 높다.

2. 환경적 요인

최근 영양의 개선, 생활양식의 변화, 사회 환경의 변화 등은 신체 발육을 가속적으로 증대하고, 성숙을 조기화하게 하는 등의 변화를 가져왔다.

이와 같은 현상을 발육촉진 현상이라고 부르고, 아래 3개의 현상으로 크게 나누어 생각할 수 있다.

(1) 연차촉진 현상

세대가 나아가는 동시에 같은 연령의 체위가 향상하는 현상이다(그림 3-7).

(2) 성숙 전경 현상

성숙 현상이 연령이 낮은 쪽으로 이행하고, 세대가 나아가는 것에 따라서 조숙화해 나가는 현상이다. 생식계의 조숙화 뿐만 아니라, 치아의 조기화 등도 보인다.

(3) 발육구배 현상

도시의 아이는 지방의 아이와 비교해 모든 발달에 현저한 조숙화가 인정되는 현상이다.

이상은 환경적 요인이 발육·발달을 촉진하는 현상의 예지만, 환경적 요인이 요인으로서 작용하기도 한다. 또 발달 초기단계에서의 환경적 요인의 영향력이 절대적임을 시사하는 미숙아에 관한 보고가 있다. 구출된 미숙아는 신경, 골격, 근육에 이상이 없음에도 불구하고, 인간의 특징인 직립 2족 보행이 불가능하여 4족 보행을 하고 있는 것이 보고되고 있다.

V. 가 령

생체의 구조, 기능이 시간의 경과에 동반하여 변화하는 것을 가령현상이라고 한다. 이 변화를 크게 나누어 발육기, 성숙기, 노화기로 부르고, 사람은 이 일련의 생명 현상을 가지고 수명을 완수한다.

이 가령이라는 말은 1956년에 발행된 沖中에 의한 「노년병학」이라는 저서 중에서 사용한 것이 최초로, 비교적 새로운 개념이다. 가령은 노화 보다

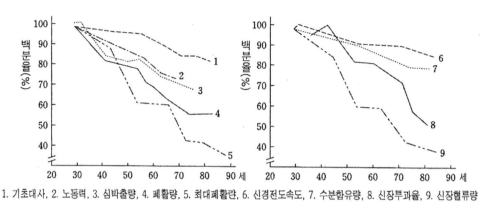

1. 기초대사, 2. 노동력, 3. 심박출량, 4. 폐활량, 5. 최대폐활량, 6. 신경전도속도, 7. 수분함유량, 8. 신장투과율, 9. 신장혈류량

그림 3-7. 생리적기능의 연령적변화

넓고 보편적인 개념이다.

1. 가령 현상

　　사람은 20세 경에 발육과 발달이 피크에 달하고, 그 후 연령의 변화와 함께 생태의 각 기능도 변화한다.

　　성인병은 가령현상을 기반으로 발병하고, 진전하기 때문에 이 변화를 아는 것이 필요하다. 중년과 노년기의 가령에 동반하는 변화는 기본적으로는 각 세포의 모든 기능 저하에 의한 것이다. 즉 세포수의 감소, 세포내의 변화, 결합 조직 변화가 일어난다.

　　이 결과로서 신체의 변화가 일어나고, 예비력의 저하, 반응 둔화, 회복 지연, 재생 능력의 감퇴 등 여러 가지 변화로서 나타난다.

　　그림 3-8은 생리 기능을 연령적 변화에 따라, 30세 때를 100으로 하여, 그 저하 상태를 체감율에 따라 나타낸 것이다.

〈생리 기능 변화〉

• 심 기능

　　심박출량은 20세 이후 감소한다. 혈류량은 뇌, 심장, 골격근 등에 비해, 신장, 복부, 손과 발가락 등의 감소가 현저하다.

• 폐 기능

폐활량의 저하는 현저하다. 폐의 탄성 수축력이 감소하고, 폐의 최대 환기율 및 확산능이 저하한다. 이러한 기능 저하는 인간의 활동력에 관계되는 호흡·순환 기능 저하를 의미하는 것이다. 호흡·순환 기능은 인간의 생명 활동을 떠받치는 기본 기능이다.

• 지각 기능

청각은 크게 저하하고 시력도 노안화가 진행된다.

• 신 기능

신장의 투과율이나 혈류량이 가령과 함께 저하 경향이 현저하게 나타난다. 기타 기능에 있어서도 정도의 차이는 있지만 가령적 변화가 인지된다.

〈외모의 변화〉

일반적으로 신장이 작아진다. 이것은 추간판의 단축과 각 추골의 높이 감소에 따른다. 그 결과, 체격은 단구, 장사지형이 된다.

피하지방은 복부와 요부에 축적한다. 여성 유방의 지방 조직은 위축하고, 체모는 소실한다. 이마의 주름은 20세 부터 시작되고, 눈가장자리의 주름은 40세를 지나면 커진다.

피부의 지방과 탄성 섬유의 소실에 의해 귀나 턱이 늘어지고, 골격근도 위축하는 데, 특히 손발의 골간근에 현저히 나타난다.

정도가 진행되면 잘 쓰러지고, 또 미세한 동작에서 손의 떨림이 나타난다.

〈운동 기능 변화〉

악력을 비롯해, 모든 근력은 20대를 피크로, 이후 직선적으로 저하하지만, 직업 등에 의한 개인차가 현저하다. 민첩성, 순발력, 지구성, 평형성 등도 30세 경부터 두드러지게 저하하게 된다.

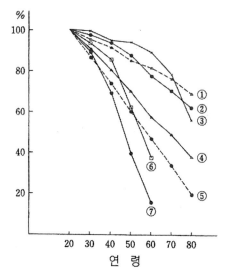

(1) 시각단순반응시간 (여)　　　(5) 운동시간
(2) 손의 회전운동　　　　　　　(6) 근력 (악력)
(3) 시각단순반응시간 (남)　　　(7) 근력 (상완이두근력)
(4) 반응시간, 베그보드 검사

그림 3-8. 운동기능의 가령을 수반한 변화

2. 노화 방지 대책

가령과 함께 노화가 진행되고, 체력의 저하를 보이지만, 개인의 건강 지표로서 생리 연령과 실 연령과의 차를 평가하는 경우가 있다. 운동을 하는 것과 운동을 하지 않는 것과는 상당한 체력 차를 보인다.

중·고령자는 자신에게 맞는 운동을 정하고, 초조해 하지 말고 주의를 지켜, 자신의 페이스로 즐겁게 실시하면, 개인에게 맞는 적당한 운동량을 확보하고, 건강 유지를 위해 노력하는 것이 필요하다.

제 2절 운동과 근육
I. 근의 역할과 종류

인간의 모든 동작은 근육의 수축에 의해 일어난다. 또한 근육은 스포츠 퍼포먼스를 좌우하는 가장 중요한 요소라고 할 수 있다. 그렇지만, 근육이라고 해도 경기 종목마다 요구되는 내용이 천차만별이며, 또 근육에 요구되는 힘이라도 경기 특성에 따라 다르다. 그러면 이와 같이 스포츠마다 다른 양상을 보이는 근육이란 어떠한 것일까? 그 종류나 구조, 수축 메커니즘 등에 관해 알아보자.

1. 근의 구성

근에는 자신의 의지로 컨트롤되고 의지에 의해 움직일 수 있는 골격근과 또 내장 제기관을 구성하고 있는 내장근이 있다. 이러한 근을 신경 지배로 분류하면, 전자를 수의근, 후자를 불수의근이라 한다.

골격근은 현미경으로 관찰하면 횡문이 보이기 때문에 횡문근, 내장근은 편평하고 미끄러워 평활근이라고도 한다. 그러나 심근은 불수의근이면서, 골격근과 같은 횡문이 보이기 때문에 심근이라고 구분해서 부르고 있다.

2. 근육의 종류

보통, 「근육」이라는 말을 무심코 사용하고 있다. 이 경우, 다리, 복부 등의 근육으로 대표되는 골격근을 가리키고 있는 것이 대부분일 것이다. 그러나 몸을 구성하는 근육에는 이외에도 평활근과 심근이 있다. 같은 근육이긴 하지만, 이들 근육은 각각 기능적으로 다르다.

1) 평활근

심장 이외의 내장이나 기관(소화관벽, 기도벽, 혈관벽, 비뇨생식기, 피부의 모포, 안구의 홍채, 모양체 등)에 있는 근육을 말한다.

2) 심근

심장벽을 만드는 근육으로 일정한 리듬으로 수축을 반복한다. 다른 내장과 기관의 근육과 다르게 골격근과 같이 횡문을 보여 횡문근이라고도 불린다.

3) 골격근

골격근은 전신 근육량의 대부분을 차지한다. 골격근의 양끝은 건을 매개로 하여 뼈에 부착하고 있고, 관절 운동이나 자세의 유지에 관계하고 있다. 심근과 같이 횡문을 보여 횡문근이라고도 불린다. 달리기, 뛰기, 던지기, 치는 것과 같은 신체 운동(관절 운동)은 전부 골격근의 수축에 의해 일어난다.

골격근은 여러 가지 스포츠의 퍼포먼스에 중요한 역할을 발휘할 수 있는 힘을 트레이닝에 의해 강화할 수 있다는 점에서 큰 특징이 있다.

3. 속근과 지근

근 섬유는 수축 속도에 의해 속근 섬유(fast twitch fiber: FT 섬유)와 지근 섬유(slow twitch fiber: ST 섬유)로 나눌 수 있다.

속근 섬유는 수축 속도가 빠르지만 피로하기 쉽다. 반대로, 지근 섬유는 수축 속도는 느리지만 피로감이 적다. 속근 섬유는 희게 보이므로 백근, 지근 섬유는 빨갛게 보이므로 적근이라고도 한다.

또 에너지 생성과 관련하여 지근섬유를 SO(Slow oxidative) 섬유, 속근 섬유를 FG (fast glycolytic) 섬유와 FOG(fast oxidative-glycolytic) 섬유 라는 3종류로 나눌 수도 있다.

SO 섬유는 유산소적 에너지를 주로 사용하며, FG 섬유는 해당계 에너지를 주로 사용한다. FOG 섬유는 SO 섬유와 FG 섬유 모두의 성질을 갖고 있으며, 수축 속도가 빠르지만 쉽게 피로해지지 않는다.

일반적으로는 약한 힘을 발휘할 때는 지근 섬유가 우선적으로 이용되고, 강한 힘을 발휘할 때는 속근 섬유가 사용된다. 단, 약한 부하라도, 신장성 수축 시나 빠르게 움직일 때는 속근 섬유가 우선적으로 이용된다.

속근과 지근의 비율은 「선천적으로 반드시 변하지 않는다」라는 설이 유력하지만, 최근들어 「트레이닝에 의해 어느 정도는 변화한다」는 설도 있다.

근의 종류

횡문근과 평활근

횡문근 : 두종류의 근필라멘트가 규칙적으로 배열된 근

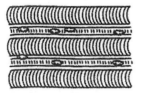

심근(심장의 근)

골격근

평활근 :

횡문구조가 없는 근

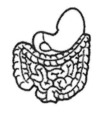

소화기관

혈관

어느 쪽이든, 선천적인 근섬유의 비율로 스포츠의 적합·부적합을 어느 정도까지는 결정할 수 있다.

예를 들면, 마라톤 등 지구성인 경기에는 지근 섬유의 비율이 높은 사람이 적합하고, 역도 등 순발력이 요구되는 경기에는 속근 섬유의 비율이 높은 사람이 적합하다.

실제로도 우수한 선수를 조사한 결과, 개인차는 있지만 지구적인 경기 선수는 지근 섬유의 비율이, 순발적인 경기 선수는 속근 섬유의 비율이 많은 것으로 나타나고 있다.

Ⅱ. 근 수축의 종류

달리기, 뛰기, 던지기, 치기 등의 스포츠 장면에서는 여러 가지 신체 활동 패턴을 보이지만, 어떠한 움직에서도 근 수축에 의해서 「힘」이 만들어진다는 점은 모두 같다. 그렇다면 근육이 수축할 때에는 어떠한 메커니즘이 작용하고 있는가. 또 여러 가지 움직임에 나타나는 수축 양식에는 어떠한 것이 있는가. 물론 각각의 스포츠 종목에서 요구되는 특징적인 움직임이나 힘의 발휘 방법에 따라 근육의 수축 양식에는 차이가 있다.

스포츠 참가자는 근수축 양식을 알고, 그 양식에 적합한 트레이닝을 행하기 위해서도 근 수축 메커니즘을 이해하여야 한다.

1. 근 수축 메커니즘

근육은 수축에 의해서 힘을 발휘한다. 그 메커니즘은 아직 완전히 해명되지 않았지만, 전자현미경의 발달에 따라 어느 정도까지는 확인되었다.

현재 가장 일반적인 이론으로 인정되고 있는 것은 「활주설」이다. 활주설은 근육에 배열된 액틴 필라멘트와 미오신 필라멘트가 자극을 받으면 미끄러져 들어가 서로 겹쳐 수축한다고 하는 이론이다. 그 메커니즘을 간단히 살펴보면 다음과 같다.

⑴ 신경에서 신경충격(충격전류)이 가해지면 근소포체에서 칼슘 이온이 방출되고, 필라멘트를 활주시키는 계기를 만든다.

⑵ 방출된 칼슘 이온은 트로포닌과 결부, 액틴 필라멘트를 활성화시킨다.

⑶ 액틴 필라멘트와 미오신 필라멘트에 연결교가 만들어지고, 액틴이 미오신에 겹치지는 방법으로 활주가 생긴다. 이 연결교는 미오신 필라멘트로부터 뻗어져 있다. 정지시에는 액틴 필라멘트와는 떨어져 있지만, 자극에 의해 액틴 필라멘트의 특정 부위와 결부 연결된다.

⑷ 이 때 에너지원인 ATP(아데노신 3인산)의 화학적 에너지가 분해되고, 기계적인 에너지로 전환되어 근육이 수축한다.

근 수축 양식

근육이 수축하여 힘을 발휘하는 양식은 신체의 사용 방법이나, 즉 운동 종류에 대해서 몇개의 패턴으로 분류된다.

(1) 등장성 수축(concentric contraction)

사물을 잡아끌어 치켜세울 때 나타나는 수축 양식

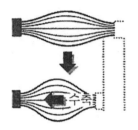

바벨을 들어올린다

(2) 등척성 수축(isometric contraction)

근의 길이를 바꾸지 않고 힘을 발휘하게 하는 수축 양식,

외부의 힘

공기 의자

(3) 신장성 수축(ecentric contraction)

무거운 물건을 무리하게 잡아당기거나 내리막을 뛰어 내려갈 때 보이는 수축 양식. 근이 신장하면서 힘이 발휘된다.

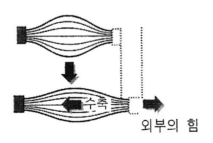

외부의 힘

바벨을 내린다.

Ⅲ. 골격근의 구조와 수축의 구조

칼슘 이온의 역할

골격근은 갸름한 형태를 한 근섬유(골격근 세포)라는 하나의 세포이다. 근섬유 내부를 보면, 「근원섬유」가 세로 방향으로 늘어서 있고, 근원섬유의 사이 사이에는 근형질로 채워져 있으며 근원섬유는 「근소포체」라는 자루 모양의 세포 기관으로 덮혀 있다.

근원섬유를 현미경으로 보면, 밝은 줄무늬(Ⅰ대)와 어두운 줄무늬(A대)의 배열이 있다. 이것이 횡문구조이다. 이 밝은 줄무늬의 중앙부에는 「Z막」이 있다. Z막과 다음 Z선까지의 사이를 「근절」이라고 하고, 이것이 근수축 단위가 된다. 근절의 중앙부에는 「굵은 필라멘트(미오신 필라멘트)」가 있고, 근절 양측의 Z막부터는 「가는 필라멘트(액틴 필라멘트)」가 있다. 그러면, 골격근은 어떻게 수축하는가?

우선, 신경으로 전달된 명령은 운동신경의 종말로부터 아세틸콜린이라는 화학 전달 물질을 방출시킨다.

세포는 전지와 같은 기능을 가지고 있다. 평상시는 마이너스(−)의 전위를 유지하고 있는데, 아세틸콜린을 계기로 플러스(+)의 전위가 발생한다. 전위의 변화(전기적 흥분)는 근섬유의 표면(세포막)에서 근섬유 내부로 퍼져가고, 마침내는 근소포체에 도달한다.

전기적 흥분에 의해 근소포체가 자극되면, 세포질 중 칼슘 이온이 방출되어, 세포질 중의 칼슘 이온 농도가 높아진다. 그 결과, 근수축 억제가 헤제되고, 근절의 양측에 있는 가는 필라멘트가 근절의 중앙에 있는 굵은 필라멘트의 사이로 미끄러져 들어가 근이 수축한다.

근수축의 구조

골격근의 구조

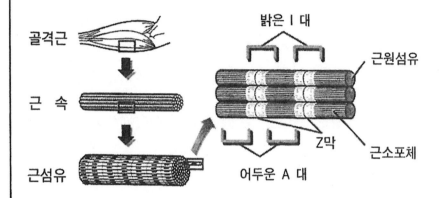

골격근

근 속

근섬유

밝은 I 대

근원섬유

Z막

근소포체

어두운 A 대

골격근의 수축

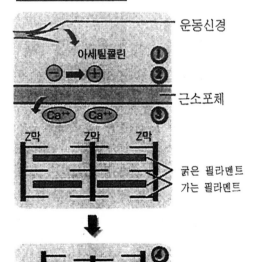

운동신경

아세틸콜린

근소포체

Z막 Z막 Z막

굵은 필라멘트
가는 필라멘트

수축

① 운동신경의 종말에서 아세틸콜린이 방출된다.

② 아세틸콜린에 의해 세포에 +의 전위가 발생한다.

③ 세포질중의 칼슘이온이 방출된다.

④ 칼슘이온에 의해 근수축 억제가 해제되고 가는 필라멘트가 굵은 필라멘트 사이로 흘러 들어간다.

Ⅳ. 근의 메커니즘

트레이닝 후에는 휴식이 필요

근을 단련하는 운동을 하면 근이 증가한다. 당연한 말이지만, 그 메커니즘은 어떠한 것일까? 근에 과부하가 걸리면 근섬유는 미세하게 손상된 후, 복원된다. 이 손상과 복원을 반복하면서 근은 점차 굵어 진다(근단면적이 늘어난다).

개인차는 있지만, 일반적으로는 근단면적에 비례해서 근력이 증가 한다. 특히, 근력 트레이닝을 개시한 직후는 근이 굵어지는 이상으로 근력이 상승한다. 이것은 근을 컨트롤 하는 신경계의 기능이 좋아지고, 힘을 효율적으로 낼 수 있게 되었기 때문이다.

「근의 비대는 근섬유의 수가 증가하는 것이 아니고, 한개 한개의 근섬유가 굵어 짐에 따라 발생한다」라는 것이 정설이었는데, 최근에는 근섬유의 수가 증가한다는 설도 있다. 그 메커니즘은 이렇다.

근세포(근섬유)는 원래 방추 모양의 형태를 하고 있다, 핵을 하나 밖에 가지지 않은 미숙한 근아세포이다. 그것이 융합하고, 성숙하여 많은 핵을 가진 갸름한 섬유 모양의 근세포로 성장해 나간다. 그 때 융합하여 손상한 근아세포를 근위성세포라고 한다.

성인의 경우, 근위성세포는 평상시는 아무 작용도 하지 않는다. 그러나 트레이닝에 의해 자극되거나 손상될 때 근위성세포가 새로운 근섬유가 된다고 한다. 또 근섬유와 근섬유의 사이를 채우고 있는 결합조직의 비대도 근 비대에 관여하고 있는 것 같다. 보디 빌더의 근을 조사해 보면, 다른 경기 선수에 비해 결체 조직의 비율이 높았다고 하는 연구도 있다.

근이 성장하려면, 상처를 복원하는 시간이 필요하다. 장기간 휴식을 하지 않고 근을 계속해서 혹사시키면 「오버트레이닝 증후군」에 빠져들고, 근은 약해진다. 따라서 트레이닝 뒤에는 반드시 충분한 휴식을 취하도록 하여야 한다.

근의 손상과 회복

근과 부하량

근에 과부하가 걸리면 근이 손상된다.

근이 파괴되다.

파괴된 근이 초과회복하면서 근이 굵어진다.

근섬유 수 증가의 메커니즘

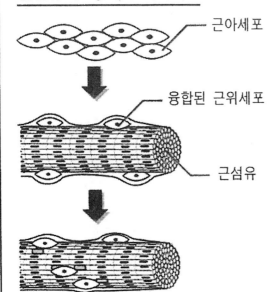

근아세포

근아세포가 달라붙어 융합하고, 근섬유로 된다.

융합된 근위세포

근섬유

융합하여 손상된 근아세포는 방위성세포로 된다.

근섬유가 파괴되어도, 근위성세포가 파손된 부분을 다시 복원시킨다.

실제로는 근비대 중 근섬유수의 증가에 의한 것은 적다.

V. 근의 성장을 촉구하는 요소

호르몬이나 성장 인자의 분비를 촉구하자!

호르몬은 체내의 분비선에서 방출되는 화학 물질이다. 신체 내외의 환경에 따라 분비되고, 몸의 각 기관의 작용을 조절한다. 근의 증강에 관계가 깊은 호르몬은 「남성 호르몬」과 「성장 호르몬」이다.

최근 들어서는 성장 호르몬의 작용에 의해 간장이나 근에 분비되는 「인슐린모양 성장인자(IGF-I)」등의 성장 인자라고 불리는 물질이 근의 성장에 크게 관여하는 것으로 알려져 있다.

호르몬이 분비되는 과정의 일례로, 근이 혹사되어 유산이 모이면, 그 정보가 「시상하부」에 보내진다. 시상하부에서는 여러 가지 호르몬의 분비를 컨트롤 하는 역할이 있는데, 이 경우에는 「성장 호르몬 방출 인자」라는 호르몬을 분비한다. 이것에 의해 「하수체」에서 「성장 호르몬」이 분비되고, 성장 호르몬은 간장이나 근에 「인슐린모양 성장인자」를 분비시킨다.

분비된 호르몬은 전신에 흐르기 때문에, 혹사되지 않은 근도 성장이 촉구된다. 따라서 주로 하반신을 단련하는 스쿼트를 행할지라도, 상반신 근의 성장도 일어난다. 그러나 성장 인자가 혹사된 부분에만 분비되기때문에 하반신의 트레이닝에서는 주로 하반신이 발달한다.

이러한 근육 증강과 관계가 깊은 호르몬을, 외부에서 받아들여 근육을 증강시키는 것이 바로 근육 증강제(아나볼릭·스테로이드 등)에 의한 도핑이다.

그러나 도핑은 몸의 기능을 조절하는 물질의 분량을 무리하게 늘리는 것이므로 동맥경화나 간기능 장애 등을 불러와 역효과를 줄 수 있기때문에 주의하여야 한다.

근과 내분비계

호르몬 분비의 과정

호르몬 분비에 따라서 근이 성장한다. 일례를 들면,

고부하에 의한 트레이닝이나 근을 저산소상태로 만드는 트레이닝

↓

근을 혹사시킨다는 정보

↓

성장호르몬방출인자

↓

시상하부

↓

하수체

↓

성장호르몬 → 근·간

인슐린모양 성장인자 (IGF-I)

↓

전신에 작용

↓

혹사된 근에 작용

간뇌시상하부

뇌하수체

근이 성장

제 3절 운동과 골격
Ⅰ. 골(뼈)·관절·근

인간이 동작을 하기 위해서 (스포츠를 포함시킨) 필요한 몸의 기능을 크게 나누면,

(1) 몸을 만들고 지지하는 「골(뼈)」과 몸을 움직이는 동력원이 되는 「근 (근육)」
(2) 근을 움직이기 위한 에너지를 공급하는 시스템
(3) 근이나 에너지 공급 시스템을 제어하는 「뇌·신경계」가 있다.

이 장에서는 뼈와 근, 그리고 뼈와 뼈를 연결하는 관절에 대해서 알아보자. 자세를 유지하고, 동작을 하는 것은 뼈와 근의 공동 작업이다.

뼈가 힘의 방향을 정하고, 근이 힘의 크기를 정한다. 동작이란 뼈의 위치가 이동하는 것이라고도 말할 수 있다.

인간의 골격은 약 206개의 뼈로 이루어지고, 체중의 약 20%를 차지하고 있다. 신생아의 뼈는 약 350개 이지만, 이것은 완전한 뼈로 성장하기 전의 상태인 것도 있다. 뼈의 역할에 관해서는 나중에 상세하게 설명 하겠지만, 우선 몸의 지주로서의 역할이 있다. 뼈를 중심으로 하여, 그 주위를 근이나 인대, 연골, 지방 등이 둘러싸서 몸의 형태를 이루고 있는 것이다. 또 뼈는 내부에 뇌나 내장을 싸고, 외부의 충격에서 방어하는 역할도 담당한다.

뼈와 뼈를 연결하고 있는 것이 「관절」이다. 관절은 제각기 다른 모양으로 나누어 뼈와 뼈를 연결해서 고정시켜, 자유롭게 움직일 수 있도록 하고있다.

인간의 활동 동력원은 「근」이다. 근은 체중의 40%를 차지하고 있고, 인간의 조직으로서는 가장 크다. 근이라고 하면 팔과 발의 근(골격근)이 생각 나지만, 심장(심근)이나 소화기관(평활근)의 활동도 근에 의한 것이다.

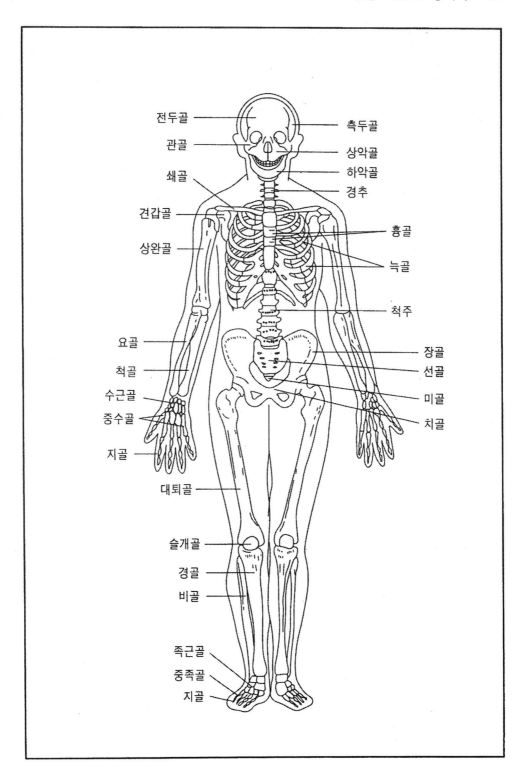

1. 골격과 관절

1) 골격

인간에게는 약 206개의 뼈가 있고, 몸의 형태를 만든다.

2) 관절

관절은 뼈와 뼈를 연결하는 동시에 움직임이 가능하다.

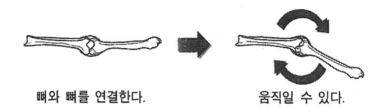

뼈와 뼈를 연결한다.   움직일 수 있다.

2. 뼈의 결합과 관절

1) 관절은 신체 운동에서 없어서는 안 된다.

여기에서는 뼈와 뼈를 연결하는 「관절」에 대해서 알아보자.

인간의 몸에는 약 206개의 뼈가 있다. 만일 이것이 연결되어 있지 않으면, 몸을 지탱할 수 없다. 반대로 완전히 들러붙어 버려서는 몸을 움직일 수 없게 되어 버린다.

뼈의 결합은 「부동 관절」과 「가동 관절」로 나눌 수 있다. 부동 관절은 뼈와 뼈가 틈이 없이 연결된 상태로 움직일 수 없다. 예를 들면, 두개골은 복수의 뼈가 결부되어 연결된 부동 관절이다.

가동 관절은 뼈와 뼈가 관절을 사이에 두고 결부된 상태에서, 자유롭게 움직일 수 있다. 관절은 다음 그림과 같이 여러 뼈가 마주 보고 한 쪽은 돌출 (凸), 또 한 쪽은 요(凹)의 형태로 연결되어 몸을 지지하면서 자유롭게 움직일 수 있다. 凸(돌출) 쪽을 「관절두」, 요(凹) 쪽을 「관절와」라고 부른다. 이것에 힘이 가해져 벗어나 버린 상태가 「탈구」이다.

관절두와 관절와의 형태는 어떠한 운동을 하는가에 의해 정해진다. 관절을 그 형태로 나누면, 평면관절, 구상관절, 경첩관절, 나선상관절, 차축 관절, 안장

관절, 타원관절, 구관절 등으로 나눌 수 있다.

또 관절이 움직이는 범위를 「관절가동역＝유연성」이라고 부른다. 관절가동역의 크기는 관절의 형태, 관절 주위의 근이나 인대, 건의 차이에 의해 정해지지만, 개인차가 크다.

운동 부족이나 나이를 먹는 것도 관절가동역을 적어지게(몸이 딱딱해진다)하지만, 주로 관절 주위의 근이나 인대, 건의 이완 상태에 의해 결정된다.

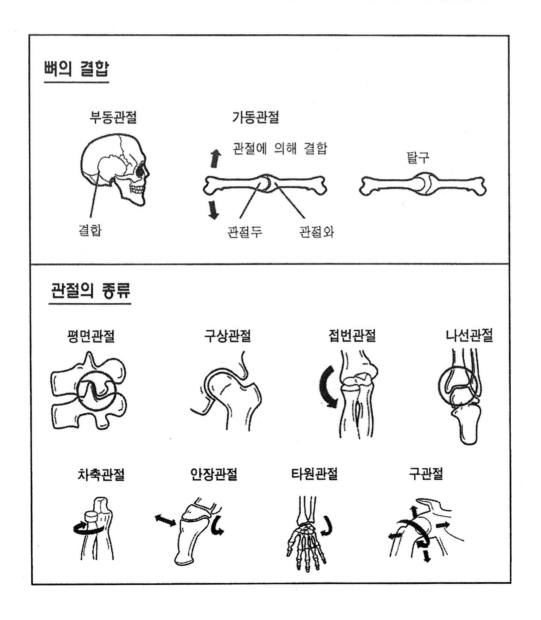

Ⅱ. 여러 가지 관절의 움직임과 근육

앞에서 말한 바와 같이 뼈와 뼈를 연결하는 관절의 각도가 변화하므로써 비로소 「움직임」이 이루어진다. 관절 움직임이 신체 각 부위의 가능한 방향과 각도를 결정하여 스포츠 퍼포먼스로 나타나는 복잡한 움직임을 가능하게 한다. 또 관절이 각도를 바꿀 때, 관절의 움직임에 관계된 여러 근육은 다른 역할을 수행한다.

관절의 움직임에는 어떠한 종류가 있고, 또 근육은 움직임에 어떻게 작용하는 것인가.

1. 관절의 움직임

관절각도를 바꾸는 움직임은 그 특징에 따라 아래와 같이 분류할 수 있다.

(1) 굴곡 : 관절의 각도를 작게 하는 운동. 고관절을 굽히는 듯한 움직임을 가리킨다. 발끝을 올리는 족관절의 움직임은 배굴이라고 불린다.

(2) 신전 : 관절을 만드는 뼈의 각도를 크게 하는 운동. 굽히고 있는 팔꿈치 관절을 펴는 듯한 움직임을 가리킨다. 발끝을 내리는 족관절의 움직임은 바닥굴이라고 불린다.

(3) 외전: 팔이나 다리를 신체의 정중면(신체를 좌우 반으로 나누는 면)에서 멀리하는 운동. 상지의 외전인 경우, 양쪽 겨드랑이에 붙은 팔을 바깥쪽으로 올려나가는 움직임이 이것에 해당한다.

(4) 내전: 팔이나 다리를 신체 정중면에 접근할 수 있는 운동. 상지의 내전인 경우, 바깥쪽으로 올린 팔을 아래로 내리는 움직임이 이것에 해당한다.

(5) 회선(외선·내선) : 견관절이나 고관절에 보이고, 각각 상완이나 대퇴를 축으로서 회전시키는 운동. 정중면에서 멀리하도록 회전시키는 움직임을 외선, 정중면에 접근할 수 있도록 내측에 회전시키는 움직임을 내선이라고 한다. 예를 들면, 상완을 몸통에 붙인 채로 팔꿈치를 90도로 굽히고, 전완을 전방으로 늘린 위치에서 바로 옆으로 여는 듯한 동작이 외선, 이것의 반대 동작이 내선이다.

(6) **회외**: 회내와 함께 전완의 회전만으로 사용되는 용어. 전완을 내밀고, 손바닥을 위로 하는 듯한 운동을 말한다. 오른손에 도어의 손잡이를 오른쪽으로 돌리는 듯한 움직임이 이것에 해당한다.

(7) **회내**: 전완을 내밀고, 손바닥을 아래로 향하게 하는 듯한 운동을 말한다. 오른손으로 도어 손잡이를 좌로 돌리는 듯한 움직임이 이것에 해당한다.

2. 관절을 움직이는 근육의 작용

관절의 각도를 바꾸기 위해서는 관절에 작용하고 있는 근육의 작용을 빠뜨릴 수 없다. 관절을 움직이는 근육은 관절과의 관계나 관련 동작에 따라서 몇 종류로 나뉜다.

1) 관절과 근육

한 개의 근육이 반드시 하나의 관절에만 작용하지는 않는다. 움직임에 관계되는 근육은 관절에 작용하는 방법에 따라서 3종류로 분류할 수 있다.

(1) **단관절성 근** : 하나의 관절에만 작용하는 근육. 예를 들면, 팔꿈치 관절을 굴곡시키기 위한 완요골근 등이 있다.

(2) **2관절성 근** : 2개의 관절에 작용하는 근육. 고관절의 굴곡과 슬관절의 관절에 관계되는 다리 직근 등이 있다.

(3) **다관절성 근** : 세곳 이상의 관절에 작용하는 근육. 손목이나 손가락의 굴근, 신근 등이 있다.

2) 동작에 관여하는 근육의 역할

어떤 관절에 동작이 일어나는 경우, 그 움직임에는 많은 근육이 관여하고 있으며, 각각 아래와 같은 역할을 담당하고 있다.

(1) **주동근** : 관절을 움직이기 위해서 주로 작용하는 근육. 2관절성 근의 경우, 체간부에서 떨어져 있는 관절에 주동근이 있는 것이 많다. 예를 들면, 팔꿈치를 굴곡하는 경우, 2개~3개의 근육이 공동으로 움직임을 만들어 내지만, 상완이두근이 주동근의 역할을 담당하고 있다.

(2) **공동근** : 주동근을 보조하여 저항성 힘을 발휘하는 근육. 2관절성 근의 경우, 체간부에 가까운 관절에 공동근이 있는 것이 많다.

(3) **길항근** : 관절의 움직임과 반대 작용을 하는 근육. 예를 들면, 팔꿈
치를 굴곡하는 경우, 상완삼두근은 신근으로서 주동근인 상완이두근과 반
대의 작용을 하고 있다.

3. 관절의 구조

여기에서는 관절의 구조에 대해서 알아보자. 관절두와 관절와가 마주 본 면
을 관절면이라 하고 , 관절면은 「관절 연골」에 의해 덮혀 있다. 관절 연골
은 쿠션과 같은 작용을 하고, 뼈에 가해지는 하중을 분산시킨다. 이 연골이 조
금씩 조금씩 닳아 없어져 버리면, 뼈와 뼈의 빈틈이 좁아지고, 뼈와 뼈가 직접
부딪혀 통증이 일어난다. 격렬한 스포츠에 의한 연골의 부담이나 가령 등이
원인으로 일어나는 「변형성 슬관절증」이 이와 같은 상태이다.

관절두와 관절와는 「관절포」로 둘러싸여 있다. 관절포의 내측을 「활막」
이라 하고 거기에서 「활액」이라는 액체가 분비되고 있다. 활액은 관절의 움직
임을 매끄럽게 하는 윤활유의 작용을 하고, 연골에 영양을 공급하고 있다.

관절 중에서 가장 크게 하중이 걸리는 슬관절 등에는 활액을 위해 「활액
포」라는 대(자루)가 있다. 활액포는 관절포가 돌출한 것으로 「무릎에 물이 모
인다」는 상태는 슬관절에 염증이 일어났기 때문에 활막에서 활액이 이상하게
분비된 상태를 가리키고 있다.

관절에는 근의 힘이나 체중 등 큰 힘이 걸리기 때문에 관절포의 바깥쪽을
「인대」나 「건」이 에워싸서 보강하고 있다.

인대는 뼈와 뼈를 연결하고, 관절이 이상한 방향으로 움직이지 않도록 운동
을 제한하고 있다. 인대의 신축성은 적기 때문에 늘어나거나 끊어지거나 하기
쉬운 부분이다.

건은 골격근과 뼈를 연결하는 역할을 하고 있는데, 관절을 보호하는 역할도
한다. 또 건의 신축성은 극히 미약하지만 강력한 스프링과 같기 때문에, 대쉬
나 점프 시는 이 건의 스프링 힘을 이용하고 있다.

손, 발, 어깨의 건에는 「건초」라는 조직으로 싸여 있는 곳이 있으며, 그곳
이 염증을 일으키면 건초염이 된다.

관절·인대·건

관절의 구조

관절의 구조는 관절마다 다르지만 공통되는 점은 다음과 같다.

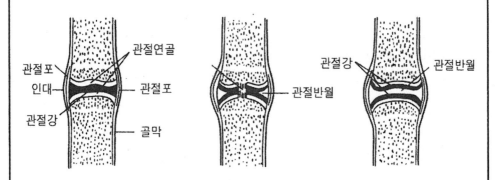

관절의 내부구조

인대와 건

관절의 주위는 근과 인대, 건에 둘러싸여 있다.

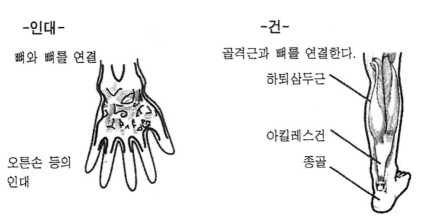

근이나 인대, 건에는 관절을 보강하는 역할도 있다.

Ⅲ. 관절·인대·건

관절은 그 움직임의 분량을 기준으로 부동 관절(움직이지 않는 관절)과 가동 관절(잘 움직이는 관절)로 분류된다. 부동 관절은 두개골 관절이 대표적인 예이다.

앞서 소개한 그림은 가동 관절의 내부 구조이지만, 가동관절은 움직임 그 자체가 자유롭다.

골단은 한쪽이 凹(요)가 있고, 다른 쪽이 돌출(凸)해 있다. 이러한 표면은 얇은 연골층으로 덮어져있기 때문에 양자의 움직임은 매끄럽고 탄성이 있다. 관절 전체는 관절포에 싸여있고, 이것을 관절강 이라고 한다. 그 내면은 활액이 채워지고, 윤활유와 같이 마찰을 적게 하고 있다.

관절의 결합은 이외에 인대, 근, 피부에 의해 보호되고 있고, 관절강은 항상 음압이 되어있으므로 결합은 강하다. 관절의 가동범위와 유연성은

(1) 관절을 만들고 있는 뼈의 구조

(2) 관절의 근처에 있는 근이나 피하지방 등 연부조직 두께

(3) 근, 건, 인대의 탄력성 등에 의해 결정된다. 예를 들면 슬관절은 180도 이상 신장하지 않지만, 이것은 뼈의 구조에서 오는 것이다.

Ⅳ. 관절과 지레의 작용

근은 관절에 걸쳐 부착해 있기 때문에 근의 수축에 의해 생긴 힘은 뼈에 전해지고, 관절을 중심으로 지레의 작용에 의해 힘이 외부에 전해진다. 근수축에 의해 생긴 힘은 관절축을 지점으로, 힘의 모멘트가 발생한다. 지레에는 3개의 타입이 있다.

• 제1의 지레

지점(관절, F)이 역점(근, P)과 중점(중량, W)의 사이에 있고, 가장 효율적인 지레의 형식이다. 시소와 같은 지레이다. 예: 제1경추와 두부가 움직이고, 팔꿈

치 관절의 신전동작, 발이 허공에 떠 있는 상태에서의 족관절의 족저굴(발목을 펴) 동작.

• 제2의 지레

중점(W)이 지점(F)과 역점(P)의 사이에 있다. 1륜차를 밀 때와 같은 지레이다. 움직임에서는 손해를 보지만, 발휘한 힘보다도 큰 힘을 주는(혹은 지지할) 일을 할 수 있는 지레의 형식이다. 이 형식은 사람에 있어서는 대부분 볼 수 없다. 예 : 족관절에서의 보행이나 기립자세에서 발끝으로 선 듯한 동작.

• 제3의 지레

역점(P)이 지점(F)과 중점(W)의 사이에 있고, 사람에게서 무엇보다도 많이 나타나는 지레의 형식이다. 그러나 힘점과 지점의 거리가 중점과 지점의 거리보다도 짧은 것에서 힘에서는 손해를 보지만 움직임의 거리나 스피드는 득이 된다. 예: 팔꿈치 관절의 굴곡, 슬관절의 신전동작 등.

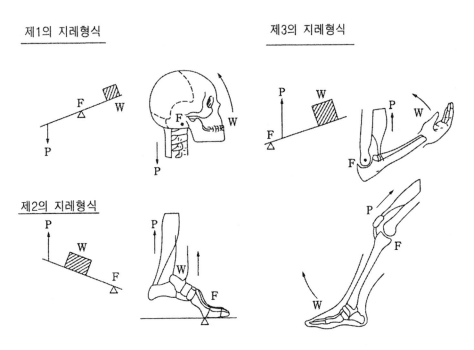

그림 3-9. 지레의 작용

V. 뼈의 구조와 역할

뼈는 단백질인 콜라겐 등의 유기질에 칼슘 등의 무기질이 부착되어 있다. 뼈의 구성 성분은 칼슘이나 인을 중심으로 마그네슘, 나트륨 등 무기 성분이 70%, 콜라겐 등의 유기 성분이 30%가 된다.

뼈를 튼튼하게 하는 식사라고 하면, 당장 칼슘이 생각나지만, 뼈의 기반을 형성하는 단백질도 중요하다.

뼈의 표면은 뼈를 보호함과 동시에 뼈를 발육시키는 「골막」으로 덮혀 있다. 그 내측에는 무기질의 비율이 많아 딱딱한 「치밀질(피질골)」로 이루어져 있고 그 내측에는 비교적 부드러운 「해면질」로 이루어져 있다.

치밀질과 해면질을 아울러 「골질」이라고 부른다. 뼈의 중심 부분은 혈액을 제조하는 장소인 「골수」로 이루어져 있다.

뼈의 세포에는 골세포, 골아 세포, 파골세포의 3종류가 있고, 연골 세포와 골아 세포는 항상 뼈의 흡수와 생성을 행하고 있다. 뼈가 인체에서 담당하는 주요 역할은 다음과 같다.

⑴ 몸을 지탱하고, 운동 지점이 된다. 중력에 저항하여 몸을 지지하고 세우 도록 하고 있다. 또 근의 수축에 의해 뼈가 움직이는 것으로 사물을 들어 올리거나 하는 운동을 할 수 있다.

⑵ 뇌나 내장을 외부의 충격으로부터 보호한다. 두개골은 뇌, 늑골은 내장 등 부드러운 조직을 외부로부터 보호하고 있다.

⑶ 혈액을 제조한다. 혈액은 뼈의 중심 부분으로 있는 골수에 의해 만들어 진다. 골수의 조혈기능이 약해졌을 때는 간장이나 비장에 의해서 혈액이 만들어진다.

⑷ 혈액 안의 칼슘량을 일정하게 유지한다.

다음 페이지에서는 뼈가 혈액에 칼슘을 공급하는 구조와 뼈의 신진대사 시스템에 대해서 상세하게 알아보자.

뼈의 구조

골질(치밀질, 해면질)을 골막이 덮고 있다.

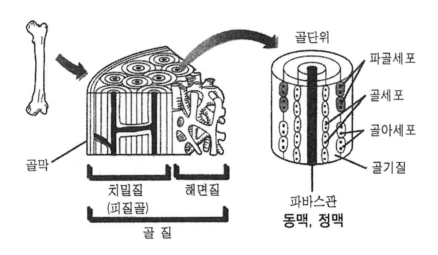

치밀질-골단위가 가득히 늘어서 있다.
해면질-골기질이 드문드문 혈이 비어있다.

뼈의 역할

(1) 몸을 지지하고, 운동의 지점이 된다

(2) 뇌나 내장을 보호한다.

(3) 혈액을 제조한다.

(4) 혈액 중의 칼슘량을 유지한다.

VI. 뼈의 리모델링

뼈는 칼슘의 저장고

체내 칼슘의 약 99%는 뼈나 이에 축적되어 있고, 나머지의 1%는 혈액 안에 존재해 있다. 이 혈액 안의 칼슘은 신경 전달이나 근수축 등에 깊게 관계되어 있다.

이 혈액 안의 칼슘이 부족해졌을 때 뼈를 형성하는 세포 중에, 「연골 세포」가 뼈를 녹여서, 혈액에 칼슘을 공급한다. 이것을 「골흡수」라고 말한다.

뼈를 만드는 골아세포는, 뼈에 칼슘을 축적하는 작용을 한다. 이것을 「골형성」이라고 말하며, 골흡수와 골 형성이 반복되며, 혈액 안의 칼슘량은 유지되고 있다. 또 골흡수와 골형성이 연속적으로 행해지는데, 뼈는 어른이 되어도 약 3~5개월 싸이클로 변하고 있다. 이것을 「뼈의 리모델링」이라고 한다.

골흡수와 골형성 밸런스가 유지되어 있으면, 뼈에는 충분한 칼슘이 축적되고, 뼈의 밀도는 일정하게 유지된다. 그런데, 뼈에 모아 둘 수 있는 칼슘 보다 뼈에서 나오는 칼슘의 쪽이 많아지면, 뼈의 밀도가 부족하여 구멍이 숭숭 나게 되어 버리고, 깨지기 쉬워진다. 이것이 「골다공증」이다.

골다공증은 특히 고령자나 여성에게 많다. 여성에게 골다공증이 많은 것은, 폐경 다음에 골흡수를 억제하는 경우가 있는 여성 호르몬의 분비가 정지 해 버리기 때문이다. 또 과격한 운동이나 다이어트에 의해 생리가 멈춘 여성도 폐경 다음의 여성과 비슷한 상태로 방치하면 뼈가 약해진다.

이외에 임신이나 출산으로 칼슘을 많이 소비하는 것, 남성에 비해 운동량이 적은 것, 칼슘 섭취량이 적은 것도 여성에게 골다공증이 많은 이유이다.

뼈가 칼슘을 저장한다.

체내의 칼슘의 약 99%는 골과 치, 1%는 혈액에 존재하고 있다.
혈액 중의 칼슘은 신경의 전달, 근의 수축 등에 관하여 있다.

뼈의 리모델링

· **골흡수**

　　파골세포가 오래된 골을 녹이고, 혈액에 칼슘을 공급한다.

· **골형성**

　　골아세포가 새로운 뼈를 형성하는 것에 의해 뼈에 칼슘을 축적한다.

· 골흡수와 골형성을 반복하여 혈액 중의 칼슘을 일정하게 보유하고, 동시에
뼈가 다시 태어난다. 그것을 뼈의 리모델링이라고 한다.

골다공증

　　파골세포가 뼈를 파괴시키거나 새로운 뼈를 형성시키지 않는다.
　　그때문에 뼈가 부석부석하게 된다.

Ⅶ. 뼈의 성장

뼈의 성장을 튼튼하게 하는 운동

뼈 길이의 성장은 골단(뼈의 끝의 부분)과 골간(뼈의 중앙부분)의 사이에 있는 골단 연골이라는 곳에서 행해진다. 사춘기에 접어들어 뼈의 길이의 성장이 멈추면, 골단 연골은 골화해 없어진다. 뼈의 굵기의 성장은 뼈의 표면을 덮고 있는 골막에서 행해진다. 골절 시에는 여기에서 골세포가 새롭게 만들어진다.

성인으로 자란 뼈의 길이의 성장이 멈춘 후도, 뼈의 리모델링은 일생동안 행해진다. 뼈는 적당한 하중을 받으면 리모델링이 되며, 밀도가 높아진다. 스포츠 선수에서는 역도나 유도와 같이 큰 근력을 필요로 하고, 뼈에 큰 하중이 가해지는 종목에서 골밀도가 높다.

반대로, 장거리 달리기 등 지구성 종목이나 수영 등의 선수는 골밀도가 낮다. 지구적 운동을 하는 것이 지나치면, 성호르몬의 분비를 저하시키기 때문에 골의 성장에는 마이너스가 된다. 수영은 중력이 경감되어 뼈에 중력 부하가 걸리지 않는 상태로 운동하기 때문에 뼈의 성장에는 그다지 효과가 없다. 또 우주 비행사의 골밀도가 단기간에 무섭게 감소하는 것도 역시 중력 부하가 전혀 걸리지 않는 상태이기 때문이다.

폐경 이후의 여성이나 고령자가 운동을 하는 경우에는, 이미 뼈가 약해졌기 때문에 과도한 운동은 골절 등으로 이어지기 쉽다. 워킹과 같은 충격이 강하지 않는 운동이 좋을 것이다. 또 1일 수 시간은 「서 있는」 라이프 스타일을 명심하는 것이, 뼈의 성장을 돕는다.

뼈를 튼튼하게 하려면, 성장기에 골분량을 늘려 놓는 것이 중요하다. 그러나 뼈는 일생동안 만들어지기 때문에 나이를 먹고 나서 뼈를 만드는 운동이나 라이프 스타일로 대응해도 전혀 늦지 않다.

뼈가 성장하는 구조

뼈의 성장

• 길이의 성장

뼈의 길이는 골간과 골단의 사이에 있는 골단연골에서 행해진다.

골간   골단

골단 연골

골단연골에 접한
부분에서, 골아세
포가 작용한다.

20세 전후에서 뼈의
성장이 끝나면 골단연골
은 뼈가 된다.

• 굵기의 성장

뼈의 굵기의 성장은 골표면의 골막부근에서 행해진다.

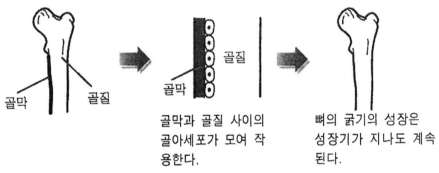

골막   골질

골질

골막

골막과 골질 사이의
골아세포가 모여 작
용한다.

뼈의 굵기의 성장은
성장기가 지나도 계속
된다.

골절의 회복

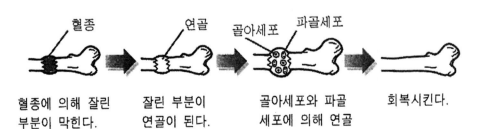

혈종   연골   골아세포   파골세포

혈종에 의해 잘린
부분이 막힌다.

잘린 부분이
연골이 된다.

골아세포와 파골
세포에 의해 연골
이 골화된다.

회복시킨다.

제 4절   운동과 신경

Ⅰ. 운동 의사를 전달하는 신경

초보자와 숙련된 스포츠 선수의 최대의 차이는 기술의 정확성과 조화로운 연결일 것이다. 기술을 확실히 습득하려면 시간이 걸린다. 그러나 일단 기술을 몸에 익히면, 장기간의 공백이 지난 후에도 이미 익혀져 있는 신체 감각에 의해 조작하는 것이 가능하게 된다.

모든 동작은 근육 수축에 의해 생기지만, 근육에 운동 의사를 전하는 것은 대뇌 피질과 근육을 연결하는 신경이며, 스포츠 기술은 그 종목에서 요구되는 움직임을 부드럽고도 정확하게 수행하게 하는 신경 작용에 의해 크게 좌우된다.

1. 신경의 메커니즘

1) 신경의 구조

신경의 기본 단위는 내부에 큰 핵을 가진 세포체, 신경 충격(충격 전류)을 받는 세포체에 전달하는 수상돌기, 세포체부터 신경충격을 먼 곳에 전달하는 축색으로 구성되는 신경 세포(뉴런)이다.

골격근에 분포해 있는 신경 섬유의 대부분은 그 축색이 지질과 단백질로 구성된 수초(미리엔초)로 덮혀 있는데, 이 수초는 「랑비에의 교륜」이라고 부르는 작은 틈을 두어 절상과 나란히 하고 있다.

수초가 있는 유수섬유(수초가 없는 신경 섬유는 무수섬유)는 랑비에의 교륜을 사이에 두고 흥분을 도약적으로 전하기 때문에 전도 속도가 빠르고, 에너지의 손실이 적다는 특징이 있다.

2) 신경 충격(충격 전류)의 전도

신경에 자극이 가해지면 전류가 생기고, 그것이 축색을 통해서 전도된다. 어편 신경 세포의 축색을 통해서 전도된 신경 충격은 그 말단에 화학적인 전달 물질을 방출시켜 다음 신경 세포에 정보를 전달하고, 거기에서 신경 충격이 발생한다. 이것이 반복되어 정보가 전달된다.

중추신경계에서 골격근까지 연결되어 있는 운동신경에서는 전해진 신경 충격이 신경과 근육의 접합부에 도달하면, 아세틸콜린이라는 전달 물질을 방출시킨다. 이로 인하여 근육의 수축이 일어난다.

3) 신경계의 분류

신경계는 중추신경계와 말초신경계로 분류된다. 뇌와 척수에 있는 중추신경계는 고차원의 정신 기능이나 본능적인 행동을 통합하고, 반사 등의 생리기능 유지에 관계되어 있다. 이들 중에서 소뇌는 운동이나 평형감각 등을 담당하고, 대뇌신피질은 고도의 정신, 운동, 감각 기능 등을 담당한다. 또 근육의 긴장이나 협응력, 의식 유지, 주의 집중, 조건반사 등에 관계되는 부위로, 뇌간에 신경 섬유가 그물 모양으로 둘러쳐진 뇌간강 망양체가 있다.

말초신경계는 뇌신경과 척수 신경으로 구성되고, 자율신경계와 체성신경계로 나뉜다. 자율신경계는 교감신경과 부교감신경의 2종류로, 혈관이나 선, 내장의 움직임에 관여하고 있다. 이에 대해 체성신경계는 골격근을 지배하며, 신체 운동에 가장 깊게 관계하고 있다.

2. 신체 운동에 관련된 체성신경계

체성신경계에는 근 등의 말초에서 뇌나 척수 등의 중추 신경계에 정보를 전달하는 구심성신경(감각신경)과 중추신경계에서 말초에 정보를 전달하는 원심성신경(운동신경)의 2개가 있다.

구심성신경을 통해 중추 신경에 보내지는 정보에는 시각, 촉각, 청각, 후각, 온각 등이 있다. 구심성신경은 이러한 감각을 지각시켜 적절한 반응을 하는 것이 가능하게 한다.

반응을 일으키는 원심성신경은 중추신경계부터 골격근에 달하고 있고, 자극을 받으면 그 신경이 지배하는 근육을 수축시킨다. 말하자면 각각의 신경은 입력과 출력 관계에 있고, 스포츠 퍼포먼스를 좌우하는 요인이 된다.

II. 몸을 컨트롤 하는 구조

신경계와 내분비계

앞에서 우리는 몸을 움직이는 동력원인 근에 대해서 알아보았다. 그러나 어느 정도 동력원이 강해도 컨트롤이 안 되면 의미가 없다. 스포츠를 행하는 데 있어서는 몸을 어떻게 컨트롤 하고, 움직이는가가 중요하다. 스포츠가 자신 있는 사람은 「운동신경이 좋다」고 한다.

결국 「운동신경이 좋다」라는 말은 「몸을 목적에 맞게 컨트롤이 가능하다」라는 것을 의미한다. 그러면, 「운동신경이 좋은」사람과 그렇지 않은 사람은 어떻게 다른 것인가?

우선, 인간이 몸을 조절하는 기본적인 구조를 알아보자.

인체의 기능은 「신경계」와 「내분비계」에 의해 조절되고 있다. 「신경계」는 신경 섬유라고 불리는 통로에 신경전달 물질을 방출하는 것으로, 체내에 정보를 전달하고 있다. 신경 섬유는 체내에 존재하기 때문에 신경계는 환경의 변화에 재빠르게 대응할 수 있다.

내분비계는 뇌에 있는 「송과체」, 「시상하부」, 「하수체」나 「갑상선」, 「흉선」 등의 내분비선에서 「호르몬」이라는 생리 기능을 활성화하는 물질을 혈액 중에 방출하고, 체내에 정보를 전달한다.

내분비계는 주로 생식, 성장, 몸의 기능을 유지하는 등의 역할을 담당한다. 예를 들면, 트레이닝에 의해 근이 성장하는 데는 호르몬이 관계되어 있다. 내분비계는 신경계와 비교하면, 비교적 느리게 효과를 발휘한다.

인간은 「신경계」와 「내분비계」의 장점과 단점을 적절히 사용하며 생활하고 있지만, 스포츠와 깊은 관련이 있는 것은 신경계이다.

신경계에 의한 신체 조절

중추신경과 말초신경

신경계는 중추신경과 말초신경으로 구분한다.

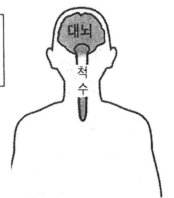

- **말초신경**
중추신경에 정보를 주고 받는다.

- **중추신경**
뇌와 척수의 신경. 말초신경에서 정보를 받아 정리해서 다시 말초신경에 명령을 내린다.

- **효과기**
중추신경에서 받은 명령을 실행한다. 골격근·내장 등

- **수용기**
체내외의 정보를 받는다. 피부·골격근·내장·눈·귀 등

감각신경과 운동신경

말초신경은 감각신경(구심성신경)과 운동신경(원심성신경)으로 나눈다.

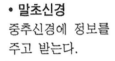

말초신경 〈 감각신경 ── 중추신경에 정보를 준다.
운동신경 ── 중추신경에서의 정보를 전달한다.

Ⅲ. 신경계의 구조

정보가 흐르는 과정

앞에서 설명 했던 바와 같이, 인간이 몸의 움직임을 조절하는 기능에는 「신경계」와 「내분비계」가 있고, 신경계는 재빠르게, 내분비계는 느리게 정보를 전달한다. 여기에서는 신경계의 구조를 상세하게 알아보자.

「신경계」란, 몸의 각 부분의 활동을 전체로서 정리된 활동을 하도록 조절하는 조직으로 뇌와 몸, 또는 몸의 각 부위 끼리 연결되어 있다.

신경계에는 1000억 개 이상의 신경 세포가 있다. 신경계에는 「중추신경」과 「말초신경」이 있다. 중추신경은 뇌와 척수의 신경을 가리킨다. 말초신경은 중추 신경에 신체 내외의 정보를 보고하고, 그 후에 중추 신경에서 발신되는 명령을 몸의 각 부위에 연락하는 신경이다.

말초신경은 그 기능에서 크게 2개로 나눌 수 있다. 말초신경 중에 중추신경으로 정보를 전달하는 신경을 「감각신경(또는 구심성신경)」이라고 부르고, 말초신경의 명령을 전달하는 신경을 「운동신경(또는 원심성신경)」이라고 부른다. 여기에서 말하는 운동신경이란, 「운동신경이 좋다」고 할 때의 같은 운동 능력을 발휘한다는 말이 아닌 것에 주의해 주길 바란다.

감각신경은 환경의 변화를 받는 기관(이것을 「수용기」라고 부른다)에 작용하고, 내외의 정보를 중추신경계에 전한다. 그리고 운동신경은 중추신경에서의 명령을 실행하는 기관(이것을 「효과기」라고 부른다)에 작용하고, 중추 신경에서 받은 정보를 전달한다. 정보의 흐름을 보면, 수용기-감각신경—중추신경—운동신경—효과기 라는 순서가 된다.

스포츠 중에는 신경계가 어떻게 활동하는 가를 알아보자.

정보전달의 과정

반사궁의 구조

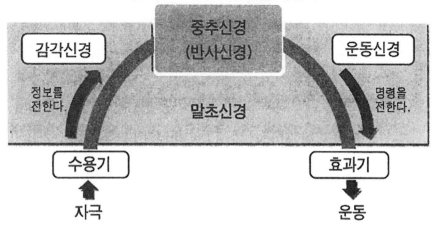

정보를 처리하고 명령을 내린다.

중추신경
(반사신경)

감각신경

운동신경

말초신경

정보를
전한다.

명령을
전한다.

수용기

효과기

자극

운동

스포츠 중의 예

다리후리기를 걸다.

전신의 근을 움직여
자세를 유지한다.

정보판단

자극 → 감각신경 → 중추신경 → 감각신경 → 운동

정보   명령

Ⅳ. 신경계의 작용

체성신경계와 자율신경계

신경계는 중추 신경의 명령을 실행하는 효과기의 종류에 의해 2개로 나뉜다. 우선, 효과기가 골격근, 즉 발이나 손의 근인 경우는 「체성신경계」라고 부른다. 효과기로 심장에서 펌프의 작용을 하는 심근, 장기를 움직이는 평활근, 타액 등의 소화액을 내는 분비선을 가진 경우는, 「자율신경계」라고 불린다. 체성신경계의 주요 기능은 「운동기능의 조절」이다.

스포츠 퍼포먼스에 영향을 주는 것은 체성신경계의 작용이다. 자율신경계의 주요 기능은 「내장 기능 조절」이다. 실제로는 체성신경계의 반사와 자율신경계의 반사가 독립해서 일어나는 경우는 거의 없고, 각각이 동시에 작용하며 복잡한 기능 조절을 행하고 있다.

스포츠에서는 운동 기능과 관련된 체성신경계가 중요하지만, 자율신경계의 작용도 잊어서는 안 된다. 자율신경계에는 「교감신경」과 「부교감신경」이 있지만, 긴장 상황에서는 「교감신경」이 활발하게 작용하기 시작한다. 반대로 누워 자고 있을 때와 같이 릴랙스 하고 있을 때는 「부교감신경」이 활동을 시작한다. 우리들이 의식하고 있지 않아도 자율신경은 상황에 맞는 활동을 하고 있다. 스포츠를 하고 있는 경우를 보자.

교감신경은 몸을 활성화시키고, 좋은 퍼포먼스를 발휘하도록 준비시킨다.

예를 들면, 중요한 시합에 임할 때, 자신을 흥분시키기 위해서 양손으로 얼굴을 두들기거나 큰 소리를 내거나 하는 일이 여기에 해당한다. 또 교감신경이 지나치게 활성되었을 때 부교감신경을 활동하게 하려고, 어깨의 힘을 빼거나 심호흡을 하거나 한다. 체성신경계뿐만 아니라, 무의식 중에 이 자율신경계의 작용을 활용하고 있는 것이다.

신경의 구분

신경계의 구분

신경계 〈
- **체성신경계**
  효과기가 골격근
  주 기능 : 운동기능의 조정
- **자율신경계**
  효과기가 심근(심장),
  평활근(장기), 분비선
  주기능 : 내장기능의 조절

자율신경의 구분

자율신경계 〈
- 교감신경
- 부교감신경

- **활동을 시작하기 전에는**

- **긴장된 상태에서는**

교감신경을 활성시켜
신체를 활성화한다.

부교감신경을 작용시켜
긴장을 이완시킨다.

V. 신경세포

뉴런과 시냅스

지금까지는 신경계의 분류에 대해서 알아보았지만, 여기에서는 신경계를 구성하는 신경 세포에 대해서 알아 보자.

신경세포는 뉴런이라고도 불린다. 인간의 몸에 존재하는 뉴런의 수는 대단히 많아 1000억 개 이상이 된다. 뉴런 중에서 다른 뉴런에 접속해 있는 부분은 시냅스라고 불린다. 시냅스에 정보를 보내주는 측의 뉴런을 시냅스 전뉴런이라고 부르고, 그의 정보를 받는 측의 뉴런을 시냅스 후뉴런이라고 부른다.

신경세포에서 신경세포로 정보를 전달하는 과정은 「흥분전달」이라고 불린다. 대부분의 경우, 시냅스에서 방출되는 화학 물질(예를 들면, 아세틴콜린이나 노르아드레날린 등)을 매개해 정보가 전달된다.

중추 신경을 구성하는 신경의 회로는 고정된 구조가 아니고, 끊임없이 변화를 계속하고 있다. 정보를 보내주는 측인 시냅스 전뉴런이 반복해서 자극되면, 시냅스의 화학적 변화 등에 의해 시냅스 전달 효율이 오른다.

또 시냅스 끼리의 결합 방법도 보다 정보를 전달하기 쉽도록 변화한다. 즉, 신경회로가 구조적으로 변화하는 것이다. 이러한 변화를 「시냅스의 가역성」이라고 부르고, 시냅스의 가역성은 운동을 학습할 때의 기초라고도 말하고 있다.

스포츠의 연습을 통해서 같은 움직임을 반복하게 되면, 그 움직임이 일어날 때의 시냅스 전달 효율이 오르고, 시냅스의 결합 방법도 그 움직임이 행하기 쉽도록 변화하는 것이다. 이 때문에 연습을 하면, 보다 자동화되어 재빠른 움직임이 가능하게 되는 것이다. 연습에 의해 지금까지 불가능하던 움직임이 가능하게 되면 그 움직임을 보다 잘하게 된다. 그것 또한 이러한 신경의 변화에 의한 것이다.

신경세포

뉴런과 시냅스

신경세포(뉴런)는 다른 뉴런과 시냅스에 의해 연결되고 있다.

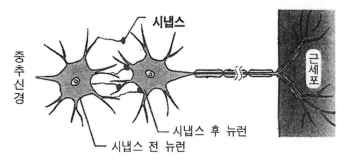

시냅스에서 방출된 화학물질(아세틸콜린, 노르아드레날린 등)에 의해 정보를 전달한다.

시냅스의 가역성

같은 움직임을 반복한다.

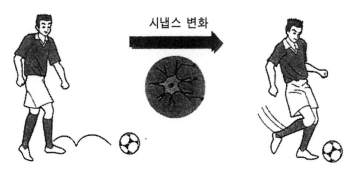

같은 운동을 반복하는 일로서, 시냅스의 전달효과를 높인다. 또한 시냅스 결합의 모양도 변한다. 따라서 연습을 반복하면, 스포츠 퍼포먼스는 좋아진다.

VI. 정보처리의 과정

스포츠 중의 정보 전달

스포츠를 행할 때 중요한 사항 중의 하나는 특정 장면에서 무엇을 하고, 무엇을 하지 않아야 하는가를 빠르게 결정하고, 그 결정대로 실행하는 것이다. 그 과정은 확실하다. 우선, 정보가 인간에게 제시되면, 시스템 내의 정보를 처리하는 단계가 일련의 활동을 개시한다. 최종적으로 출력 단계에서 스포츠 퍼포먼스가 생기는 것이다.

인간이 행하는 정보처리에는 몇몇 단계가 있다. 첫째 단계에서는 자극(정보)이 있는 것인지 어떤지, 있으면 그것이 도대체 무엇인지를 판단한다. 즉, 「정보 분석」단계가 처음에 있다.

이 단계에서는 각도나 색 등을 조합시켜 날아노는 한 개의 볼이 묘사되도록 자극에 관련된 정보가 조립된다. 이 단계를 「자극동정단계」라고 부른다.

「자극동정 단계」에서 자극에 관한 정보가 분석되면, 다음으로 어떠한 운동을 실행해야 하는지를 결정하여야 한다. 날아 온 볼을 어떻게 처리해야 하는지, 아군에 패스를 하던지 혼자서 슛 하던지, 몇개의 선택지 중에서 하나가 골라지는 것이다.

이 단계는 「반응선택 단계」라고 불린다.

최후의 단계에서는 운동을 실시하기 위한 운동 시스템을 조직한다. 이 시스템은 운동을 실행하기 전에 뇌나 척수에 운동을 하기 위한 준비를 시키고, 운동을 컨트롤 하는 운동 프로그램을 검색·작성하여 그 운동을 실행하기 위해 필요한 힘의 크기, 힘을 발휘하는 순서와 타이밍 등, 근이 수축하는 조건을 명령한다.

이 단계를 「반응프로그래밍 단계」라고 부른다. 플레이 중, 우리 신체는 항상 이러한 일련의 정보처리를 하고 있는 것이다.

정보처리의 과정

볼을 보낸다.

정보를 제시한다.

정보가 수용기에서 입력된다.

자극동정 단계

자극 정보를 분석한다.

반응선택 단계

실행하는 운동을 선택한다.

반응프로그래밍 단계

실행하는 운동 프로그램을 작성한다.

실 행

VII. 플레이 중의 정보처리

패스에서 슛 까지

플레이 중의 정보처리는 어떻게 이루어지는가? 축구를 예로 들어보자.

우선 패스가 오면 우리는 패스의 강함, 볼의 회전, 자신과 볼과의 거리를 순간적으로 파악한다(자극동정 단계). 계속해서 반응선택 단계에서는 다음 플레이(여기에서는 슛을 하는 것)가 결정된다.

마지막으로 디딤발은 어떤 위치에 두면 좋을지, 코스는 어떤 위치를 노리면 좋을지, 볼은 어느 정도의 강함이 바람직한 것인지가 중추신경에서 명령되고, 슛이 행해지는 것이다.

이 정보처리 과정을 다시 한번 확인해 보자. 자극동정 단계의 기능은 「자극의 검출과 동정」이다. 이 단계에서는 우리들이 의식하지 않아도 행해진다. 다음 반응선택 단계의 기능은 「반응선택」이다.

이 단계는 의식하고 행해지는 때도 있고, 의식을 필요로 하지 않는 때도 있다. 최후로, 「운동 조직과 개시」가 반응프로그래밍 단계의 기능이다. 이 단계에서는 의식하여 행해진다. 이 정보처리 프로세스에서 생각할 때 능숙하게 플레이하기 위해서는 어떻게 연습하면 좋은 것인가? 우선, 선택할 수 있는 플레이의 수를 늘리는 것이다.

연습에서 여러 가지 플레이를 시험해 보고, 시합에서 그 상황에 있었던 플레이를 선택할 수 있도록 한다. 또 연습을 반복하는 것에 따라 「자동적처리」를 행해 반응할 수 있게 하는 것도 중요하다. 즉, 자극에 대해 의식하는 일 없이, 자동적으로 재빠르게 반응할 수 있도록 연습한다.

자동적 처리는 같은 자극이 언제나 같은 반응을 일으키는 똑같은 연습 계획에 의해 갖출 수 있다. 이들을 이해하고 있으면, 보다 효과적인 연습을 행할 수 있을 것이다.

정보처리의 실제

축구에서 패스 볼

자기편에서 패스가 보내져온다.

패스가
온다

| 정보의 입력 |

자기편에서 패스가
온다

| 자극동정 단계 |

패스의 강함은?
주위의 상황은?

| 반응선택 단계 |

패스, 드리블
좋아. 슛이다

오른발로
코스를
정하고

| 반응프로그램 단계 |

 출력

슛을 한다.

Ⅷ. 기술을 담당하는 대뇌 피질

테니스에서 볼을 겨냥한 위치에 쳐서 보내거나, 체조에서 폭이 좁은 평균대 위에서 도약이나 공중 돌기를 하는 등 복잡한 움직임이 요구되는 「스포츠 기술」은 보다 고차원적인 중추, 즉 뇌나 척수의 높은 수준에 의해서 지배되고 있다. 이러한 복잡한 기술을 담당하는 기관이 대뇌 피질이다.

대뇌피질에는 자극을 받으면 운동을 일으키게 하는 2개의 특수한 신경 세포 영역이 있다.

1. 고도의 운동을 담당하는 대뇌피질의 영역

1) 주 운동야

운동신경 세포군이 있는 주 운동야(운동 피질)는 신체 각부위(손이나 팔, 대퇴, 발 등)의 특정 「동작 패턴」에 대응하는 하부 영역으로 나뉘어 있다.

자신의 의사에 의해 행하는 신체 운동에는 여러 가지 패턴이 있지만, 각각의 특정 움직임으로서 독립해 있는 것을 알 수 있다.

이들 주 운동야에 있는 상위 뉴런의 축색은 「추체로」를 거쳐 척수의 하위 운동 뉴런에 결부되고, 하위운동 뉴런 축색은 척수의 모든 근에서 특정 근육에 연결되어 있다.

2) 전 운동야

전 운동야는 주 운동야의 앞에 있는 영역으로, 주 운동야 보다 복잡한 운동 패턴에 관여되어 있다. 전 운동야의 신경 세포에서 펴지는 축색은 「추체외로」 라고 불리고 있고, 「추체로」와 같이 척수의 하위 운동 뉴런에 달하고 있는데, 그 경로는 훨씬 복잡하며, 여러 가지 중계지점을 지나고 있다. 예를 들면, 그 중계 지점의 하나에 소뇌가 있다. 소뇌는 대근군의 운동패턴의 조정에 관여하고 있다. 또 근육이나 건 등 감각에 관한 정보가 근방추나 골지건기관과 고유감각수용기에서 소뇌로 전해진다.

고유감각수용기에서 보내지는 정보는 자세에 관한 것(공간에서의 위치 관계)과 근이나 건의 조절에 요구되는 것(장력의 강약)이 있으며, 이들은 부드럽고 정확한 움직임을 가능하게 하기 위해서 반드시 필요하다.

2. 기술의 획득과 신경의 작용

초보자의 움직임이 어색한 것에 비해, 숙련된 스포츠선수는 움직임이 부드럽고 정확하다. 이것은 기술을 습득하는 과정에서 주 운동야와 전 운동야, 2개 영역의 운동 뉴런이 관여하는 방법에서 변화가 생기기 때문이다.

초보자가 어떤 기술을 수행하는 경우, 그 움직임에 관계한 「주 운동야의 하부영역」이 관여하게 된다. 말하자면, 운동을 머리에서 생각하면서 컨트롤하는 단계라 해도 좋을 것이다. 그러나 반복연습에 따라, 고유수용기(근감각 기관)에서의 정보가 더해지고, 그것이 소뇌에 중계된다. 그 결과, 일련의 움직임은 보다 부드럽게 되고, 정확성이 증가하여, 기술을 습득하면 운동 내용을 의식하는 일 없이 자동적으로 움직일 수 있게 되는 것이다. 그리고 하나하나의 복잡한 움직임은 통합되고 동작을 만들어내는 영역이 전 운동야로 이행하게 된다.

3. 고유감각수용기의 작용-근방추와 골지건기관

근육에는 근방추와 골지건기관이라는 고유감각수용기(근감각기)가 있다. 고유감각수용기는 근이나 건, 관절, 내이 등 신체의 조직 심부에 있으며, 뇌와 신경을 매개로 하여 자세의 유지나 임의운동이나 반사운동 등의 조절에 관여하고 있다. 예를 들면, 무엇인가를 들어올릴 때에 근육을 어느 정도 수축하면 좋은지를 조절할 때에 근섬유 내부의 근방추가 관여하고 있다.

의식적으로 어느 기술을 실행하고자 할 때도 근방추가 작용하고 있고, 반복연습으로 부드러운 움직임을 습득하는데 있어서도 큰 역할을 담당하고 있다. 또 건의 내부에 있는 골지건기관은 건이나 근육이 손상될 정도로 강한 힘으로 수축되었을 경우에 손상을 막기 위해서 근육을 이완시키는 작용을 한다.

효율적인 움직임을 가능하게 하기위해 근방추와 골지건기관은 대단히 중요한 기관이라고 할 수 있다.

제 5절 순환계
Ⅰ. 전신지구력과 관련된 호흡기

42.195km를 2시간 남짓에 달리는 마라톤 선수, 4시간에 걸쳐 5세트 매치의 게임을 계속하는 테니스 선수 등, 엘리트 운동선수는 뛰어난 지구력을 발휘한다. 지구력에는 어떤 근육을 계속해서 사용하는 「근지구력」과 활동을 하고 있는 근육에 산소나 영양소를 계속해서 효과적으로 보낼 수 있는 「전신지구력(스태미너)」의 2종류가 있다.

호흡기는 다음에서 소개하는 순환기와 함께 전신지구력에 관련 된 기관이고, 근력과 함께 스포츠 선수의 퍼포먼스를 좌우하는 중요한 요소 라고 할 수 있다. 호흡기의 중요한 기능은 바깥 공기에서 산소를 효율적으로 받아들이는 것에 있다.

1. 호흡과 환기량

심한 운동을 하면 그만큼 필요한 산소의 분량이 증가하며, 그것은 보통 호흡량의 증가로 나타난다. 호흡량은 1분 당 호흡수와 1회 마다 출입하는 공기의 양(환기량)으로 나타난다. 보통 호흡수는 최대 50~60회, 1회 환기량은 2.0~2.5ℓ이다.

최대 환기량은 1분당 100~150ℓ이다. 환기량에는 한계가 있고, 스포츠 선수는 이 범위에서 많은 산소를 어떻게 효율적으로 체내에 받아들이는가가 중요하다.

2. 호흡이란 무엇인가

보통, 호흡이란 코나 입에서 폐에 이르는 공기의 출입을 가리킨다. 그러나 엄밀하게는 체내에 산소를 섭취, 세포 대사에 의해서 생긴 이산화탄소를 배출하기까지, 이른바 가스 교환에 관계하는 일련의 과정을 가르키는 것으로 「외호흡(폐호흡)」과 「내호흡(조직 호흡)」으로 분류된다.

3. 호흡 메커니즘

심한 운동을 한 후, 호흡이 가빠진 경우를 제외하고는 호흡을 의식하는 일이 거의 없다. 이것은 호흡 운동이 뇌에 있는 신경에 의해 지배되고 있기 때문이다.

외호흡에 관계되는 호흡근의 움직임은 연수와 후뇌 속에 있는 운동신경(호흡 중추)에 의해 자동적으로 컨트롤되고 있다. 운동에 따라 호흡수가 증가하는 경우에도 혈액 중의 이산화탄소 농도가 높아지고, 산소 농도가 저하한 것을 경동맥이나 대동맥에 있는 화학 수용기가 감지하고, 그 정보에 의해 호흡 중추가 자극된다는 메커니즘이 있다.

반대로 이산화탄소의 농도가 낮고, 산소의 농도가 높으면 호흡은 억제된다.

4. 흡연과 스포츠

흡연 습관이 있는 사람은 숨이 가빠지기 쉽다. 이것은 흡연에 의해 기관에서 폐에 이르는 기도의 저항이 높아지기 때문이며, 이것에 의해 호흡근이 일정량의 환기를 하기 때문에 호흡근의 활동량이 높아진다. 이것은 호흡근의 활동을 위해서 사용되는 산소량이 증가하고, 신체활동을 위해서 사용되는 산소량이 상대적으로 감소하는 것을 의미한다.

이 결과, 지구력이 필요한 종목에서 흡연자는 자신의 능력을 발휘할 수 없는 것이다. 또 흡연에 의해 발생하는 일산화탄소는 헤모글로빈과 결합하기 쉽기 때문에 산소와 헤모글로빈의 결합이 방해되고, 산소의 운반 능력이 저하한다.

심한 흡연가는 운동 능력이 10% 정도 저하한다고 알려져 있다. 따라서 스포츠 선수는 퍼포먼스의 저하를 방해하기 위해서도 흡연을 피해야 한다.

제 6절 운동과 심장
Ⅰ. 산소와 영양 운반에 관계하는 순환계

호흡기가 외호흡에 관계하는 기관인 것에 비해, 순환계는 체내에 받아들여진 산소를 조직에 보내는 동시에 이산화탄소를 내보내고(내호흡), 음식에서 얻어진 여러 가지 영양소를 신체의 구석구석까지 보낸다. 또는 대사산물을 신장 등으로 운반하고, 세포 작용의 조절에서 빠져서는 안 되는 호르몬을 운반하는 작용에 관여하고 있다.

이들은 어느 것이나 심장이라는 펌프를 사이에 두고 신체의 각 부위로 뻗어있는 혈관 안으로 혈액을 순환시킴으로써 행해진다. 운동을 시작하려고 할 때 근육에는 보다 많은 산소와 영양소가 필요하기 때문에 순환계는 심박수를 늘리고, 보다 많은 혈액을 보내도록 작용한다.

1. 심장의 메커니즘

순환계의 핵심이라고도 말할 수 있는 심장은 혈액을 전신으로 보내기 위해서 펌프기능을 하고 있다. 일반 성인의 경우, 그 크기는 주먹만한 정도이며, 무게는 남성이 약 280g, 여성이 약 230g 정도이다. 좌심방, 좌심실, 우심방, 우심실의 4개의 방으로 구성되며, 심방 중격과 심실 중격이라는 벽에 의해 좌우의 심방과 심실로 나뉘고, 심방과 심실의 사이에는 각각 판막이 있다. 또한 심장의 움직임을 컨트롤하는 것은 교감신경계와 부교감신경계이다.

교감신경계는 심근의 수축력을 증가시키는 동시에 심박수를 높이는 작용이 있고, 부교감 신경계는 심박수를 억제하는 작용이 있다.

2. 혈관의 메커니즘

심장이 보내는 혈액을 조직까지 운반하고, 다시 심장까지 되돌아오는 통로인 혈관은 동맥, 세동맥, 모세혈관, 정맥으로 나눌 수 있다. 동맥은 심장에서신체 각부위로 혈액을 보내는 탄성이 풍부한 혈관으로, 폐동맥과 대동맥 등이 있다. 모세혈관에서는 근접하고 있는 조직 세포와 산소와 이산화탄소, 영양 물질과 대사산물의 교환이 행해진다.

정맥은 굵은 것에는 혈액이 역류하지 않도록 각처에 관이 들어 있다. 골격근에 있는 정맥은 운동에 따른 근수축에 의한 압박과 판 등의 작용으로 혈액을 적극적으로 심장으로 되돌린다. 이 작용은 일반적으로 「근육 펌프」 또는 「정맥환류」라고 한다.

3. 스포츠와 순환계

신체 활동과 더불어서 심장이 혈관에 보내는 혈류량은 증가한다. 1분당 심장의 박동수를 심박수, 1분당에 동맥에 보내는 혈류량을 심박출량이라고 한다. 또 심장의 박동 1회마다 보내는 혈류량은 1회 박출량이라고 부르고 있다. 심박수나 1회 박출량은 활동 강도에 따라 크게 변화하고, 심박출량도 증감을 보이지만, 마라톤 등과 같이 지구력이 필요한 종목은 최대심박출량이 퍼포먼스를 좌우한다.

경기나 시합에 임하기 전 긴장상황에서는 신체를 움직이기 전부터 순환계의 조절은 시작되며, 신체는 다음과 같은 반응을 보인다. 우선 대뇌피질로부터 보내지는 정보가 골수의 혈관 운동중추를 자극하고, 이어서 심박수와 심박출량이 증가하고, 혈압이 상승한다. 이와 더불어 근육에 운동 정보가 전달되어 수축을 일으키게 하는 동시에 운동에 관여되는 근육에서는 증가한 혈류량을 받아들이기 쉽게 하기 위하여 혈관의 저항을 저하시킨다.

또 요구되는 산소나 영양소 등의 수요에 따라 신호가 보내지고, 심박출량이나 혈압의 증가를 더욱더 촉구한다. 한편, 말초에서 심장으로 흐르는 혈액의 흐름은 정맥의 수축이나 운동에 관여하는 근육의 펌프 작용과 강제적인 호흡운동에 의해서 촉진된다.

이와 같이 운동에 관계되는 근육에 의해 많은 혈액이 흐르도록 신체에서는 여러 가지 작용이 생기는 것이다. 또 계속되는 운동에 동반하는 체온 상승을 막기 위해서 교감신경이 피부의 모세혈관을 확장시키고, 혈류량을 증가시킴으로써 열을 방산하게 한다. 단, 지구력이 요구되는 운동인 경우, 운동에 관계되는 근육의 혈류가 우선하기 때문에 열의 방산이 체온의 상승을 억제하지 않는 일이 있다.

호흡의 구조

호흡기
공기중의 산소를
체내로 흡수한다.

호흡기
이산화탄소를 몸밖
으로 배출한다.

산소

이산화탄소

폐
산소와 이산화탄소를 교환한다.
=폐호흡, 외호흡산소와 혈액
중의 헤모글로빈이 결합한다.

폐
이산화탄소와 헤모
글로빈이 분리된다.

심장
헤모글로빈과 결합한 산소를
전신으로 보낸다.

정맥

동맥   동맥

정맥

산소

산소

이산화탄소

이산화탄소

각 조직
혈액중의 산소를 이용
하여 ATP를 생산한다
산소와 이산화탄소를
교환한다.
= 조직호흡, 내호흡

스포츠 중에는 ATP의 생성을 많게 하기 위해서 호흡이나 심장에 따라
혈액의 순환이 격해지게 된다.

CHAPTER 4

스포츠와 에너지

제 1절 신체를 움직이는 에너지

인간이 생명을 유지하고 신체 활동을 하기 위해서는 에너지가 필요하다. 활동을 위한 에너지원은 음식에 의해서 보급되고, 생명의 유지나 활동을 위해서 이용할 수 있는 형태로 체내에 저장할 수 있다.

에너지를 만들어 내는 메커니즘이나 체내에 저장되어 있는 에너지의 이용 방법은 운동 강도에 따라 다르다. 에너지를 효율적으로 이용하기 위해서 경기 특성에 의한 에너지 생성 메커니즘을 이해하는 것이 중요하다.

1. 체내의 직접적인 에너지원

체내의 직접적인 에너지원은 ATP(아데노신 3인산)라는 고에너지 결합을 가진 화합물로, 효소 작용에 의해 신체에 필요한 에너지를 신속히 공급할 수 있다는 특징을 들수 있다. ATP와 깊이 관계되는 물질에는 CP(크레아틴 인산)가 있다. CP는 직접 에너지원은 아니지만, ATP를 재합성하고, 신속하게 에너지를 보충하는 작용을 한다.

ATP와 CP는 체내에 조금밖에 모아 둘 수 없기때문에 짧은 시간밖에 이용할 수 없다. 그러나 체내에 모아 둘 수 있는 당질이나 지질로에서도 ATP는 만들어 낼 수 있다.

2. 에너지를 만들어 내는 메커니즘

신체 활동 시, 에너지가 생성되는 메커니즘은 활동 강도에 따라 아래와 같은 패턴으로 나눌 수 있다.

(1) ATP∼CP계(ATP, CP∼ATP계)

골격근에 조금밖에 저장되어 있지 않은 ATP는 힘을 폭발적으로 발휘시키는 역도경기와 같은 스포츠에서 에너지원으로 이용된다. 또 CP는 ATP가 이용되었을 때, 그것을 곧바로 재합성하는 작용이 있다(CP∼ATP계). 단 전력을 발휘하는 운동에서는 불과 8초 정도에 다 써버린다. 근육내의 ATP를 직접 이용하는 경우와 CP~ATP계를 합한 것을 ATP~CP계라고 부른다.

(2) 유산~ATP계

CP~ATP계의 뒤를 잇는 에너지 공급 과정이다. 무산소 상태나 산소 부족 상태에서 근육에 포함되는 근글리코겐을 이용해 ATP를 만들어 낸다. ATP를 빠르게 재합성할 수 있지만 생성량이 제한되고, 동시에 유산도 만들어지기 때문에 근육의 피로를 일으키기 쉽다.

(3) 산화~ATP계(당질의 산화~ATP계, 지질의 산화~ATP계)

간장에 저장된 글리코겐, 혈당, 근글리셀라이드, 혈중 유리지방산, 중성지방 등을 이용해서 ATP를 만들어 내는 과정이다. 산소를 충분히 이용하는 것으로 대량의 ATP를 생성하고, 3분 이상 계속하는 지구성 운동에서 필요한 운동 에너지원이 된다.

당질의 산화에 의한 것과 지질의 산화에 의한 에너지 시스템이 있다. 안정시는 지질이 약 60%, 당질이 약 40% 이용되지만, 운동 강도가 높아짐에 따라서 당질이 이용되는 비율이 높아진다.

3. 체내의 에너지의 저장 형태

(1) 당질(탄수화물)

체내에서는 혈당, 간글리코겐, 근글리코겐 등의 형태로 있는 당질은 ATP나 CP 정도로 미량은 아니지만, 체내에 저장할 수 있는 분량은 극히 제한되어 있다. 근수축에 필요한 에너지는 사용되는 근육에 저장된 글리코겐이 우선적으로 이용되고, 부족분은 간글리코겐에서 생성된 혈당에 의해 보충된다.

(2) 지질(지방)

지질은 에너지량이 1g당 약 9kcal로 높고, 우수한 에너지원이지만, 주로 체지방의 형태로 축적되기 때문에 과잉섭취는 스포츠 선수에게 있어서 퍼포먼스에 악영향을 미치는 요인이 된다. 신체에 저장되어 있는 지질은 필요에 따라 분해되어 에너지로 이용된다.

(3) 단백질

신체의 구성 성분인 단백질은 기아 상태 등 특별한 조건 하에서 당질이나 지질을 이용할 수 없는 경우 에너지원으로서 이용하는 일이 있다. 단, 어디까지나 보조적인 역할이다.

4. 운동의 에너지원

1) 운동의 에너지원과 종류

(1) 당질

당질은 단당류, 이당류, 다당류 등으로 분류되며, C, H, O의 3원소만으로 구성된다.

① 단당류 : 분자구성이 최소인 당, 포도당(글루코스), 과당(프럭토스) 등이 있다. 섭취한 단당류는 소화시킬 필요가 없으며, 흡수되면 즉시 에너지원으로 이용할 수 있다. 혈액 속에 존재하는 당은 단당류 중 글루코스라 하며, 이를 혈당이라고 한다.

② 이당류 : 단당류 2개가 결합된 당으로 자당(글루코스+프럭토스)과 맥아당(글루코스+글루코스) 등이 있다. 섭취한 이당류는 소화되어 단당류가 되어야 에너지원으로 이용할 수 있다.

③ 다당류 : 단당류가 많이 결합된 당으로, 전분(글루코스가 100~3000개)이나 동물의 다당류인 글리코겐(동물의 전분)은 소화되어 글루코스가 되어야 에너지원이 되는데, 체내 글리코겐은 그대로 대사되어 단당류형태가 되어 에너지원이 된다.

(2) 지질

지질은 단순지질, 복합지질, 유도지질 등으로 분류된다.

① 단순지질 : 동식물의 저장지방 대부분이 단순지질이며, 중성지방(triglycerides, 트리글리세리드)은 주로 에너지원이 된다.

트리글리세리드는 글리세린에 3개의 지방산이 결합된 것이다. 인체에서 가장 많은 트리글리세리드는 트리올레인(triolein)산으로 글리세린에 3개의 올레인(olein)산이 결합되어 있다.

분자는 글루코스가 H와 O의 비율이 물과 같은 2:1인데 비하여, 트리올레인산($C_{57} H_{104} O_6$)은 H와 O의 비율이 약 17 : 1로 H가 월등히 많고 O가 적다. 게다가 에너지를 생성하기 위해서는 효소를 많이 섭취해야 한다. 섭취한 중성지방은 소화되어 지방산과 글리세린으로 분해되어야 에너지원이 된다. 지방산의 종류는 많으며, 팔미틴산(palmitic acid), 올레인산, 리놀산(linolic acid) 등이 대표적이다.

② **복합지질**(인지질, 당지질 등) : 인지질은 트리글리세리드 3개 지방산 중, 1개의 지방산이 "인산과 콜린"으로 치환된 것으로, 지방도 용해하지만 물과도 결합한다. 난황유인 "레시틴"이 대표적이며 난황은 식물성지방과 식초를 용해하고, 유화되어 마요네즈가 된다. 당지질은 당, 질소화합물, 인산 등을 함유하며, 혈액형의 결정인자인 글리코스핀고리피드 등이 있다.

③ **유도지질** : 지방이 가수분해되어 유도되는 것으로, 디글리세리드(글리세린에 2개의 지방산이 결합), 모노글리세리드(글리세린에 1개의 지방산이 결합), 지방산, 스테로이드(콜레스테롤, 담즙산, 성호르몬, 부신피질호르몬, 비타민D) 등이 있다.

(3) 단백질

단백질은 단순단백질, 복합단백질, 유도단백질로 분류된다. 분자 중에 C, H, O 이외에 N을 약1 6%(중량 %) 정도 함유하고 있으므로 대사를 통하여 당이나 지질처럼 전부 H_2O와 CO_2로 되지 않고, 요소나 암모니아 등의 질소화합물이 생성된다. 이들은 주로 신장을 통해서 배설된다.

① **단순단백질** : 아미노산만으로 구성된 단백질로 알부민, 글로부린, 글루테닌 등이 있으며, 주로 근단백질이나 에너지원이 된다. 섭취된 단백질은 소화되어 아미노산으로 되어야 에너지원이 된다.

② **복합단백질** : 단순단백질이 다른 물질과 결합된 것으로 필수아미노산과 비필수아미노산으로 구분된다.

③ **필수아미노산** : 체내에서 합성되지 않고, 섭취하지 않으면 정상적인 영양

상태를 유지할 수 없는 아미노산을 말한다.

성인에게는 (1) 루신, (2) 이소루신, (3) 리신, (4) 발린, (5) 메티오닌, (6) 트레오닌, (7) 페닐알라닌, (8) 트립토판 등 8종류가 있으며, 유아에게는 이외에 히스티딘, 아르기닌이 필요하여 10종류이다.

④ 비필수아미노산 : 식사로 섭취하지 않더라도 체내에서 합성할 수 있는 아미노산을 말한다. 티로신, 시스틴, 글루타민산, 알라닌, 아스파라긴산, 글리신, 세린 등 다수가 있다.

2) 에너지원의 소화와 흡수

(1) 당질

① 구강 : 전분의 일부는 수액탈분비의 소화효소인 프티알린에 의해 텍스트린(다당류)과 맥아당(말토스)으로 가수분해되어 위로 보내진다.

② 위 : 소화되지 않은 전분은 구강에서 프티알린과 함께 위로 들어와 위 분비 염산에 의해 pH가 4 이하가 될 때까지 가수분해를 계속한다. 염산이 많아져 pH가 4이하로 떨어지면 소화활동은 일어나지 않는다.

③ 십이지장 : 소화되지 않은 전분은 췌장에서 분비되는 중탄산이온(HCO_3^-)에 의해 pH가 올라가게 되면(pH 6.9가 적당), 췌장에서 분비되는 소화효소 아미롭신에 의해 텍스트린과 맥아당으로 분해 된다.

④ 소장 : 텍스트린은 위 분비 소화효소인 이소말타아제에 의해 맥아당과 포도당으로, 맥아당은 위 소화 효소 말타아제에 의해 2개의 포도당으로 분해된다. 자당은 위 분비 소화효소 서크로즈에 의해 과당과 포도당으로 분해된다. 또한 유당은 위 분비 소화효소 락타아제에 의해 포도당과 갈락토스로 분해 된다. 이들 단당류는 소장의 점막 섬모에서 흡수되어 문맥으로 들어가 간장으로 이동된다. 간장에서 글리코겐이나 지방으로 합성되고, 또 일부 포도당은 혈당이 되어 근육으로 옮겨져 글리코겐으로 저장된다.

(2) 지질

① 구강

② 위 : 소화활동은 하지 않는다.

③ 십이지장·소장 : 지질은 수분에 용해되지 않으므로 0.2~5.0㎛의 에 멀죤이 된다. 여기에는 트리글리세리드, 인산지질, 콜레스테롤, 지용성 비타민 등이 함유되어 있다.

트리글리세린은 췌장 분비 소화효소인 리파제에 의한 가수분해로 1개의 지방산이 분리되어, 지방산 2개를 붙인 디글리세리드에, 또 2개째의 지방산이 분리되어 지방산 1개를 붙인 모노글리세리드에, 또 3개째의 지방산이 분리되어 글리세린이 된다.

⒜ 글리세린 : 그대로의 형태로 흡수된다. 지방산이나 모노글리세리드는 에멀죤 상태로는 너무 커서 확산이 어려워 담즙산의 내측 소수성(수분과 친화성이 적다) 부분으로 들어가 미셀이라 하여 외측에 친수성기 ($-OH$, $-COO^-$, $-SH_2 O$)를 향하는 고리상의 고분자 응집이 된다. 미셀은 흡수상피세포의 표면에서 흡수된다.

담즙산이 분비되지 않는 경우에는 미셀이 잘 형성되지 않으며, 지방 흡수가 현저히 저하된다. 유리지방산은 H^+을 방출하여 음이온이 되고, 어느 정도 물에 용해되기 때문에 담즙산이 없더라도 흡수된다.

⒝ 유리지방산, 모노글리세리드 : 세포의 소포체 효소의 작용으로 트리글리세리드로 재합성되며, 그 후에 지방산, 콜레스테롤 에스테르, 인지질, 단백질이 첨가되어 골지(golgi) 장치에서 킬로미크론(리포단백)이 생성된다.

⒞ 킬로미크론 : 리포단백 중 최대이며, 직경 50~1000㎚의 크기를 가진다. 표면은 인지질(친수성)과 단백질에 쌓여 수중에서 안정된다. 그 중에는 80~90%의 트리글리세리드를 함유한다. 리포단백에는 이 외에 초고농도리포단백(VHDL), 고농도리포단백(HDL), 중농도리포단백(IDL), 저농도리포단백(LDL), 초저농도리포단백(VLDL) 등이 있다.

⒟ 인지질 : 췌장 분비 소화효소 포스포리파아제의 작용으로 가수분해된다.

⒠ 콜레스테롤 : 췌장 분비 소화효소 콜레스테롤 에스테라아제의 작용으로 가수분해 된다.

(3) 단백질

① 구강 : 소화 활동은 일어나지 않는다.

② 위 : 단백질은 가스트린(위 분비호르몬)의 자극으로 분비된 위액(염산)과 펩신(소화 효소)에 의해 긴 아미노산 띠를 짧은 폴리펩티드로 절단한다. 위액의 pH는 1.5~2.5이며, 단백질을 가수분해하기 쉽게 되어있다.

③ 십이지장·소장 : 폴리펩티드는 트립신, 키모트립신(췌장에서 불활성형태로 분비, 소장 내에서 활성화)에 의해 트리펩티드, 디펩티드 등으로 짧게 절단된다.

또 췌장액인 카르복시펩티다아제, 장액인 아미노펩티다아제가 아미노산으로 분리되어간다. 또한 장액인 디펩티다아제는 디펩티드를 분리하여 아미노산으로 만든다.

5. 운동과 에너지원의 보급

1) 음식물의 통과

(1) 고형음식물 도달시간

① 구강에서 위까지는 30~60초가 필요하다.

② 십이지장에서 소장까지는 5분~6시간이 필요하다.

③ 소장에서 상행결장까지는 4~15시간이 필요하다.

④ 대장내에서는 24~72시간 머물렀다 배변된다(설사나 변비는 예외).

(2) 유동식·액체성분 도달시간

① 구강에서 위까지는 1~6초가 필요하다.

② 십이지장에서 소장까지는 1~5분간이 필요하다.

③ 소장 이후는 고형음식물의 경우와 큰 차이가 없다.

2) 에너지원의 저장

① 당질은 약 3g/kg(체중당)을 저장한다.

ⓐ 혈중 글루코스 약 0.08g/kg ⓑ 체액 중 글루코스 약 0.21g/kg

ⓒ 간장 글리코겐 약 1g/kg   ⓓ 근육 글리코겐 약 1.7g/kg

② 단백질은 주로 근육에 약 86g/kg을 저장한다.

③ 지질은 주로 지방조직에 약 214g/kg을 저장한다. 각 에너지원의 에
너지 발생량은 당질 4.1kcal/g, 지질 9.4kcal/g, 단백질 4.1kcal/g이
다. 체중 70kg인 사람의 저장 에너지량은 ⓐ 당질이 약 210g으로
약 860kcal, ⓑ 지질이 약 14,980g으로 약 141,000kcal, ⓒ 단백질
이 약 6,000g으로 24,000kcal에 상당한다.

3) 에너지원의 이용

운동 시 에너지원의 이용에 대하여 알아보자.

어떤 스포츠로 500ℓ의 O_2를 섭취하고, CO_2를 380ℓ, 요소질소를 10g 배
출하였다 하자. 아미노산의 다수는 간장에서 대사되는데, 근육 속에도 분지쇄
아미노산트랜스아미나제가 있으며, "분지쇄아미노산"인 "로신", "이소로
이신", "발린"을 대사하여 근육의 에너지공급에 기여한다

① 단백질의 소비중량은 요소질소 1g이 6.25g의 단백질을 소비하므로
<6.25×10=62.5g>이다.

에너지 생산량은 단백질 1g이 4.1kcal의 에너지를 발생시키므로
<62.5×4.1=256.3kcal>가 된다.

연소에 필요한 O_2 양은 요소질소 1g이 5.94ℓ의 O_2 섭취에 상당하므로
<5.94×10=59.4 ℓ >이며, CO_2양은 요도질소 1g이 4.76ℓ의 CO_2 배출에
상당하므로 <4.76×10=47.6 ℓ >이다.

② 당질과 지질의 연소에만 필요한 O_2 양은 <500-59.4=440.6 ℓ >이다.
CO_2 배출량은 <380-47.6=332.4 ℓ >가 된다.

비단백호흡율은 <332.4÷440.6=0.75>가 된다.

③ 당질과 지질 합계의 에너지 생성량 합계는 비단백호흡율이 0.75일 때

O_2 1ℓ당 에너지 생산량을 구하면 4.739kcal이므로, <440.6×4.739=2,088kcal>가 된다.

④ 스포츠 전체에 필요한 총에너지량은 <256+2,088=2,344kcal>가 된다.

⑤ 지방의 발생 에너지량은 비단백 호흡율이 0.75일 때 지방의 연소비율을 구하면 84.4%으므로 <2,088×0.844=1,762kcal>이다.

소비중량은 지질 1g의 발생 에너지량이 9.4kcal이므로

<1,762÷9.4=187.4g>이다.

⑥ 당질의 발생 에너지량은 비단백 호흡율이 0.75일 때 당질의 연소비율을 구하면 15.6%이므로 <2,088×0.156=326kcal>가 된다. 소비중량은 당질 1g의 발생 에너지량이 4.1kcal이므로 <326÷4.1=79.5g>이 된다.

⑦ 스포츠 중 단백질·지질·당질의 합계 소비중량은

<62.5+187.4+79.5=329.4g>이 된다.

4) 운동시 영양과 수분 보급

(1) 운동 전

예를 들어, 에너지를 많이 필요로 하는 풀 코스마라톤의 전체에너지 필요량은 약 2,415kcal이다. 스타트하여 당질만으로 달린다고 가정한다면, 체중 75kg인 남성의 총에너지 저장량은 약 860kcal로, 약 15,000m에서 고갈된다.

나머지는 27,195m이며, 1,555kcal는 다른 에너지에 의존하여야 한다. 이를 지질에너지로 달린다면 약165g이 필요한데, 지질저장량 15,000g의 1%의 소비에 불과하다.

지질은 에너지를 폭발적으로 내어 스피드를 올리는 무산소 운동은 할 수 없기 때문에 당질이 필요한데, 체내에는 총량으로 860kcal 밖에 저장할 수 없다. 게다가 주행 중에도 뇌에 당을 충분히 공급하고, 저혈당도 방지해야 한다. 이 예에서도 알 수 있듯이 운동 중에 가장 필요한 에너지원은 당질임을 알 수 있다.

운동 시 소화기의 기능은 교감신경의 긴장, 부신수질의 아드레날린, 노르아드레날린의 분비증진 등에 따라 억제되는 경우가 많다. 또한 운동전부터 교감

신경이 긴장하여 아드레날린, 노르아드레날린의 분비증가가 현저한 경우가 있다. 이 경우에는 운동 전부터 혈당이 동원된다.

혈당이 높으면, 만복감으로 식욕이 없고, 실제로는 당질저장량이 적음에도 불구하고 보급하기 어려운 상태가 되어있다.

따라서 운동전에는 운동에 필요한 글루코스량 등을 미리 검토하고, 교감신경의 긴장정도, 음식물이 소장에 도달하는 시간, 소화·흡수시간 등을 고려하여 보급토록 노력해야 한다.

급한 경우에는 글루코스 수용액이 좋지만, 잘 받아들이지 않는 경우에는 수액을 사용한다. 그리고 장내 가스는 운동 중 복통의 원인이 되므로 가스가 발생하기 쉬운 육류, 섬유, 우유 등은 시합전이나 운동 중에는 피하는 편이 좋다.

(2) 운동 중

운동 중에도 기본적으로는 운동 전과 같다.

다당류나 이당류 보다도 이론적으로는 단당류인 글루코스의 공급이 잘되는 것으로 되어있다. 문제는 어느 정도의 농도, 온도, pH로 할지, 전해질을 어느 정도 혼합하는가 인데 아직 확실치 않다.

(3) 운동 후

운동 후에는 가장 먼저 수분 공급이 필요하다. 갈증을 해소함과 동시에 신장에서 요산·암모니아 등 노폐물 배설을 증진하기 위함이다. 또한 영양의 공급은 에너지 부족 해소와 피로회복 등이 주 목적이다.

우리들은 매일 섭취하는 식사를 통해 영양소를 체내에 흡수하고 특별히 의식하는 일 없이 소화, 흡수하여 간이나 근육 등의 조직에서 대사과정을 거쳐 생활이나 기타의 경우에 에너지로 이용하고 있다. 즉, 일상 생활을 영위하기 위해서도 또는 원활한 운동을 하기 위해서도 에너지원이 되는 영양소 섭취의 제 1단계인 소화, 흡수와 같은 생리기능이 대전제가 된다.

이 소화와 흡수를 무의식중에 조절하는 것이 뒤에서 언급되는 것처럼 자율신경계에 의한 신경성조절과 소화관 호르몬을 포함하는 호르몬에 의한 체액성조절이다. 특히 자율신경계에서는 부교감신경계의 긴장으로 인해 그 기능이 촉진되어 교감신경계의 긴장으로 인해 그 기능이 억제된다.

즉, 체내 자율신경의 균형으로서는 교감신경이 우위가 되어 부교감신경 우위의 지배를 받고 있는 소화기의 기능은 억제되어진다. 바꾸어 말하자면 소화기의 생리기능이 억제되지 않고, 그 기능이 충분히 발휘되고 있는 상황에서는 운동기능이 충분히 행해지고 있지 않다는 것이다.

그러나 운동에 관련된 영양소의 소화 흡수에 관한 지식이 요구되는 이유는 운동개시 전의 영양상태를 가능하다면 그 운동에 적합한 상태로 유지하고, 또 운동으로 인해 소비된 에너지를 보다 신속하게 보다 합리적으로 보충하기 위해서이다.

제 2절 스포츠를 할 때 필요한 에너지

인간이 신체 활동을 하기 위해서는 주로 근을 움직여 수축시킬 필요가 있고, 그를 위해서는 아데노신 3인산(ATP)이라는 물질의 분해에 의한 화학에너지가 필요하게 된다. 이 ATP라는 물질은 근에 저장되어 있으며, 그 분량은 극히 미량으로, 근 중에 있는 ATP만으로는 1초 정도밖에 근을 움직일 수 없다. 따라서 스포츠를 하고, 근을 움직이게 하기 위해서는 이 ATP를 분해하면서, 동시에 생성시킬 필요가 있는 것이다.

인간의 몸이 이 ATP를 생산하기 위해서는 주로 당질과 지방 등(에너지원)과 산소가 필요하게 된다. 이들을 체내에 거둬들이는 역할을 맡고 있는 것이 식사와 호흡과 심장을 중심으로 한 혈액의 흐름(순환)이다. 호흡에 의해 산소를, 식사에 의해 에너지원을 체내에 거두고, 이를 혈액에 의해 근 등의 각 조직에 공급하고 있다. 그리고 근에서는 ATP를 분해하여 근을 움직이기 위한 에너지를 만들어 내고, 동시에 ATP를 신속히 생성하는 것이다.

인간이 스포츠를 행할 때는 평상시 보다 많은 에너지가 필요하게 된다. 즉, ATP의 분해와 생산이 증가한다. 따라서 스포츠를 행하고 있을 때는 보다 많은 산소를 체내에 거두어들여서 산소를 근에 공급할 필요가 있기 때문에, 호흡이 거칠어지고, 심장의 움직임이 빨라지고, 체내의 에너지원이 적어지는 것이다.

I. 호흡과 순환과 에너지

혈액이 산소·이산화탄소를 운반

신체 활동에 필요한 ATP의 분해와 생성이 행해지는데, 호흡과 혈액의 순환은 중요한 역할을 하고 있다. 호흡과 혈액의 순환 목적(역할)은 산소와 에너지원을 몸의 구석구석에 공급하고, ATP생성의 결과로 생기는 이산화탄소와 노폐물을 배출하고 제거하는 것이다.

공기 중에 존재하는 산소는 입으로부터 받아들여져서 기관에서 기관지로 보내져 폐로 들어간다. 폐 안에 들어 간 산소는 혈액 내의 헤모글로빈과 결합하고, 심장의 작용에 의해 근육 등의 각 조직으로 운반된다. 각 조직까지 겨우 다다른 혈액 내의 헤모글로빈은 산소를 떼어놓고, ATP 생성 결과로 생기는 이산화탄소와 결합하여 폐로 돌아와, 이산화탄소를 떼어 놓고 다시 산소와 결합한다. 이것이 계속해서 반복되는 것이다. 즉, 폐와 각 조직에서 각각 산소와 이산화탄소의 교환이 행해지고 있는 것이다.

폐에서의 산소와 이산화탄소의 교환을 폐호흡, 혹은 외호흡이라 부른다. 한편 각 조직에서의 산소와 이산화탄소의 교환을 조직 호흡, 혹은 내호흡이라고 한다. 스포츠를 행하고 있을 때는 ATP의 분해와 생성이 증가하기 때문에 많은 산소를 체내에 거둬들이고, ATP 생성 결과로 생긴 이산화탄소를 체외에 배출할 필요가 있다.

따라서 스포츠를 행하고 있을 때는 호흡이 많아져서 폐의 활동이 활발하게 된다. 또 거둬들인 산소를 몸의 구석구석까지 공급하고, 이산화탄소를 회수할 필요가 있기 때문에 보다 많은 혈액을 순환시킬 필요가 있다. 즉, 심장의 활동이 활발하게 되어 심박수 등이 증가한다. 이와 같이 호흡이나 심장의 활동을 중심으로 하는 혈액의 순환은 ATP의 분해 및 생성과 밀접하게 관계하고 있다.

II. 심장활동과 에너지

몸의 구석구석까지 혈액을 공급

폐에서 산소와 결합한 헤모글로빈을 함유한 혈액을 전신에 보내는 펌프의 구실을 하고 있는 것이 심장이다.

심장의 크기는 대체로 자신의 주먹 정도의 크기라고 한다. 무게는 약 200g 부터 300g 정도이다. 심장의 펌프 작용을 가리켜 박동이라고 부르며, 1분간의 박동수가 심박수이다. 1회의 박동으로 보내는 혈액의 양(1회박출량)은 약 80㎖이기 때문에, 안정시 심박수가 1분간에 60회일 경우, 대략 5ℓ나 되는 혈액을 보내고 있는 것이다. 이 1분간에 보내는 혈액량을 가리켜 심박출량이라고 한다. 즉, 심박출량은 「1회박출량×심박수」라는 식으로 표현된다.

운동 시에는 보다 많은 ATP를 생산할 필요가 있기 때문에 보다 많은 산소가 필요하지만, 헤모글로빈과 결합해서 심장에서 보내는 혈액 중에 포함되는 산소의 분량은 안정 시에나 운동 시에도 변하지 않는다. 그때문에 운동 시 심박출량을 많이 할 필요가 있다. 그러나 1회 박출량은 운동 개시와 함께 증가하지만, 어느 정도가 되면 일정 수준으로 안정되는 것으로 알려져 있다. 따라서 운동 시에는 심박수가 증가하는 것이다. 운동 시의 심박출량은 약 25ℓ~30ℓ이다.

심장에서 보내진 직후, 혈액의 흐름의 속도는 약 1800m/h 정도인데, 신체 말단에서는 그 속도가 1.8m/h 정도로, 1,000배나 저하한다. 근 등 몸의 각 조직에 충분한 산소나 영양을 공급하고, 이산화탄소나 노폐물을 받기 때문에, 신체 말단의 혈액은 속도가 저하하는 것이다.

심장의 구조

심장은 산소와 결합한 헤모글로빈을 함유한 혈액을 전신으로 송출한다.

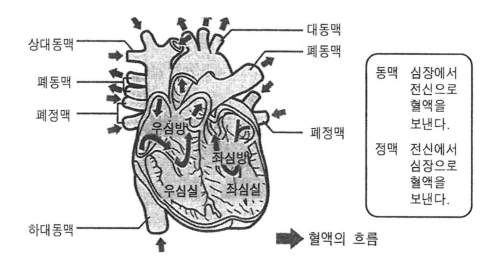

동맥	심장에서 전신으로 혈액을 보낸다.
정맥	전신에서 심장으로 혈액을 보낸다.

스포츠와 심장

1회의 박동으로 보내는 보내는 혈액의 양 (1회 박출량) X 박동의 회수 (심박수) = 심박출량

스포츠중에는 ATP생성을 위해 많은 산소가 필요하게 된다.

그러나

혈액중의 산소의 양, 1회박출량은 거의 일정하다.

따라서

심박수가 증가하는 것으로, 대량의 산소를 근에 보낸다.

제 3절 산소섭취량과 에너지

안정 시 심장에서 보내는 혈액, 즉 동맥혈 100㎖ 안에는 약 20㎖의 산소가 포함되어 있고, 근육 등의 각 조직에서 심장으로 되돌아오게 되는 혈액, 즉 정맥혈 100㎖ 안에는 약 15㎖의 산소가 포함되어 있다.

동맥혈 산소 분량과 정맥혈 산소 분량의 차를 동정맥산소교차 라고 하며, 근육 등의 각 조직에 사용된 산소 분량을 나타내고 있다. 동정맥산소교차는 안정시 보다도 운동시에 많아진다.

운동시에는 근 등의 각 조직이 보다 많은 산소를 필요로 하고 있기 때문이다. 이 체내에 받아들여진 산소 분량을 산소섭취량이라고 한다. 또 근육 등에 ATP를 생산하기위해 산소가 사용되는 경우, 산소 1ℓ당 약 5kcal의 열량이 발생하게 된다. 따라서 산소섭취량을 알면, 운동에서 어느 정도의 에너지가 소비되었는지도 알 수 있다.

산소섭취량을 조사하기 위해서는 동정맥산소교차 뿐만 아니라, 심장에서 보내온 혈액을 알 필요가 있다. 즉, 심박출량과 동정맥산소교차를 모두 알 필요가 있는 것이다.

안정 시 심박출량은 (개인차가 있지만) 1분간에 5ℓ~7ℓ 정도이기 때문에 대강 250㎖ 정도의 산소를 섭취한다. 한편, 심한 운동시에는(개인차가 있지만), 1분간에 약 3ℓ의 산소가 사용된다.

1ℓ의 산소가 사용될 때는 약 5kcal의 열량이 발생하기 때문에 운동시에는 1분간에 15kcal의 에너지를 소비하는 것이 된다. 따라서 이 운동을 10분간 계속하면 150kcal의 에너지가 소비되는 셈이다.

Ⅰ. 산소섭취량의 측정방법

호흡을 이용한다.

산소섭취량을 구하기 위해서 필요한 동정맥산소교차나 심박출량을 실제로 측정하는 것은 대단히 어렵다. 심박출량을 측정하기 위해서는 대규모적인 장치가 필요하게 되고, 동정맥산소교차를 측정하기 위해서는 심장의 근처에서 혈액을 채취할 필요가 있는 것이다. 그러면 운동 시에 산소섭취량은 어떻게 측정할 수 있는 것인가?

간단하게 호흡을 이용해서 산소섭취량을 측정할 수 있다. 호흡에 의해 1분간에 출납된 공기량을 가리켜 폐환기량이라고 한다.

안정시의 폐환기량은 약 7ℓ 정도이다. 신선한 공기 중에는 약 20.9%의 산소가 포함되어 있지만, 입에서 토해 내어진 공기(호기) 중에는 약 16%~18%의 산소가 포함되어 있다. 즉, 흡수된 공기(흡기)와 호기 중에 포함된 산소의 차는 약 2~4%가 되고, 이 차가 몸 안의 각 조직에서 사용된 대략적인 산소량이 되는 것이다. 즉, 폐환기량과 호기로 포함되는 산소의 비율을 알면 산소섭취량을 알 수 있다.

운동시의 폐 환기량은 70ℓ~180ℓ까지 증가한다고 한다. 예를 들면, 어떤 운동의 폐환기량이 약 100ℓ이다, 산소 농도의 차가 약 3%라고 하면, 산소섭취량은 1분간에 약 3ℓ가 된다.

1ℓ의 산소가 사용될 때 약 5kcal의 열량이 발생하기 때문에 이 운동으로는 1분간에 15kcal의 에너지를 소비한 셈이다.

운동이 격렬해질수록 산소섭취량은 증가한다. 그러나 같은 운동시에도 산소섭취량에는 개인 차가 있다. 또 산소섭취량에는 사람에 따라 각각 한계점이 있고, 그 한계점을 가리켜 최대산소섭취량이라고 부르고 있다.

폐환기량

폐환기량이란 1분간에 체내에서 드나드는 공기의 양=
= 1회 환기량 X 1분간의 호흡수

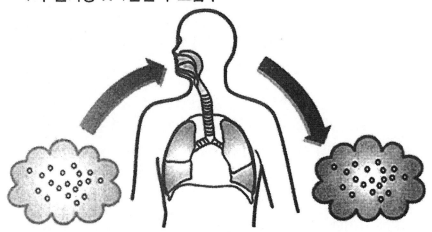

공기중에 포함된 산소의   — 농도차 2~4% =   호기중에 함유된 산소의
비율 20.94%   비율 16-18%

그러므로   체내에 취한 산소의 비율

산소섭취량=폐환기량(1회환기량X호흡수)X호기와 흡기의 산소농도의 차

산소섭취량의 한계를 <최대산소섭취량>이라 한다.

에너지 소비량 측정

운동시의 폐환기량이 100ℓ, 산소농도의 차가 3%되면,

100ℓ X 3% = 3ℓ
     (0.03)   산소섭취량

1ℓ의 산소에서는 약 5kcal의 열량이 발생하므로,

이 운동에서는 15kcal의 에너지가 소비된다.

II. 최대산소섭취량

폐, 심장, 근 기능의 종합 평가

최대산소섭취량은 각 개인이 체내에 받아들일 수 있는 산소섭취량의 최대 한계이다. 즉 최대산소섭취량 값이 크면 클수록, 호흡순환기능도 증가한다.

최대산소섭취량은 지구적 능력을 평가하는 지표나 운동 강도를 설정하는 기준치로서 이용되고 있다.

앞서 설명했던 바와 같이, 산소섭취량은 심박출량과 동정맥산소교차와의 관계이며 폐환기량과 흡기와 호기에 포함된 산소 비율의 차와의 관계에 의해 산출된다. 따라서 심장이나 폐, 근 등의 조직 활동이 뛰어날수록 최대산소섭취량은 높은 값을 나타내는 것이다.

최대산소섭취량의 크기를 결정하는 요인에 관해서는 과거부터 여러 가지 연구가 행해졌으며, 그 결과 심박출량이 가장 주요한 요인으로 확인되었다.

심박출량은 심장이 큰 사람이 많다. 마라톤 러너 등 최대산소섭취량이 큰 사람은 일반 사람에 비해 심장이 크다.

심장도 근이기 때문에 지구적인 트레이닝을 행하는 것에 따라 커진다. 그 결과, 최대산소섭취량도 커지는 것이다.

최대산소섭취량은 지구적 능력을 평가하기 위해 이용되는 지표이지만, 나이에 따라 저하하는 것으로 알려져 있다. 따라서 최대산소섭취량의 저하가 지구적능력의 저하를 유발하는 것으로 예상할 수 있다.

그러나 실제로는 지구적 트레이닝을 계속하면, 최대산소섭취량이 연령에 따라 저하하여도 근육에서 산소를 효율적으로 이용하는 것이 가능해지기 때문에 최대산소섭취량의 저하가 직접적으로 지구력을 저하시키지는 않는다.

최대산소섭취량은 지구적 능력을 평가하는 지표다.

최대산소섭취량을 결정하는 방법

• 간의 기능

• 심장의 기능

• 근등의 조직기능

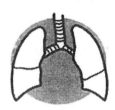
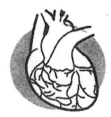

첫째 결정요인은 심박출량 (1회박출량×심박수)

심장과 심박출량

마라토너는 일반인보다
심장이 크다.

• 심박출량은 트레이닝으로 증대한다.

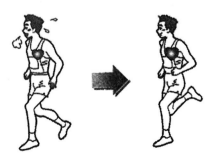

심장도 근이므로 트레이닝
으로 커진다.

Ⅲ. 산소섭취량과 심박수의 관계

운동 중 산소섭취량과 심박수는 비례 관계에 있다.

산소섭취량은 「1회박출량×심박수×동정맥산소교차」로 측정할 수 있다. 운동 시 「1회박출량은 운동 개시와 함께´증가하지만, 어느 일정한 값으로 안정된다. 또 동정맥산소교차도 개인차가 있다.

따라서 운동(강도)에 대해 가장 민감하게 반응하는 것은 심박수이다. 안정시 심박수는 1분당 50박~70박 정도이고, 운동 개시와 함께 상승한다. 특히 서서히 운동 강도를 증가시키면 운동 강도의 증가에 따라 심박수는 상승하여 최고심박수에 달한다. 최고심박수는 「220-연령」이라는 간편식으로 표현되지만, 개인차가 대단히 크다.

운동 강도를 서서히 증가시키면 심박수와 산소섭취량은 비례 관계를 보이지만, 최대 강도까지 운동 강도가 증가하면, 산소섭취량은 그 이상 증가하지 않는다. 즉, 이 때의 값이 최대산소섭취량이다. 산소섭취량이 증가하지 않게 되어도 심박수는 그 이후도 증가를 하지만, 최대 강도 이하의 운동 강도에서는 심박수와 산소섭취량은 직선 관계를 유지하며 증가한다.

운동 중의 심박수는 경동맥 등의 촉진에 의해서 측정하는 것이 가능하지만, 한 번은 운동을 정지할 필요가 있기 때문에 지구적인 운동과 같이 운동을 계속하고 있는 장면에서는 적합하지 않았다.

그러나 최근에는 무선식 콤팩트 심박계가 개발되어 보다 간단하고 정확하게 운동 중의 심박수를 측정하는 것이 가능하게 되었다.

제 4절 에너지공급 시스템과 운동

I. 무산소운동과 유산소운동

운동과 ATP 공급 시스템

ATP를 공급하는 3개의 시스템 중에, ATP-PCr계와 해당계는 산소를 필요로 하지 않아 「무산소적 에너지 공급과정」이라고 한다. 한편, 산화계는 산소를 사용해 ATP를 생산 하는 것으로 「유산소적 에너지 공급과정」이라고 한다.

무산소적 에너지 공급과정은 주로 단시간에 높은 파워를 발휘하는 스포츠(예를 들면, 100m 달리기 등)를 행할 때에 우위로 활동하는 시스템이며, 이와 같은 무산소적 에너지 공급과정에 의한 ATP의 공급이 많아지도록하는 운동을 무산소운동이라고 한다. 한편, 유산소적 에너지 공급과정은 마라톤 등과 같은 긴 시간이 걸리는 스포츠를 행할 때에 우위에 있는 시스템이며, 이와 같이 유산소적 에너지 공급과정에 의한 ATP의 공급이 많아지는 운동을 유산소운동이라고 한다.

그러면 무산소적 에너지 공급과정이 주로 ATP 공급을 하고 있는 운동으로는 유산소적 에너지 공급과정에 의한 ATP 공급은 하고 있지 않은 것인가? 실은 단시간 고강도 운동인 100m 전력 질주시에서도, ATP 공급이 실제로 17%가 유산소적 에너지 공급과정에 의한 것이다.

3분 정도면 피로해 지는 운동에서는 유산소적 에너지 공급과정에 의한 ATP 공급이 70% 정도 미치게 되어 있다. 또 마라톤 등의 장거리 달리기 경기와 같은 운동에서는 90% 이상을 유산소적 에너지 공급과정이 차지하고 있다.

무산소운동이라고 해서 유산소적 에너지 공급과정에 의하지 않은 운동일 리는 없는 것이다.

무산소운동과 유산소운동

에너지공급계에 의해 운동은 크게 3가지로 나눈다.

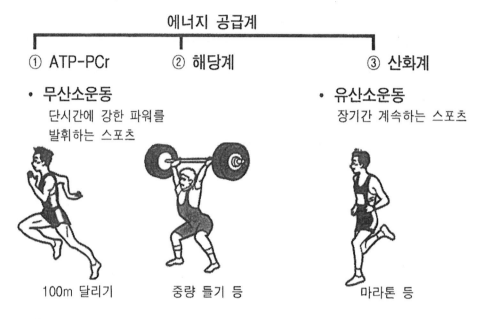

에너지 공급계

① ATP-PCr   ② 해당계   ③ 산화계

• 무산소운동   • 유산소운동
  단시간에 강한 파워를   장기간 계속하는 스포츠
  발휘하는 스포츠

100m 달리기   중량 들기 등   마라톤 등

무산소운동과 에너지

실제로는 무산소운동 중에서도 산화계의 에너지공급 시스템을 이용하고 있다.

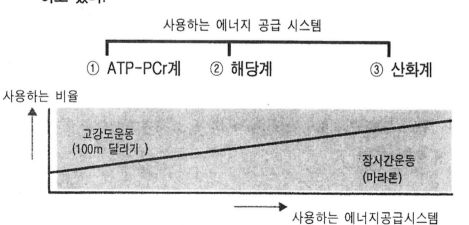

사용하는 에너지 공급 시스템

① ATP-PCr계   ② 해당계   ③ 산화계

사용하는 비율

고강도운동
(100m 달리기)

장시간운동
(마라톤)

사용하는 에너지공급시스템

Ⅱ. 무산소적 에너지 공급과정

장시간 계속하지 않는 시스템

3개의 ATP 공급 시스템 중에서, 가장 쉽게 ATP를 공급할 수 있는 것은 ATP·PCr계이다. ATP-PCr계는, 근 중에 이미 저장되어 있는 크레아틴인산 (PCr)을 분해하여 ATP를 생산한다. 그러나 ATP와 마찬가지로 근 내에 저장되어 있는 PCr의 분량은 극히 미량이기 때문에, 이 시스템 단독으로는 장시간 운동을 계속할 수 없다.

지금까지는 「10초 이내의 전력 운동을 할 때 우선 ATP-PCr계에 의한 ATP의 공급이 행해지고, 그것만으로 ATP가 부족해졌을 때 해당계에 의한 ATP의 공급이 활성화 된다」라고 생각되고 있었다.

그런데, 최근에는 운동 개시와 동시에 해당계에 의한 ATP의 공급도 하고 있는 것이 증명되었으며, 10초 이내의 전력 운동시에 ATP·PCr계에 의한 ATP의 공급량과 해당계에 의한 ATP의 공급량에 있어서 큰 차가 없는 것으로 인식되고 있다.

이후, 운동 시간이 길어짐에 따라서, 해당계에 의한 ATP의 공급이 증가하게 된다. 30초 사이의 전력 운동시에 쓰이는 해당계에 의한 ATP의 공급량은 ATP-PCr계에 의한 ATP 공급량의 3배를 나타내고 있다.

해당계는 체내에 저장되어 있는 당질을 분해해 ATP를 생산하기 때대문에 체내에 저장되어 있는 당질 분량만큼 운동을 계속할 수 있을 것 같지만, 그렇게 잘 되지 않는다. 해당계에 의해 ATP를 생산 하는 과정에서 유산이 만들어져 버리기 때문이다. 유산은이 근의 수축을 방해하기 때문에 유산이 축적되면 운동을 계속 할 수 없는 것이다.

이러한 이유로, 해당계에 의한 ATP의 공급이 중심이 되는 운동도 장시간 계속할 수 없는 것이다.

Ⅲ. 유산소적 에너지 공급과정

장시간 운동을 계속하는 활동 시스템

마라톤 등 장시간 계속하는 운동시에는 산화계에 의한 ATP의 공급이 주가 된다. 산화계에 의한 ATP의 생산은 근 세포내에 존재해 있는 미토콘드리아 내에서 당질과 지방을 산소를 이용해 분해하므로써 행해지고 있다.

산화계에 의해 당질로부터 ATP를 생산하기 위해서는 해당계에 의한 당질의 분해가 필요하다. 즉, 당질은 2단계로 분해되는 것이다. 당질은 우선 해당계에서 분해되어 ATP가 만들어지는 동시에 피루빈산이라는 물질이 생산된다.

이 피루빈산이 미토콘드리아 내에서 아세틸 CoA(아세틸보효소A)라는 물질로 변환되고, 산화계에 의한 ATP의 생산이 행해지는 것이다. 그런데, 이 피루빈산이 미토콘드리아 내로 들어가지 않으면, 유산으로 변환되어 버린다.

한편, 지방은 산화계밖에 사용되지 않는다. 지방은 미토콘드리아 내에서 산소를 이용해 아세틸 CoA로 변환되고, ATP가 생성된다. 산화계서 당질과 지방을 이용하는 비율은 운동 강도로 정해진다. 즉, 운동 강도가 낮은 운동에서는 주로 지방이 이용되고, 운동 강도의 증가에 따라 당질이 이용되게 된다. 운동 강도가 더욱 높아지면 해당계에 의한 당질의 분해가 보다 증가하게 된다. 또 같은 강도의 일정 운동을 행할 때에도 시간에 의해 당질과 지방의 이용 비율이 변하게 된다.

운동 개시 직후부터 10분 정도까지는 주로 당질의 비율이 높고, 그 후 지방의 비율이 높아지게 되는 것이다. 이것은, 운동 개시 직후는 산화계에 필요한 산소 공급이 시간상 맞지 않아 해당계를 중심으로 한 당질의 분해가 높아지기 때문이라고 생각된다.

Ⅳ. 에너지원으로서의 당질과 지방의 비율

지구성 운동을 할 때는 지방을 많이 쓰는 편이 유리하다.

산화계에서 ATP의 생성에 당질만이 이용되는 경우, 그 당질분해시 필요로 했던 산소와 같은 분량의 이산화탄소가 생산된다. 한편, 지방만이 이용되는 경우, 그 지방분해시 필요로 했던 산소의 약 70%의 이산화탄소가 생산된다. 따라서 산소섭취량과 이산화탄소 배출량의 비율을 구하면, 그 운동에서 당질이 주로 사용되었는지, 지방이 주로 사용되었는지를 알 수 있다. 즉, 운동 중의 산소 섭취량과 이산화탄소 배출량의 비율이 1에 가까워지면, 주로 당질이 이용되고 있고, 0.7에 가까워지면 주로 지방이 사용되고 있다.

이와 같이 생체 내에서 ATP의 생산에 필요한 산소량과 그 결과로 생긴 이산화탄소량의 비율을 가리켜, 호흡교환율 또는 호흡상(RQ)이라고 부르고 있다.

당질과 비교하여 지방을 분해할 때에 보다 많은 산소가 필요하게 되는 것은 지방에 포함되어 있는 산소의 분량이 적기 때문에 분해시 보다 많은 산소가 사용되기 때문이다.

장시간 행하는 운동도 지방을 보다 많이 쓰는 쪽이 유리하다. 몸 속에 저장되어 있는 에너지원이 고갈되면, 그 이상 ATP를 생산할 수 없게 된다, 즉 운동을 계속할 수 없게 되어 버린다. 그러나 몸 속에 저장되어 있는 지방 분량은 대단히 많아서, 운동에 의해 고갈되는 경우가 없기 때문에 같은 강도의 운동을 할 때, 당질 보다는 지방을 사용하는 것이 ATP 생산에 좋다는 것이다.

산화계에서 당질 또는 지방이 사용되는 것에는 개인차가 있다. 예를 들면 마라톤 러너 등 지구성 경기를 하고 있는 사람은, 지방을 이용해 ATP를 생성하는 능력에 뛰어나고, 비교적 높은 운동 강도에서도 주로 지방을 이용해 ATP를 생산하고 있는 것으로 알려져 있다.

V. 스포츠 중의 에너지원 보급

당질 공급이 필요

체내에 저장되어 있는 당질의 분량은 지방에 비해 현저하게 적다. 체내에 저장되어 있는 지방이 운동에 의해 고갈되는 것은 대부분 있을 수 없지만, 당질이 운동에 의해 고갈되는 것은 있을 수 있다. 그러나 실제로는 위험을 느낀 몸의 반응때문에 체내에 저장되어 있는 당질이 완전히 고갈되지는 않는다. 그렇게 되기 전에 근의 활동이 정지되어 버리기 때문이다.

따라서 마라톤 등의 장시간에 걸친 운동을 할 때는 지방을 이용해 어떻게 ATP를 생산 가능한가 하는 것과 운동 중에 당질 관련 음료·식료를 적절하게 섭취해서 체내의 당질 분량을 유지하는 것이 중요하다.

마라톤 등과 같은 지구성 운동을 할 때, 지방을 주로 사용해 ATP를 생산할 수 있게 되기 위해서는 조깅 등으로 대표되는 지구성 트레이닝을 계속할 필요가 있다. 지구성 트레이닝을 함에 따라 신체가 변화하고, 운동시 보다 많은 지방을 사용해 ATP를 생산하는 것이 가능하게 되기 때문이다. 그러나 지구성 운동을 하고 있을 때 분해되는 ATP의 전부가 지방을 사용해 생성 가능할 리는 없고, 당질 또한 이용되고 있다.

따라서 운동 중 당질을 포함하는 음료·식료를 섭취하는 것도 중요하다. 그러나 운동 개시 직전에 당질을 다량으로 섭취하면, 반대로 운동 중 당질의 이용이 높아져버리기 때문에, 운동 개시 직전에는 너무 다량의 당질을 섭취하지 않는 것이 좋다.

일반적으로는 운동 개시 2시간 전까지만 당질을 공급하는 것이 바람직할 것이다.

단, 최근 들어서는 당질의 성분을 조정하여 운동 개시 직전에 섭취해도 운동 중에 당질이 현저하게 감소되지 않는 음료·식료 등도 개발되어 있다.

당질과 지방

체내에 있는 에너지원(당질과 지방)의 양을 비교해본다.

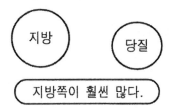

장시간 운동에서는 주로 지방을 이용하여 ATP를 생성하는 일이 필요하게 된다.

> 조깅 등 지구적 운동을 계속하면,
> 주로 지방을 사용하여 ATP를
> 생성하는 몸이 된다.

당질을 잘 취하면?

지구적인 운동에도 당질을 이용한다. 그따라서 운동전에 체내에 당질을 많이 취하는 쪽이 좋다.

• 운동직전에는 좋지않다.

운동중의 당질이용을
높이자.

• 운동중이 바람직하다

또는 운동개시 2시간전
이전에 취한다.

제 5절 운동 중 수분섭취

스포츠 중 물의 섭취는 경기 성적의 유지·개선으로 이어진다.

옛날부터 「운동 중에 물을 마셔서는 안 된다.」라고 흔히 얘기되고 있는데, 정말로 운동 중에 수분을 섭취해서는 안 되는 것인가? 우리들의 몸은 약 60%가 수분이라고 알려져 있다. 우리들이 매일 섭취하는 수분량과 배출하는 수분량은 비슷하여 체내의 수분량이 일정하게 유지되고 있다.

운동을 할 때는 열발생을 동반하기 때문에 운동이 지속됨에 따라서 체온이 상승한다. 몸은 체온이 어느 일정 한계를 초월하면, 그 이상 체온이 상승하지 않도록 피부의 피류가 증가해 열을 방산케 하는 동시에, 발한이 많아져 체온 상승을 막는다. 따라서, 운동을 하고 있을 때는 발한에 의해 체내의 수분이 손실되고 있다.

이 발한에 동반하는 수분의 손실량이 적고, 그 손실량에 맞는 수분을 신속히 섭취한 경우에는 일상 생활에서의 수분의 출납과 비슷하여 특별한 문제는 생기지 않는다. 그러나 대량의 발한에 의해 현저한 수분의 손실을 보이고, 또 수분의 공급이 불충분한 경우, 탈수 증상이나 또 열장해를 일으킨다.

또 혈액이 진해져 심장에의 부담도 커진다. 즉, 운동 중 수분의 현저한 손실은 여러 가지 장해를 일으키고, 경기 성적의 저하 요인으로도 연결되는 것이다. 따라서 운동 중에 수분을 보급하는 것이 필요하다.

수분 공급에 있어서 중요한 것은, 수분이 어떻게 생체에 흡수되는가 하는 것이다. 그것은 수분을 위에서 소장에 보내는 속도와 관계하고 있다. 너무 대량의 물을 섭취해 버리면 이 속도가 저하하고, 수분이 생체 내에 흡수되기 어렵게 되어버리기 때문이다.

1회당, 150~250mℓ 정도의 섭취가 좋으며, 운동중 수분은 꾸준히 섭취하는 것이 바람직하다.

신체와 수분

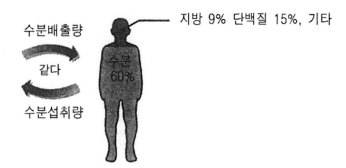

수분배출량

같다

수분섭취량

수분 60%

지방 9% 단백질 15%, 기타

체내외의 수분섭취량과 배출량은 동일하여야 한다.

스포츠 중 물의 역할

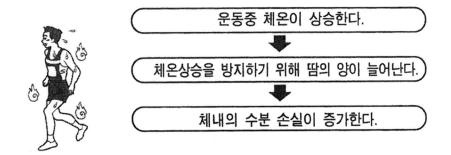

운동중 체온이 상승한다.

체온상승을 방지하기 위해 땀의 양이 늘어난다.

체내의 수분 손실이 증가한다.

적절한 수분을 보급하지 않으면

- 탈수증상
- 열장해(열중증 등 체온의 이상 상승)
- 혈액의 점도가 높아지고, 심장의 부담이 증대

• 운동 중에는 충분히 물을 섭취한다.

I. 스포츠와 다이어트

사용되지 않는 에너지원은 어디로 가는가?

우리들이 신체 활동을 할 경우에는 ATP를 생산할 필요가 있고, 그 재료(에너지원)는 주로 당질과 지방이라고 설명하였다.

이러한 에너지원은 기본적으로 식사에 의해 체내에 받아들여지는 것이지만, 신체는 언제, 어떤 활동에서도 행할 수 있도록 에너지원을 저장할 계획이 갖춰져 있다.

섭취한 에너지원 중에 ATP의 생산에 바로 사용되지 않았던 잉여에너지는 당질도 지방으로 변환되어 몸 속에 모아 두게 되는 것이다. 즉, ATP의 생산에 사용되지 않아서 남아 버린 당질은 간장 등에서 유리지방산과 글리세롤이라는 성분으로 만들어 바뀐다.

이 유리지방산과 글리세롤이 결합하면 중성지방이 되어, 지방 세포에 저장된다. 따라서 살찌지 않도록 하기 위해서는 섭취에너지와 소비에너지를 다 같이 하여 에너지원을 남게 하지 않도록 하면 좋은 것이다.

우리들이 일상 생활을 행하는 데 있어서 소비되는 에너지는 성인 남성이 약 2100kcal~2600kcal이다. 즉, 2600kcal이상의 식사를 섭취하고(계산상이긴 하지만) 일상 생활 이외의 활동을 하지 않으면 살쪄 버리는 것이다.

스포츠 선수 이외의 사람은 소비에너지 보다 섭취에너지의 쪽이 많아지기 쉽다. 현대는 포식의 시대라고도 한다. 그러나 지나침은 비만, 당뇨병, 고혈압 등의 이른바 생활습관병으로 발전될 수 있는 것이다. 따라서 포식의 시대지만, 평상시부터 스포츠 활동을 적극적으로 행하여 소비에너지를 늘릴 필요가 있다.

남은 에너지원

체내에 받아들인
지방과 당질

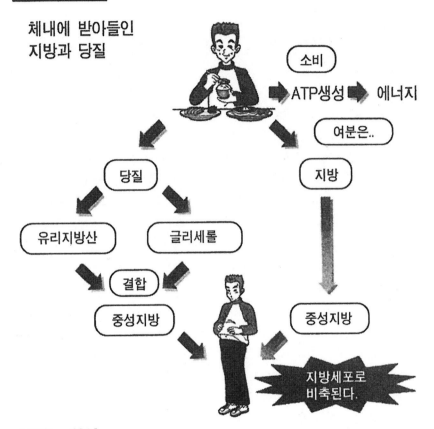

소비

ATP생성 ➡ 에너지

여분은..

지방

당질

유리지방산

글리세롤

결합

중성지방

중성지방

지방세포로
비축된다.

살찌는 원인

소비에너지 보다 섭취에너지가 많아도

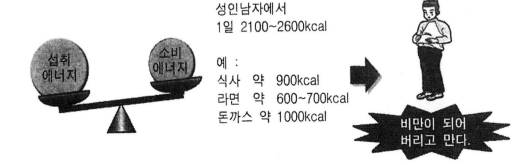

섭취
에너지

소비
에너지

성인남자에서
1일 2100~2600kcal

예 :
식사 약 900kcal
라면 약 600~700kcal
돈까스 약 1000kcal

비만이 되어
버리고 만다.

쉬었다 갑시다!

만성질환도 과학이다!

많은 환자들은 "콜레스테롤 수치가 높습니다"라는 의사의 말을 듣는 순간, 이제 맘대로 먹는 것은 끝이라는 결론을 내리고 음식과의 전쟁에 돌입한다. 그러나 인간의 기본 욕구인 식욕을 억누르는 일은 결코 쉽지 않다. 벼락치기로 식이조절에 임했던 많은 환자들이 실패를 경험한다. 우리 몸이 먹는 것과의 전쟁에서 이기려면 예비 전을 거쳐야 한다. 먹는 횟수를 줄여 나가고, 자연 식품으로 바꾸어 가면서 천천히 식욕을 조절하는 기간이 필요하다.

치열한 콜레스테롤과의 전쟁에서는 음식물을 통한 흡수와 간에서의 합성이라는 두 가지 근원을 차단하는 이중 억제 치료가 필요하다. 음식을 조절하려는 정신력도 필요하지만 이를 효율적으로 조절하는 과학도 중요하다는 얘기다. 만성질환자들 중에는 건강관리에 지나치게 신경을ㄹ 써서 도리어 낭패를 보는 경우가 종종있다.

화끈한 다혈질 성격의 당뇨 환자 모씨가 어느 날 아침 응급실에 실려 갈 정도로 위험한 상황에 빠진 사례도 그런 경우다. 그날 그는 새벽 저혈당 쇼크로 쓰러졌다. 계속해서 며칠 혈당치가 높아 평소보다 새벽 운동 강도를 높인 것이게 화근이었다.

보통 새벽에는 혈당이 최저치로 떨어지는데, 여기에 운동까지 의욕적으로 했으니 혈당이 뚝 떨어져 버린 것이다. 운동 전 편안한 마음으로 물을 섭취하여 혈액의 점도를 희석시키고, 약간의 당을 보충하는 과학적 운동 상식을 실천했더라면 그런 일은 없었을 것이다.

당뇨 환자에게 운동은 필수적이지만, 뇨 중 케톤체가 높은 당뇨 환자의 경우에는 운동이 사망에 이르게 하는 득이 될 수도있다. 운동과 건강 과학이 절실히 필요한 대목이다.

혈당 관리에 대한 지나친 집착 스트레스가 오히려 혈당을 높이고 있을지도 모른다. 고지혈증이나 당뇨병 등 만성질환 관리는 100m 달리기가 아니라, 마라톤이다. 마음만 앞서는 의욕 때문에 자신의 페이스를 유지하지 못하면 중도에 포기할 수 있다.

전문의, 전문 운동지도사와 함께 과학적인 치료, 운동 전략을 짜고 느긋한 마음으로 관리를 해야 30년, 40년 남아 있는 인생을 여유롭게 완주할 수 있다.

CHAPTER 5

스포츠 심리학

제 1절 스포츠심리학이란

1. 스포츠심리학의 역사

스포츠심리학 연구가 국제적인 학회로 출범한 것은 1965년 이탈리아 로마에서 제1회 국제스포츠심리학회(International Society of Sport Psychology : ISSP)가 개최되었던 것이 시작이었다.

겨우 40년 전의 일이다. 그 후, 4년에 1회씩 개최되어 워싱턴(1968년), 마드리드(1973년), 프라하(1977), 오타와(1981년), 덴마크(1985년), 포르투갈(1989년), 싱가포르(1993년), 이스라엘(1997), 그리스(2001년), 시드니(2005)로 세계 각지에서 개최되고 있다. 발족 초기부터 우리나라에서도 많은 연구자들이 참가하여 근년에는 20명 정도가 참여하여 국제교류의 장을 확대하고 있다.

이 학회는 스포츠심리학의 연구논문지로서 International Journal of Sport Psychology라는 기관지를 발행하고 있다. 2003년부터 International Journal of Sport and Exercise Psychology로 개칭하고, 1년에 4권 발행하고 있다. 스포츠심리학 연구의 대표적인 국제적 연구논문이다.

미국에서는 1926년에 스포츠심리학의 아버지로 불리는 일리노이 대학의 그리피스 C.가 『Psychology of Coaching』을 디자인하여 1928년에 『Psychology and Athletics』라는 저서를 출판한 것이 연구의 시작이라고 알려져 있다. 그리고 북미 스포츠심리학회(North American Society for Psychology of Sport and Activity, NASPSPA)는 1967년에 출범하여, 기관지로서 Journal of Sport Psychology를 발간하고 있다.

이 기관지도 1988년에 Journal of Sport and Exercise Psychology로 명칭을 변경하여 현재에 이르고 있다. 그 후, 미국에서는 1985년에 응용스포츠심리학회(Association for the Advancement of Applied Sport Psychology, AAASP)가 창설되어, Journal of Applied Sport Psychology와 The Sport Psychology라는 실천적인 연구논문이 발간되어, 스포츠심리학의 응용적 연

구를 보고하고 있다.

현재, 많은 나라와 지역에서 각각 스포츠심리학회가 개최되고 있다. 예를 들면, 국제멘탈트레이닝학회(TSMTE), 유럽스포츠심리학회(FEPSAC), 아시아남태평양스포츠심리학회(ASPASP), 아프리카스포츠심리학회(AFASP) 등이 있으며, 중요한 스포츠 과학의 연구분야로서 자리 잡고 있다.

또한, 국제심리학회(ICP), 미국심리학회(APA), 한국심리학회 등, 심리학회 안에서도 스포츠심리학에 관한 발표부문이 별도로 설치되어 있다. 이와 같이 스포츠심리학은 응용심리학의 일부로서 인정되고 있을 뿐만아니라, 단순히 스포츠심리학 분야에 머무르지 않고 앞으로 다른 많은 분야와 연계하여 연구 활동을 화대해 갈 전망이다.

2. 스포츠심리학의 정의

스포츠는 광범위하고 다양한 의미를 포함하고 있기 때문에 한마디로 정의하기는 어렵다. 그러나 일반적으로 스포츠는 전문화된 형태로서의 제도화된 게임을 뜻한다.

여기서 게임은 어떤 형태이건 유희적 경쟁으로서 그 결과가 신체적 기능, 전략 혹은 우연이나 요행에 의해 결정되는 경쟁을 말한다. 또한 제도화되었다는 말은 경쟁과정에 미리 정해진 규칙 또는 규정이 있다는 뜻이다. 따라서 이를 요약하면 스포츠는 「제도화된 규칙에 의해 지배되는 경쟁적인 신체활동」이라 할 수 있다.

한편 초기 심리학자들의 심리학 정의를 살펴보면 심리학을 「정신활동에 대한 연구」로 정의했으며, 금세기 초 행동주의가 발달하자 객관적으로 측정할 수 있는 어떠한 현상만을 연구하려는 경향으로 인하여 심리학을 「인간행동의 연구」라고 다시 정의하였다. 그러나 이후 인지심리학과 현상주의 심리학의 발달로 현재는 인간의 행동과 정신 모두를 포함하고 있다. 즉, 심리학은 관찰이 가능한 인간행동의 연구이며, 동시에 직접적인 관찰이 불가능하되 표출된 행동이나 생리적 자료 등을 통하여 추론이 가능한 정신과정의 연구이다.

이상에서 살펴본 스포츠와 심리학이란 두 용어의 의미를 종합·정리하여 스포츠 심리학을 정의하면 스포츠 심리학이란 「제도화된 규칙에 의하여 지배되는 경쟁적인 신체활동을 분석·이해하고 예언하는 데 효과적인 방법의 원리와 기술을 제공하는 것」이라 할 수 있을 것이다. 그러나 이러한 스포츠심리학의 정의는 학자들 간에 일치된 견해를 보이지 않고 있으며, 특히 스포츠심리학이란 용어와 함께 체육심리학, 운동심리학, 코칭심리학 등이 서로 혼용되고 있는 실정이다.

따라서 보다 명확한 스포츠심리학의 정의를 내리기 위해 최근 스포츠심리학자들의 견해를 종합하여 광의의 스포츠심리학과 협의의 스포츠심리학으로 구분하여 살펴보도록 하겠다.

먼저 넓은 의미의 스포츠심리학의 정의는 바로 일반심리학의 정의를 그대로 응용한 일반적이고 포괄적인 개념으로서의 스포츠심리학을 뜻한다. 이러한 광의의 관점에서의 연구대상은 스포츠 행동으로서 체육학의 대상이 되는 움직임 행동(movement behavior)의 모든 면을 포함한다. 따라서 만약 스포츠심리학이 이와 같이 넓은 의미로 정의된다면 스포츠 심리학이란 용어보다는 체육심리학이라는 용어가 보다 적절할 것이다.

결론적으로 넓은 의미의 스포츠심리학은 「스포츠 상황 또는 그와 관련된 신체활동에서 인간행동의 모든 심리학적 측면을 연구하는 것」이라 할 수 있다.

반면에 좁은 의미의 스포츠심리학은 그 연구대상을 스포츠 행동 대신 스포츠 행동의 한 부분인 스포츠 수행 또는 운동수행에 국한시키고, 운동기능의 수행에 영향을 미치는 심리적, 사회적 요인 및 그 과정을 규명하는 것을 목적으로 하는 학문이다.

요약하면 협의의 스포츠심리학은 「운동수행 또는 스포츠 수행에 영향을 미치는 심리적, 사회적 변인과 그 기저를 규명하는 학문」이라고 할 수 있다.

따라서 스포츠심리학은 체육학의 대상요소로서의 신체와 수단요소로서의 신체활동(동작)과 직결되어 있으며, 경기력 향상의 목적에 주안점을 둔 스포츠 과학의 핵심적 부분이라 할 수 있다.

3. 스포츠심리학의 영역

스포츠심리학의 내용 영역은 스포츠 심리학의 정의를 넓은 의미로 보느냐 아니면 좁은 의미로 보느냐에 따라 상당한 차이가 있다. 그러나 여기서는 체육학의 대상이 되는 움직임 행동의 모든 면을 함축한 즉, 넓은 의미의 관점에서 스포츠 심리학의 내용 영역을 제시하고자 한다.

스포츠심리학을 광의로 규정하고 있는 Singer(1978)는 스포츠심리학이 포괄하고 있는 내용 영역을

(1) 발달적 측면, (2) 임상적, 성격적 측면, (3) 학습 및 훈련의 측면,

(4) 사회적 측면 그리고 (5) 심리 측정의 측면으로 구분·제시하였다.

표 5-1. 스포츠심리학의 영역

발달적 측면 (developmnet)	임상적, 성격적 측면 (personality, clinical)	학습 및 훈련 측면 (leaming and training)	사회적 측면 (social)	심리측정 측면 (psychometrics)
·학습 및 수행 적정 연령 ·유전 및 경험 성취 과정 ·아동기, 사춘기 성숙 및 노령화 ·불구(장애)	·적용 문제 ·자아 개념 ·동기 ·심리적 속성 및 성공	·학습과정 및 학습 변인 ·기능 습득 요인 ·연습 기회의 실시 ·수행 변인 ·작업학(ergonomics) ·교수 설계 ·체제 모형, 매체 이용 ·개별화 학습방법	·집단 및 조직 역동 ·경쟁 및 협동지도 및 관리 ·관중 효과 ·동료 및 문화적 효과 ·의사 소통 ·사회적 차원	·측정 ·개인차 ·집단차 ·능력 적성 및 기능 ·인사 선택 ·성공 예언

표 5-2. 스포츠심리학 등의 정의

1. 운동심리학
    (1) 운동학습심리학 ; 운동학습을 중심으로 한 내용.
    (2) 건강운동심리학 ; 건가의 유지·증진을 중심으로 한 내용

2. 체 육 심 리 학 ; 보건체육의 교과를 중심으로 한 내용

3. 스포츠심리학 ; 경기스포츠를 중심으로 한 내용

4. 스포츠심리학의 연구내용

스포츠심리학의 연구내용은 체육심리학의 연구내용과 매우 유사하다. 체육학회가 인정하고 있는 체육심리학 전문분과회의 연구발표 코드표에서 그 영역을 알 수 있다. 그 내용은 아래와 같다.

1) 원리 2) 생리심리 3) 인지와 반응 4) 학습과 지도 5) 퍼스낼리티
6) 사회심리 7) 발육·발달 8) 측정·평가 9) 임상·장애 10) 경기심리

다음으로 주요 스포츠심리학의 연구내용을 대별하면 아래와 같다.

① 한국스포츠심리학(KSSP) : 운동학습, 운동제어, 운동발달, 경기력향상(멘탈트레이닝)계, 건강스포츠의 심리계, 사회심리계. 스포츠심리학 등의 하위분과를 모두 포함하며, 이들 분야의 학자들과 예비 학자들이 학술지, 정기세미나를 통해 서로 교류하고 있다.

② 국제스포츠심리학회(ISSP) : 제10회 그리스 대회의 발표 초록을 보면, 29개의 분야로 분류되어 있다.

③ 북미스포츠심리학회(NASPSPA) : 스포츠심리학, 운동학습, 퍼포먼스의 향상과 개입, 사회심리학 등의 영역을 포함하고 있다.

최면, 인지, 재구조, 무아, 멘탈프랙티스, 자기컨트롤과 같은 다양한 인지 전략의 효과가 인지 스포츠 심리학자에 의해 또한 강조되고 있다. 비록 인지스포츠심리학자의 이러한 면은 최근의 일이지만 Straub와 Williams는 앞으로 몇 년 동안은 스포츠의 최적 수행을 위해 강력한 접근방법이 될 것이라고 주장하고 있다.

스포츠심리학의 분야는 또 다른 방법으로도 확대되고 있다. 그동안 많은 연구와 노력이 엘리트 선수들에게 집중되었지만, 이제 스포츠심리학자들은 비경쟁활동에 참가하는 개개인 뿐만 아니라 보통의 경기자들까지 연구하고 있다. 이외에도 어린이들부터 노인에 이르기까지 모든 연령의 스포츠 참가자들을 돕는데 관심을 갖고 있다.

체육지도자들은 경쟁운동 영역뿐만 아니라 많은 조직관리에 있어서도 스포츠 심리학에 대한 그들의 지식을 활용하고 있다.

운동심리학자들은 심장재활 프로그램에 참가한 사람들이 운동을 다시 시작하는 데 수반되는 두려움을 극복하는 것을 도와주기 위해서 스포츠심리학의 지식을 사용하고 있으며, 스포츠지도자들은 선수들의 운동수행능력을 증진시키기 위해 환경에 적절하게 적응하는 것을 도와줄 때 스포츠 심리학의 지식을 사용하기도 한다. Little League 야구팀과 같이 나이 어린 경기자들이 긍정적인 경험을 갖는 것을 도와주기 위해 스포츠 심리학을 이용할 수도 있다.

최근 수 년 사이에 스포츠심리학의 실용적이고 임상적인 면에 관심을 가진 전문가가 나오기 시작했다. 스포츠 심리학자들은 축구, 야구, 농구의 프로 팀을 위해 일할 수도 있고 올림픽 경기자들을 도울 수도 있다. 이들 종사자들은 다양한 심리학적 기법을 사용하여 운동수행 실행을 강화하는데 초점을 두고 있다.

스포츠심리학에 관심이 있는 사람들은 1965년까지는 어떠한 형식을 갖춘 조직체를 가지지 못했는데, 그 당시 스포츠와 신체활동의 심리학을 위한 북미사회조직(NASPSPA)이 결성되었다.

두 번째 조직은 스포츠와 신체교육의 국제적 연맹의 스포츠 심리학 학회(NASPE)이다. NASPE는 AAHPERD의 전신이다.

스포츠 심리학자들이 다양한 의문점에 대한 해답을 찾으려 했기 때문에 이 분야에서 나오는 연구의 양은 과거 몇 년사이에 엄청나게 늘어났다.

여기에서 강조된 의문점은 다음과 같다.

"뛰어난 선수의 성격은 일반 선수와 무엇이 다른가?"

"신체활동에 참가하는 것은 인간의 신체에 어떻게 영향을 미치는가?"

"신체활동에 참가함으로써 얻어지는 심리학적 혜택은 무엇인가?"

"성격은 스포츠에 참여하는 결과로 변하는가?"

"불안은 여러 종류 스포츠의 수행에 어떠한 영향을 주는가?"

"다양한 기법은 불안을 해소하는데 얼마나 효과적인가?"

"구체적인 스포츠와 관련된 최적의 주의집중은 존재하는가?"

등이다.

5. 스포츠심리학의 연구방법

일반적으로 각 학문분야에서 관심의 대상이 되는 문제에 대한 답은 여러 가지 방법에 의해 얻어진다. 여기서 문제에 대한 해답은 객관적이고 타당성이 있으며 신뢰성이 있어야 한다. 그러기 위해서는 문제에 대한 답은 과학적인 방법이어야 한다. 이와 같은 관점에서 행동과학자들은 스포츠 장면에서 수행자의 생각, 감정, 행동 등에 대한 여러 가지 문제의 답을 찾아내기 위해 다음과 같은 방법들을 이용하고 있다.

1) 관찰법

관찰법은 심리현상의 인위적 조작을 하지 않고 자연상태에서 연구하는 것으로 과학의 초기단계에서 연구의 문제를 찾아내기 위해 연구자들이 먼저 주어진 현상을 있는 그대로 관찰, 기록하는 방법이다.

이러한 방법의 주요 장점은 관찰된 행동이 실험장면에서 보다 더욱 자연스럽고 자발적이며 다양하다는 것이다. 그러나 이 방법은 관찰자의 의도가 개입될 위험에 항상 노출되어 있다. 즉, 심리현상을 있는 그대로 관찰하기보다는 편파적이고 선택적으로 될 가능성이 있으며, 또한 관찰의 기록에서 사실의 기록보다는 자의적 해석이 될 위험성을 항상 내포하고 있는 것이다.

따라서 관찰자들은 관찰기록을 작성할 때 자신의 의도나 편견을 피하기 위하여 사실대로 기록하는 훈련을 받아야 한다.

2) 실험법

실험은 새로운 것을 발견하거나, 이미 관찰된 행동이 어떤 특정한 조건 아래서 또다시 일어날 수 있는지를 검증하기 위해서 행해지는 과정이다. 특정한 실험에서는 상황(예: 스포츠 상황)에서의 운동수행에 관한 예측을 증명하기 위해서 상황의 어떤 특수한 면을 체계적으로 조작한다. 물론 예측을 증명하기 위해서는 예측 자체가 검증 가능한 것이어야 한다.

건전한 사고란 논리적인 법칙에 의한 사고를 말한다. 자료의 수집과 해석이 조직적이고 합리적이어야 하며, 관찰, 측정 및 실험에서와 마찬가지로 사고도 역시 객관적이어야 하고, 논리적이어야 한다.

객관성과 논리성을 유지하는 사고는 불필요한 비약이나 과장이 없는 검약의 원리(principle of parsimoney)를 따른다. 이는 논리적 사고가 간결하고 정확하며 명백해야 함을 말하고, 가설의 지지를 위해 불필요한 가정이나 편견에 기초를 두지 않음을 의미한다.

3) 조사 및 검사법

스포츠 심리학에서 동기, 불안 또는 공격성과 같은 인간 내면의 의식상태나 심리과정은 직접관찰이 불가능하다. 따라서 심리학에서는 일찍부터 인간의 정신과정을 이해하기 위한 여러 가지 도구가 개발되었는데, 이러한 도구는 질문지와 심리검사로 나누어질 수 있다.

질문지는 일반적으로 대중의 정치적 의견, 여러 인종이나 집단에 대한 편견, 사회현상이나 타인에 대한 태도 등 많은 주제에 대한 정보를 조사하기 위하여 사용된다. 이러한 조사법은 세밀하게 제작된 질문지, 조사법에 대하여 훈련받은 피험자, 연구할 집단을 대표할수 있는 응답자의 표집, 자료의 적절한 분석기법 등이 갖추어질 때 그 결과를 신뢰할 수 있게 된다.

검사법은 조사법과 달리 보다 정밀한 측정이 요구되는 장면에서 사용된다. 심리검사는 스포츠심리학의 중요한 연구 도구로서 선수 및 개인의 지능, 적성, 흥미, 태도 및 성격을 측정하기 위하여 사용되고 있다.

제 2절 성격이란?

1. 성격의 정의

우리는 운동기능이 특히 뛰어난 선수를 평할 때 「타고난」 선수라고 말한다.

이와 같이 「타고난」 선수라는 말 속에는 선수의 특수한 체격이나 체력조건이외에 그 운동종목을 수행하는데 특별히 요구되는 성격적인 특성을 포함하고 있다.

따라서 뛰어난 선수들의 성격특성을 알게 되면 우수선수를 선발하거나 경기성적을 예측하는데 도움이 될 것이다.

인간행동의 다양한 개인차를 설명하는 용어 가운데 성격(personality)이란 단어만큼 많이 쓰여지고 오용된 단어는 없었다. 성격과 유사한 의미로 사용되는 용어로는 인격(character), 기질(temperature) 등이 있다.

Allport(1961)는 인격, 성격, 기질을 구분하여, 인격은 평가된 성격으로 윤리적인 개념을 시사하는 것이며, 성격은 평가절하된 인격으로, 그리고 기질이란 생물학적 결정 인자와 밀접히 관련된 것으로 성장해서도 별로 변하지 않는 소질(disposition)이라고 보았다. 성격과 기질을 층위적으로 생각하면 기질은 보다 내면적이고 소질적인 것이라 할 수 있으며, 성격은 외면에 나타나는 행동양식 또는 반응의 경향으로서 성격의 최상부는 환경에서 영향을 받아 태도로 표출된다고 할 수 있다(그림 5-1).

위와 같이 성격은 세 개의 층으로 형성되어 있는 동심원의 구조로 생각해 볼 때 쉽게 이해할 수 있는데, 제일 안쪽에는 개인이 지니고 있는 고유의 심리적 핵이 있고, 그 밖으로 각 상황에 따라 일정한 행동을 하게하는 역할 행동의 층으로 되어있다.

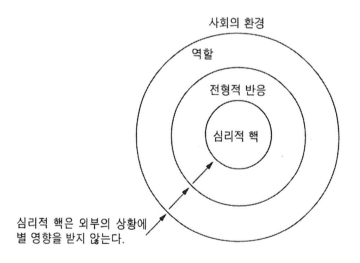

그림 5-1. 성격의 동심원 구조

심리적 핵은 내부지향적이며 상황의 변화에 민감하지 않은 반면, 전형적 반응층과 역할행동층은 외부지향적으로 상황의 변화에 역동적으로 반응하고 있다. 따라서 일반적으로 우리가 성격이라고 말할 때 의미하거나 측정하고자 하는 것은 제일 안쪽의 심리적 핵을 나타내며, 여기에는 개인 본연의 기본태도, 가치, 관심 등이 포함된다.

성격을 심리학의 본질적인 주제로 규정한 Allport(1937)는 성격이란「자기의 고유한 환경에서 적응을 결정짓는 개체내의 역동적인 조직체>라고 하였으며, Rogers(1951)는「근본적으로 현상적인 것이며 주로 설명적인 개념으로서 자아의 개념에 의존한다>고 하였다. 또한 Cattell(1965)은「인간이 주어진 환경에 놓여 있을 때 무엇을 할 것인가를 구별짓는 것」으로 정의하였다.

Maddi(1968)는「인간의 심리학적 행동(사고, 감정, 행동 등)에서의 공통성과 상이점을 결정해 주는 항상성 있는 특징(characteristics)과 경향성(tendency)」이라고 하였다.

요약하면 성격이란「환경의 조건들과 시간에 걸쳐서 행동특성에 비교적 일관성 있게 영향을 미치는 한 개인의 독특한 심리적 특성들의 총체」라고 할 수 있으며, 유일성, 일관성, 지속성의 특성을 지니고 있다.

2. 성격의 형성

개인의 성격은 타고 나는가? 아니면 백지상태로 태어나서 새로 만들어지는 것인가? 이 의문을 규명하려는 많은 연구가 있어왔으며, 대부분의 연구결과 성격은 어느정도 타고 태어나며, 타고난 성격은 자라는 환경과 경험에 의해 더 확실하게 굳어지고, 다른 특징으로 변화하면서 일정한 형태의 특성으로 형성되어 간다는데 의견이 일치하고 있다.

성격형성에 영향을 주는 세가지 요인은 첫째 생물학적 영향, 둘째 공통적 경험, 세째 독특한 경험이다.

1) 생물학적 영향

타고난 성격에 관한 것이며, 스포츠 현장에서 가장 쉽게 적용할 수 있는 것이 타고난 체형에 따라, 성격특성을 예측하는 것이다.

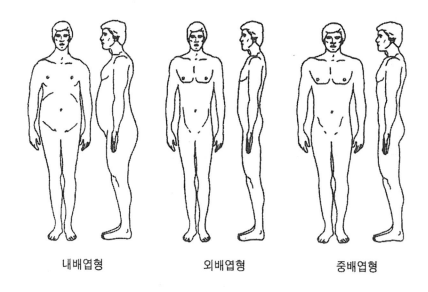

내배엽형   외배엽형   중배엽형

그림 5-2. Kretchmer와 Sheldon의 체격형태 분류

위 그림과 같이 타고난 체형에 따라, 성격을 분류하는 방법은 Kretchmer와 Sheldon에 의해 개별적으로 연구되어 왔으며, Sheldon은 키가 작고 살이 찐 사람의 체형을 내배엽형, 키가 크고 마른 사람은 외배엽형, 어깨가 벌어지고 근육이 많은 사람은 중배엽형이라 분류했으며, Kretchmer는 같은 체형에 대해 각각 비만형, 세장형, 투사형으로 분류하였다. Kretchmer의 체형 분류는 Sheldon의 체형 분류 보다 30여년이 앞선 것이다.

Kretchmer의 분류에 의하면 비만형인 사람은 순한 기질이 있고, 사교적이고 선량하며 남에게 친절하고 농담을 잘하며 인생을 있는 그대로 받아들이는 성격특성이 있다.

세장형의 사람은 분열성의 기질이 있으며 민감함과 둔감한 상태가 내부에 공존해 있으므로 조용하고 나서지 않다가 쉽게 감동하거나 흥분하며 온순하고 정직하며 순종적인 성격특성이 있다.

투사형인 사람은 어깨가 벌어지고 근육이 많고, 점착성의 기질이 있으며, 평소에는 참을성이 있으나, 때로는 참지 못하고 감정을 폭발시키는 경향이 있다고 하였다.

이와 같이 사람의 신체형태가 그 사람의 성격에 영향을 준다는 이론은 틀림없는 사실이지만 체형분류만으로 선수의 성격을 알아내는 데는 어려움이 많으며, 체형 이외에도 자라온 환경이나, 교육, 개인의 특수한 경험에 따라 Kretchmer 나 Sheldon의 분류에 따른 성격특성과 일치하지 않은 경우도 있다.

2) 공통적 경험

공통적 경험은 성격형성에 영향을 미친다. 즉 어떤 특정한 문화안에서 모든 사람들은 일정한 공통적 신념이나 관습 및 가치를 가지게 된다. 예를 들면 남녀에 따른 기대행동의 차이에 따라, 아이들은 자라나면서 그 문화가 가르치는 대로, 기대하는대로 행동을 배워 나가게 된다. 또 다른 하나의 대표적인 예는 직업에 따른 기대행동의 차이이다.

3) 독특한 경험

독특한 생물학적인 유전과 문화에 의한 공통적 경험외에 개인의 고유한 경험은 성격에 많은 영향을 미친다. 즉 다른 사람과는 다른 경험과, 오랫동안 그 개인에게 주어졌던 특별한 행동이나, 성격은 성격형성에 영향을 미친다.

제 3절 성격이론

성격은 환경에 적절하게 적응하는 역동적, 심리적, 생리적 체계이며 심리적 핵, 전형적 반응, 역할 행동의 동심원형으로 나타낼 수 있다. 이와같은 성격은 어떻게 구분하는가에 따라 다르게 설명되어 왔으며 대표적인 이론으로 심리역동 이론, 현상학적 이론, 체형이론, 특성이론 등이 있다.

1. 심리역동 이론

심리역동 이론은 인간행동의 항상성, 공통성, 독특성을 설명하기 위한 이론으로서, 행동을 지배하는 무의식적인 동기를 밝히려는 것으로 Freud에 의해 집대성되었다. Freud는 인간의 마음을 빙산에 비교하였다. 즉 물위에 떠있는 작은 부분은 의식적 경험을 나타내고, 물밑은 무의식을 나타낸다고 하였다. 여기에서의 무의식은 인간의 생각과 행동에 영향을 주는 모체이며, 이러한 생각을 바탕으로 원본능(id), 자아(ego), 초자아(superego)의 세부분으로 구성되어 있다고 하였다.

행동은 이와같은 세부분의 상호작용에 의해 결정된다고 하였으며, 원본능은 사람이 태어날때부터 존재하는 성격의 가장 원초적인 부분으로 이를 바탕으로 커가면서 자아나 초자아가 발달한다고 하였다.

원본능은 쾌락의 원칙에 따라 작용하는 먹고, 마시고, 배설하고, 성적 쾌감을 얻으려는 욕구로 구성되어 있으며, 자아는 성격의 실제 "집행자"로 원본능의 요구와 세상의 현실, 초자아의 요구를 중재하고 조절하는 역할을 한다.

초자아는 사회의 가치와 도덕이 개인의 내부에 어떤 행동이 옳고, 그른지를 판단하는 일을 한다.

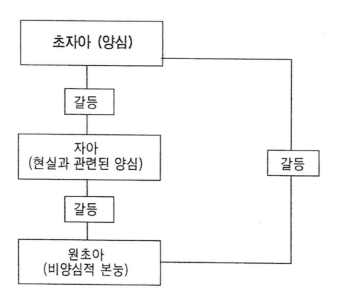

그림 5-3. 성격의 갈등이론(Freud)

이와 같이 성격에 관한 최근의 심리역동적 이론은 자아의 역할을 강조한다. 즉, 자아는 원초아와는 독립적으로 발달하며 다음과 같은 기능을 수행한다고 한다. 첫째, 환경에 대응하는 방법을 배우고, 둘째 경험에서 의미를 찾아낸다는 것이다. 자아의 만족에는 탐색, 조작 및 실행에서의 유능성이 포함되며 자아의 개념을 보다 더 인지과정에 연관시킨다.

그러나 심리역동적 접근은 개념이 모호하여 검증하기 어렵고 행동의 원인으로 과거의 경험을 지나치게 강조하여 상황 조건을 무시하기 때문에 인간의 본성을 비관적으로 본다는 비판이 가해지고 있다. 특히 스포츠 장면에서 선수들의 성격을 설명하는 데에는 직접적인 의미를 주지 못한다고 볼 수 있다.

2. 현상학적 이론

성격에 관한 현상학적 이론은 개인의 주관적인 경험을 강조하는 몇가지 이론을 포함하여 개인의 동기적 내력이나 행동의 예언이 아니라 개인의 현상학, 즉 개인이 어떻게 사상을 지각하고 해석하는가에 관심을 두고 있다. 즉, 인간 행동의 특징을 설명하기 위한 구성개념으로 심리역동이론과 같은 본능적 욕구 대신 지성과 이성을 강조하고 있다.

무의식적인 충동에 의하여 동기화된다는 심리역동적 이론과는 달리 현상학적 접근은 현재 일어나고 있는 것에 관한 개인의 주관적 관점에 관심이 있다.

현상학적 이론에는 인본주의적(humanistic)인 이론들이 포함되며 인간의 성장과 자아실현(sel-factualization)을 향한 긍정적인 본질을 강조한다.

Maslow(1943)는 자아실현된 사람의 특징은

① 현실지향적
② 환경수용적
③ 자발적
④ 문제중심적
⑤ 초연적
⑥ 자율적이며 독립적
⑦ 인식과 참신성
⑧ 인류를 동일시
⑨ 정서적
⑩ 민주적
⑪ 수단과 목적의 구별
⑫ 철학적
⑬ 창조적
⑭ 환경에 대하여 초월
⑮ 문화에 저항적이라고 하였다.

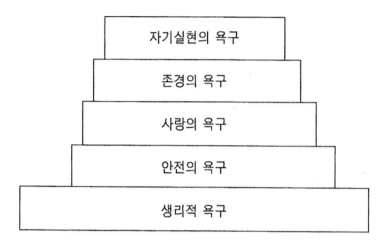

그림 5-4. Maslow의 욕구 5단계

현상학적 접근은 사상에 대한 개인의 독특한 지각과 해석에 초점을 두어 개인적인 경험의 역할이 성격 형성에 영향을 미친다는 가정하에 인간 본성에 대한 긍정적이며 낙관적인 관점을 강조하였지만 그 개념들을 객관화하지는 못하였다.

그러나 스포츠 성격의 구명에는 운동 수행의 성공도를 결정해 주는 기초요인으로 자아실현 욕구의 정도와 관련시켜 볼 수 있기 때문에 이론적으로 많은 관련이 있다고 볼 수 있다.

3. 체질 혹은 체형이론

체질 혹은 체형이론들은 체격, 체형, 체질 등에 근거하여 성격을 분류하려는 것으로 멀리 희랍의 Hippocrates까지 연계될 수 있다. 즉, 신체를 구성하고 있다고 믿어지는 체액에 따라서 성격의 유형이 결정된다는 것으로 다혈질, 우울질, 담즙질, 점액질 등으로 불렀었다.

체형이나 체격에 기초를 두는 이론들은 성격을 간단하게 보는 방법을 제공하기 때문에 인기가 있으나 실제로 성격은 이러한 이론이 시사하는 것보다 훨씬 더 복잡하다. 체형 혹은 체질이론은 이러한 단순성 때문에 한계를 지니고 있다고 볼 수 있다.

일반적으로 인간의 행동은 아주 복잡하고 다양하기 때문에 전체적 개인을

표 5-3. 신체형과 관련된 성격 특성 (임호남, 2004)

내장긴장형(내배엽형)	신체긴장형(중배엽형)	두뇌긴장형(외배엽형)
1. 자세와 동작이 느리다.	1. 자세와 동작이 거칠다.	1. 자세와 동작이 억제되고딱딱하다.
2. 신체적 안락을 좋아한다.	2. 신체적 모험을 좋아한다.	2. 생리적 반응이 도를 지나친다.
3. 느린 반응	3. 강력한 성질	3. 너무 빠른 반응
4. 먹는 것을 즐긴다.	4. 운동이 필요하고 좋아한다.	4. 파묻혀 있는 것을 좋아 한다.
5. 식사의 사교화	5. 지배하는 것을 좋아한다. 권력을 갈망	5. 마음이 움직이기 쉽고 민감하며 이해가 빠르다.
6. 수화를 즐긴다.	6. 위험한 찬스를 바란다.	6. 감정을 밖으로 나타내지 않는 정서의 억제
7. 상류 의식을 좋아한다.	7. 대담 솔직한 태도	7. 눈이나 얼굴움직임에 마음을 쓴다.
8. 사교를 좋아한다.	8. 투쟁에 대한 육체적 용기	8. 사교를 싫어한다.
9. 누구에게도 친절하다.	9. 경제적인 공격성	9. 사회적 응대를 억제
10. 애정과 승인을 강하게 요구하다.	10. 냉담한 마음	10. 습관에 저항하고, 일상적인 일이 서툴다.
11. 주위 사람에게 관심을 갖는다.	11. 꽉막힌 장소에 공포	11. 넓은 장소에 공포
12. 정서의 흐름은 평탄	12. 냉정하고 신경질이 아니다.	12. 태도를 예측할 수 없다.

몇 개의 성격 범주로 분류하는 유용한 이론을 생각하기란 실질적으로 어렵다.

4. 특성 이론

성격에 관한 특성적 접근은 인간이 각기 다양한 성격적 특성을 지닌 것으로 가정하고 공통적인 성격의 여러 특성을 찾아내어 그 특성의 정도에 따라 개인의 성격을 이해하려는 입장이다.

특성론적 접근은 동일한 심리적 상황이나 자극에 대하여 개인이 일관성 있게 또한 타인과 다르게 반응한다는 상식적인 관찰에서 시작되었다. 따라서 특성의 의미를 다른 개인과 구별 짓는 뚜렷하고 비교적 지속적이며 일관성있는 차이라고 규정할 수 있다.

대표적인 특성론자로는 Allport(1964), Guilford(1959), Cattell(1957), Eysenck (1960) 등이 있다.

성격특성을 가장 광범위하게 연구한 사람은 Cattell이다. Cattell은 30여년에 걸쳐, 질문지, 성격 검사 및 실제상황에서의 행동을 관찰한 다음, 자료를 기초로 하여 16개의 성격특성이 있다고 발표했다.

Cattell은 인성의 특성을 표면특성(surface traits)과 근원특성(source traits)의 위계적 구조로 구분하였다. 그는 요인 분석을 통하여 171개의 근원특성을 밝혔는데, 이것은 행동의 독특성을 전체적으로 파악한 것이다. 개인의 독특한 행동은 개인의 유전적 요인과 다양한 근원 특성의 상관 정도에 따른다는 가정하에, 171개의 근원특성을 16개의 특성요인으로 분류하였다.

그는 개인의 행동은 근원특성의 결과이며 행동의 명백한 표명은 다양한 근원특성의 상호작용, 즉 B는 행동(behavior)이며 P는 성격(personality), E는 환경(environment)이다.

성격에 관한 특성적 접근을 시도하는 학자들의 공통점은 다음과 같다.

첫째, 특성이란 한 개인의 행동을 시간과 상황에 걸쳐 일관성있게 개인적 독특성을 갖게 하는 결정적 소질이다.

둘째, 특성적 접근은 인간 행동의 근본을 이루는 가장 근본적인 특성을 찾기 위하여 소질(disposition)에 초점을 둔 반면 상황적 요인의 힘을 중요하게 생각하지 않는다.

셋째, 특성은 가정된 특정 차원상에서 양적 측정이 가능하기 때문에 개인간의 비교 또는 집단간의 비교연구가 가능하다. 따라서 특성은 개인차를 나타내는 양적 개념이다.

이와같은 특성이론은 성격을 설명할 때나 측정할때 가장 많이 사용되고, 객관적으로 인정되어왔다.

표 5-4. Cattell의 16개 성격 기본속성

인자명	높은 성향에 관한 이름	낮은 성향에 관한 이름
A	내성적이다	개방적이다
B	비 지적이다	지적이다
C	기분이 좌우된다	정서적으로 안정되어 있다
E	복종적이다	지배적이다
F	심각하다	낙천적이다
G	수단적이다	양심적이다
H	겁이 많다	모험적이다
I	강인하다	감수성이 강하다
L	믿는다	의심이 많다
M	실제적이다	상상력이 있다
N	솔직하다	약삭빠르다
O	자신감이 있다	걱정이 많다
Q1	보수적이다	개척적이다
Q2	집단에 의존한다	자주적이다
Q3	통제가 되지 않았다	통제되어 있다
Q4	이완되어 있다	

* A~O까지는 한사람에 대한 다른 사람의 평가에 의해서 얻은 것이며,
  4개의 Q요인은 자신에 대한 평가의 자료에서 얻어진 것이다.

제 4절 스포츠와 성격의 관계

스포츠에 있어서 성격에 대한 연구 방법은 첫째, 성격의 특성을 파악하여 운동선수의 운동수행 능력을 설명하고 예언하는 과정으로 원인-결과의 상호 관련성을 강조하여 특정한 성격의 차원을 원인으로 보고 운동수행의 효과를 결과로 보는 입장이다.

둘째, 특정한 스포츠에 참가하는 운동선수들이 공통적으로 지니고 있는 성격의 특성을 개인차에 의하여 파악하려는 기술적 과정(process of description)으로 운동선수와 일반인간에는 뚜렷한 개인차가 존재하며, 이것은 스포츠 활동에 있어 상황적 변인인 성격의 변화를 파악해야 한다는 입장이다.

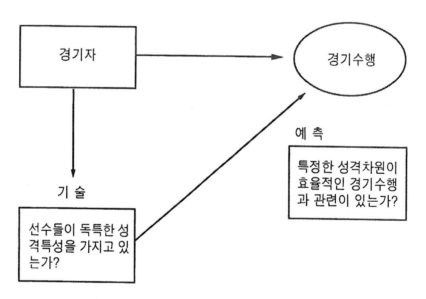

그림 5-5. 스포츠심리학에서 성격에 관한 연구방법

1. 선수와 비선수의 성격특성

스포츠와 성격에 관한 연구의 대부분은 선수와 일반인 사이의 성격에 어떠한 차이가 있느냐 하는 문제를 규명하려는 데 있었다.

Berger와 Littlefield(1969)는 43명의 운동선수 집단과 49명의 운동경험 집단, 그리고 49명의 비운동선수 집단을 대상으로 CPI검사를 실시한 결과 각 집단에 성격의 차이가 존재한다고 밝히고 있으며, Hunt(1969)는 Gordon Personal Profile을 이용하여 35명의 백인 및 22명의 흑인 운동선수와 35명의 백인 및 흑인의 비운동선수의 성격특성을 조사한 결과 백인 및 흑인의 운동선수 집단은 유사한 성격특성을 가지고 있으며, 흑인과 백인의 비운동선수 집단도 유사한 성격특성을 가지고 있다고 밝히고 있다.

이상과 같은 연구논문들을 분석해 볼 때 운동선수는 일반인들과 구별될 수 있는 일반적인 성격특성이 있다고 가정할 수 있다.

Schurr 등(1977)은 16PF를 이용하여 1956명의 대학생을 대상으로 연구하였다. 이들은 피험자를 선수와 비선수로 구분하고 이들을 다음과 같이 운동종목별로 분류하였다.

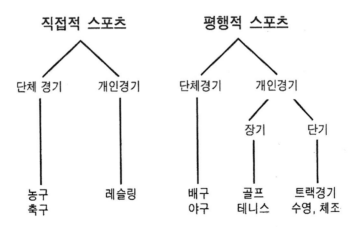

그림 5-6. 스포츠의 형태별 분류(Schurr 등, 1977)

비선수 집단의 차이를 특징지워 주는 단일한 성격특성은 나타나지 않았으나 단체종목의 선수들은 개인종목의 선수들보다 외향적(extroverted)이며 보다 의존적(dependent)인 것으로 나타났다.

일반적으로 운동선수들의 성격특성은 일반인들에 비하여 정서적으로 안정되어 있고 무사태평하며 외향적이고 활동적, 지배적 특성이 강하다고 볼 수 있다.

2. 운동종목별 성격특성

종목별 선수의 성격특성에 관한 연구는 다수의 연구자들에 의하여 제시 되고 있으나 선수와 비선수의 성격특성에 관한 연구결과보다 더욱 복잡하고 혼란스럽기 때문에 개인종목과 단체종목으로 유형화하여 성격 비교를 실시한 연구도 있다.

Peterson과 Trousdale(1967) 등은 16PF를 이용하여 여자들의 개인종목과 단체종목 선수들의 성격구조를 비교하였다. 피험자들을 AAU와 미국의 올림픽 선수들로 수영, 다이빙, 펜싱, 카누, 체조, 육상 등 38명의 개인 경기 선수들과 배구 및 농구 선수들로 구성된 57명의 단체경기 선수들이었다.

검사 결과 개인종목 선수들은 지배성이 있고 공격성과 모험심이 많으며 자부심이 강하고 더욱 실험적이라는 것이 발견되었다. 반면에 단체종목 선수들은 강한 의지와 예민하고 생활에서 현명함이 있었다.

이와 같은 연구를 중심으로 종합해 보면 개인종목 선수들은 평균적인 성격특성과 유사하고 단체종목 선수들은 운동선수의 성격특성을 보다 잘 가지고 있는 것으로 볼 수도 있다.

3. 우수선수와 일반선수의 성격특성

많은 연구자들은 궁극적으로 성격이 운동수행의 차이를 일으킨다고 믿어 왔기 때문에 우수한 선수들이 가지는 성격특성에 대하여 관심을 가져 왔다. 또한 어떠한 성격변인이 경기의 성공에 도움을 주고 필수적이라는 것을 확인할 수 있다면 경기력 향상을 위하여 구체적인 도움을 줄 수 있기 때문에 특정한 성격요인이 경기의 참가와 성공에 기여하는가에 대한 연구는 실로 중요하다고 할 수 있다.

Williams(1978)는 16PF를 이용하여 대학 농구선수 중에서 주전선수와 후보선수 그리고 일반학생을 대상으로 성격특성을 조사한 결과 주전선수들은 후보선수나 일반학생에 비하여 지적 능력이 높으며 자기통제성이 강한 반면에, 후보선수보다는 정서적 안정성이 낮은 것으로 보고되었다.

Johonson과 Hutton 그리고 Johonson(1954)은 미국의 챔피온급 선수 l2명을 대상으로 로르샤하 검사를 실시한 결과 뛰어난 운동선수들은 과격한 공격성, 감정적 억제로부터 벗어나려는 경향이 높고 일반화된 불안, 지적 열망이 높은 수준이며, 특별한 자기확신 등의 감정이 있었다고 보고하고 있다.

여러 연구 중에서 성공적으로 우수선수와 비우수선수의 성격특성을 밝혀 낼 수 있었던 방법으로는 Morgan의 정신건강 모형과 빙산형 프로파일이 있다.

Morgan의 정신건강모형이란, 성격측정질문지들이 다루고 있는 기본속성 중에서 10항목을 선택하여 우수선수와 비우수선수의 점수를 대조시키면 서로 대칭이 되는 뚜렷하게 반대경향이 있는 것을 발견한 것이다.

빙산형 프로파일이란 Morgan이 택한 10개의 기본속성중 6개만 택일하여 그래프를 그렸을 때 나타나는 결과를 그래프로 표시한 것이다.

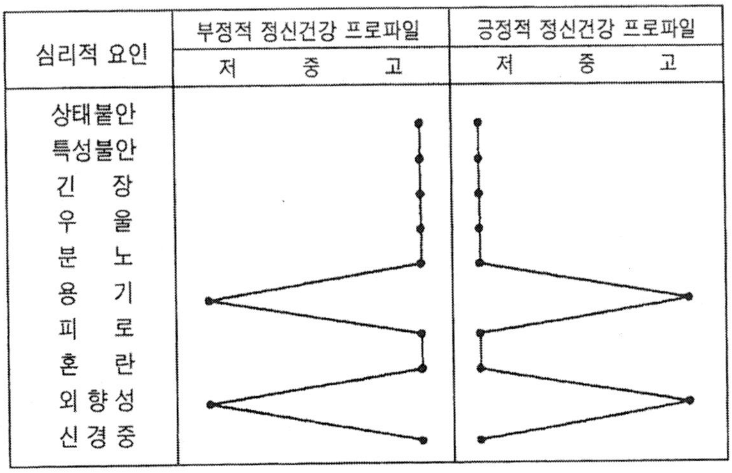

그림 5-7. 우수선수와 비우수선수의 심리적 프로파일

(Morgan, 1979)

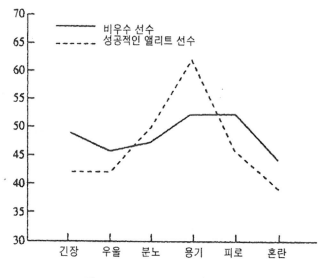

그림 5-8. 우수선수의 빙산형 프로파일

전반적으로 우수선수들은 비우수선수에 비해 활동성이나 외향성과 같은 적극적인 면에 높은 성향을 나타내고 불안이나 긴장, 우울, 혼란, 분노, 노이로제 증상과 같은 소극적이고 부정적인 측면에서는 낮은 성향을 나타낸다.

제 5절 신체활동과 심리학

1. 신체활동의 심리학적 혜택

신체활동과 스포츠에 참여함으로써 얻을 수 있는 심리적 혜택은 다음과 같다.

⑴ 규칙적으로 신체활동에 참가하는 사람은 좋은 기분을 느낀다. 많은 사람들은 그들이 신체활동에 참여하지 않았을 때 보다 운동을 했을 때 좋은 기분을 가진다고 한다.

⑵ 정열적인 활동은 긴장이나 압박을 줄이는 효과적인 수단이다. 다양한 신체활동은 좌절, 공격, 폭력과 같은 요인을 제거하는 수단을 제공한다.

⑶ 스포츠와 신체활동은 다른 사람들과의 사교의 수단을 제공한다. 이는 자연적인 인간욕망이다. 스포츠와 신체활동은 사교에 대한 필요성을 성취하는 방법으로 제공된다.

⑷ 신체활동과 스포츠는 사람들에게 유쾌한 경험을 제공한다. 스포츠와 신체 활동은 흥미가 있으며 많은 사람들에게 매력적인 것이다. 참가자들은 활동에 도취되거나 리듬감의 감각을 경험한다. 어떤 사람은 미적 경험을 찾아서 춤이나 신체활동에 참여하기도 한다.

⑸ 어떤 사람은 공격성을 완화시키기 위해 스포츠에 참가하기를 원하며, 어떤 사람은 공격성을 찾아서 스포츠를 즐긴다.

⑹ 신체활동은 업무 연구 또는 장시간 스트레스로부터 휴식과 변화를 제공한다. 참가자는 활기를 찾고 그들의 업무나 일상 생활로 돌아간다.

⑺ 신체활동과 스포츠는 도전과 성취감을 제공할 수 있다. 일부 마라톤 선수들은 기록에 상관하지 않고 코스를 완주하기를 원한다.

⑻ 일부는 어떠한 신체기술을 습득함으로써 자기존중감을 높인다고 믿는다. 다시 말하면, 기술을 습득함으로써 그들은 성취감을 경험하고 자기 만족감을 높이게 된다.

⑼ 신체활동은 창조적 경험을 제공한다. 춤과 같은 활동은 개인들로 하여금 무언의 방법으로 그들의 정서와 감정을 표현하게 한다.

⑽ 약물과 같은 부정적 중독과 같이 운동의 긍정적인 중독도 존재한다. 쉽게 말하면, 신체활동의 심리적 의존은 운동을 안하면 불안심리에 휩싸이는 증상을 경험하는 사람들을 말하는 것이다.

신체활동과 스포츠에 참가함으로써 얻어지는 심리적 혜택은 많으며, 이러한 혜택은 개인에게 달려있다. 스포츠와 신체활동에 참가하는 사람들은 상쾌한 기분을 느끼며 불안감을 덜 경험하고 신선함을 느낀다.

스포츠와 신체활동 참가는 자극, 사교, 성취감, 만족감 등을 경험하는 기회를 제공한다.

2. 신체활동과 신체 이미지

지도자는 프로그램에 참가하는 사람들의 신체 이미지를 증진시키게 한다.

신체적인 발달은 개인의 정신건강을 증진시키며 운동기술 학습은 자기가치의 내부 감정을 강화한다.

신체 이미지는 모든 개인들의 중요한 관심사이다. 특히 오늘날 사회가 휘트니스와 단정한 체격에 상당한 중요성을 부여하고 있기 때문에 우리는 신체를 건강한 상태로 발전시켜야 한다. 사람들의 신체에 대한 태도나 감정은 인성발달에 영향을 준다.

예를 들어, 뚱뚱하거나 건강하지 못한 사람은 신체가 추하게 보이며, 생활에 있어 자신감이 결여되어 신체활동에 참가하기를 주저한다. 반면에 신체가 잘 발달되었다고 느끼는 사람은 여러 가지 신체상황의 도전에 자신감을 가지며 신체활동에 참가하기를 즐긴다.

신체 이미지는 특히 청년기에 중요하다. 늦게 성숙되는 사람들은 영향을 주는 동료와의 관계를 필요로 한다. 그러나 그들은 종종 동료들과의 게임에서 성공하고자 하는 욕심 때문에 게임이나 스포츠 활동에서 제외된다. 또한 신체능력의 부족 때문에 참가하지 못하는 사람들은 신체활동을 좋아하지 않는 태도를 갖게 된다. 이 좋아하지 않는 태도는 성인기에도 계속될 수 있다.

지도자는 청년기 경험 때문에 스포츠를 좋아하지 않는 사람들을 휘트니스 프로그램에 참가시키는데 어려움을 느끼게 될 것이다.

신체활동과 스포츠에 대한 태도는 그들의 신체 이미지에 이미 크게 영향을 미치고 있으며, 프로그램에서 긍정적이고 부정적인 신체교육 경험을 연상시킨다. 오늘날 우리 사회에서 휘트니스와 체중조절에 대한 관심이 늘어나고 있으며 이러한 목적을 성취하는 수단으로 신체활동에 참가하고 있다.

3. 불안과 각성

스포츠지도자와 스포츠심리학자들은 개인의 운동수행을 증진시키는 것을 그들의 목표로 생각한다. 이 목표를 이루기 위해서 그들은 수행에 대한 불안과 각성의 영향을 고려해야 한다. Levitt가 정의한 바에 따르면, 불안은 고도화된 심리학적 각성 수준에 의해 수반되는 주관적인 염려이다.

심리학적 각성은 다양한 신체기관의 흥분을 야기시키는 자율적인 반응이다. 이 현상을 볼 수 있는 예로, 선수들이 손에 땀이 나거나 화장실을 자주 드나들거나 호흡이 가빠지거나 근육긴장이 일어나거나 심장박동이 빨라지는 것 등을 들 수 있다.

불안은 흔히 두 가지로 분류된다. 특성 불안(trait anxiety)은 개인 성격의 종합적인 부분이다. 이것은 환경적인 사건들을 위협적이거나 비위협적인 것으로 분류하려는 개인의 성향을 일컫는다.

상태 불안(state anxiety)은 불안, 긴장, 혹은 공포 등의 감정을 유발시키는 특정 상황에 대한 감정적인 반응이다. 운동수행에 대한 성격 불안과 상태 불안 모두는 스포츠 심리학자들에 의해 연구되었다.

스포츠지도자들은 선수들이 최선을 다 할 수 있도록 하는 긍정적인 각성 수준을 찾기위해 노력해야 한다. 너무 높거나 너무 낮은 각성 수준은 운동수행에 부정적인 영향을 미칠 수 있다. 낮은 각성 수준은 수준 낮은 동기유발, 무관심, 부적절하고 느린 운동선택 등과 같은 행동들과 관련된다. 반면, 높은 각성 수준은 협동을 망치게 하거나, 관심을 부적당하게 협소화 시킨다거나, 주위가 산만해진다거나, 운동반응에 대한 유연성 부족 등을 일으킬 수 있다. 각 개인이 주어진 활동에 대해 적절한 각성 수준을 찾는 것이 중요하다.

스포츠지도자들은 선수가 이 적정 수준을 발견할 수 있도록 도움을 줄 수 있다. 그러나 그 어느 누구도 이 이상적인 상황에 어떻게 계속적으로 닿을 수 있는가 하는 것을 정확하게는 모른다. 다양한 접근법들이 이 목표를 위해 사용되어졌다. "pep talks", 동기유발적인 슬로건과 게시판의 사용, 휴식 훈련법, 멘탈트레이닝 등이 이에 해당된다.

제 6절 각성과 퍼포먼스

최적 「흥분」이란

1점 차로 패하고 있는 9회 말, 찬스에서 타순이 돌아왔다. 물론 소중한 장면, 기분이 흥분하여 긴장하고 있다. 힘이 들어가는 것이 지나쳐 좋은 스윙을 할 수 있을지 스스로도 의심스럽다. 그러나 「서투르다, 릴랙스 해야 한다」고 생각하면 생각할수록 긴장하게 된다.

감독의 「릴랙스 해라」하는 어드바이스도 「역시 긴장해 있어 들을 수 있을까」라 생각되어, 긴장감은 고조되어 버린다. 결국, 몹시 긴장한 선수는 자신의 스윙을 하지못하고 범타해 버린다. 이와 같이 흥분이나 긴장은 스포츠와 분리될 수 없다.

여기에서는 스포츠 퍼포먼스에 영향을 미치는 「각성」에 대해서 알아보자. 각성이란 중추 신경계가 어느 정도 활발하게 작용하고 있는지를 의미한다. 즉, 「어느 정도 흥분해 있는지」를 말하는 것이다. 이 각성 레벨이 스포츠의 퍼포먼스에서 다음 플레이를 결정하는 판단의 속도나 그 플레이의 정확함에 영향을 미치는 것이다.

각성이 퍼포먼스에 미치는 영향은 「역U자 원리」로서 알려져 있다. 각성 레벨이 낮은 수준에서 점차 상승함에 따라서 퍼포먼스도 나아지지만, 「어느 수준」에 이르면 멈춰버리고, 그로부터는 반대로 나빠져 버린다. 즉, 퍼포먼스의 질은 중간도의 각성 시에 피크에 달하지만, 각성 레벨이 더욱더 높아지면, 반대로 저하하기 시작하는 것이다.

감독이나 코치는 선수의 각성 레벨이 높을수록 퍼포먼스도 향상한다고 생각하기 쉽다. 그러나 감독이나 코치가 할 수 있는 일은 선수의 각성 레벨을 올리는 것만이 아니고, 최고의 퍼포먼스를 위한 최적의 각성 레벨을 적용하는 것이다.

각성과 퍼포먼스

각 성

각성이란 중추신경이 얼마나 활발하게 작용하고 있는가(흥분, 긴장)를 의미한다.

지나친 각성은
좋지 않다

역U자 원리

각성의 수준과 퍼포먼스가 깊은 관련이 있다.

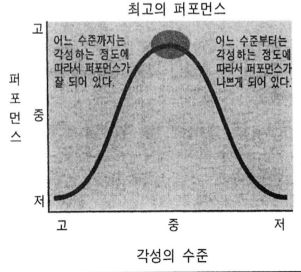

최고의 퍼포먼스

어느 수준까지는 각성하는 정도에 따라서 퍼포먼스가 잘 되어 있다.

어느 수준부터는 각성하는 정도에 따라서 퍼포먼스가 나쁘게 되어 있다.

고

퍼포먼스 중

저

고   중   저

각성의 수준

보통 흥분, 긴장하는 것이 아니고, 적당한 각성 수준이 되는 것이 중요하다.

I. 스포츠에 적합한 각성 수준

적합한 각성이란

각성 수준이 퍼포먼스에 미치는 영향은 퍼포먼스의 종류에 의해 좌우된다. 예를 들면, 양궁이나 사격과 같이 미세한 컨트롤이 필요한 스포츠나 농구의 포인트 가드와 같이 다음 플레이를 선택하는 소중한 판단을 미칠 수 있는 경우는 최적 각성 수준이 역U자 곡선의 왼쪽으로 이동한다.

각성이 높은 경우뿐만 아니라, 중간 정도라도 미세한 컨트롤이나 플레이의 선택을 방해하는 것이다. 그 반대로 투포환이나 역도와 같이, 미세한 컨트롤이나 플레이의 선택을 필요로 하지 않는 스포츠도 있다. 이와 같은 스포츠에서는 높은 각성 수준(보다 긴장해 있는 상태)에서도 퍼포먼스는 영향을 받지 않는다.

또한 같은 스포츠에서도, 포지션에 따라서 최적 각성 수준이 다르게 된다. 영향을 미칠 수 있는 퍼포먼스가 포지션에 따라 다르기 때문이다. 예를 들면, 아메리칸 풋볼의 쿼터 백(패스를 하는 선수)은 플레이를 선택하는 것이 중요한 이유로, 약간 낮은 각성 수준이 바람직할 것이다. 그러나 상대의 공격을 저지하는 디펜스 라인의 선수는 최고의 파워를 발휘하여야 하기 때문에, 높은 각성 수준이 바람직하다.

따라서 행하는 스포츠나 포지션에 따른 플레이를 생각하고, 그 플레이에 요구되는 최적의 각성 수준을 만들어 내는 것이 중요하다. 각성 수준에는 차가 있다. 선수는 자신이 각성하기 쉬운 타입인 것인지, 각성하지 않는 타입인 것인가를 이해하는 것도 중요하다.

각성 수준과 퍼포먼스

적합한 각성이란

정리된 퍼포먼스에 의해 최적 각성 수준은 변한다.

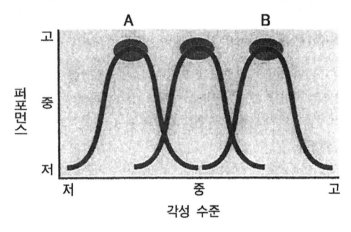

A. 각성 수준이 낮다.

복잡한 근의 컨트롤이
필요한 스포츠

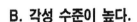

궁술, 사격 등

복잡한 판단력이 필요한 포지션

미식 축구, 농구 등

B. 각성 수준이 높다.

단순하지만 최고의 파
워가 필요한 스포츠

포환던지기와 역도들기

최고의 파워를 필요로 하는 포지션

미식 축구

제 7절 경기스포츠의 심리학

1. 경기자에게 필요한 심리적 기술

1) 심리적 기술이란

(1) 「정신력」에서 「심리적 경기능력」으로, 그리고 심리적 기술

스포츠선수가 경기에서 실력을 발휘하거나, 우승하였을 때에, 「정신력」이나 「근성」이라는 언어를 자주 사용하여 왔다. 그러나 이때의 「정신력」이나 「근성」이라는 경우의 내용은 어느 때에는 집중력을 의미하거나 때로는 인내력이거나 투쟁심이었다.

다시 말하면 「정신력」이라는 언어는 추상적이며, 경기에서 심리적 내용을 모두 포함하는 의미로 사용되었고, 지도자로서는 편리한 언어이었지만 어떤면에서는 선수로서는 이해하기 힘든 언어이다. 그리고 경기에서 이기거나 졌을 때에 「정신력」의 차이나 「정신력이 부족하다」라는 말로 처리해버렸었다.

그러나 선수들은 「정신력」을 단련하는 경우, 「정신력」의 무엇을 단련하면 되는지 이해할 수 없었고, 단지 연습을 열심히 할 뿐이었다.

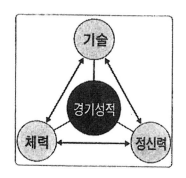

지식(스포츠의학·과학)

그림 5-9. 경기성적과 지식의 관계

그러나 최근 유럽에서의 멘탈트레이닝이 보급됨으로 인하여 이 분야의 관심이 급속하게 높아지고 있다. 그러나 우리나라에서는 「정신력」이라는 언어가 있기 때문에 이 「정신력」이 무엇인가를 명확하게 하지 않는 한, 스포츠 선수의 심리적 특성의 진단도 트레이닝도 진행할 수 없다. 이 심리적인 면의 내용이 확실해지지 않으면 심리면의 진단이나 트레이닝법의 개발을 방해하는 원인이 된다.

여기서 스포츠 선수가 경기장면에서 공통되게 필요한 심리적 능력, 나아가서 각각의 스포츠 종목에 필요한 심리적 능력을 명확하게 하는 것이 제1단계라고 생각한다. 즉, 「정신력」이라고 불린 시대에서 「심리적 경기능력」으로 사고를 바꿀 필요가 있는 것이다.

그리고 최근 미국에서는 이러한 능력을 심리적 기술((Psychological skill)이라고 표현하고 있다. 다시 말하면, 집중력이나 인내력이라는 심리적 경기능력은 일종의 심리적 기술로 생각하고 있는 것이다.

기술이기 때문에 연습하면 향상되고, 우수한 스포츠선수는 지금까지의 많은 경기나 연습을 통하여 심리적 기술을 몸에 가지고 있다고 생각하는 것이다.

여기서 「정신력」을 「심리적 경기능력」으로서 구체적인 내용을 명확하게 하고, 나아가 「심리적 능력」을 「심리적 기술」로서 트레이닝 할 수 있는 능력이라고 생각한다.

표 5-5. 스포츠 선수에게 필요한 정신력

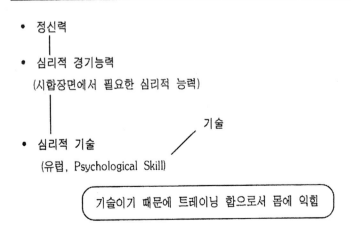

표 5-6. 스포츠선수의 심리적 경기능력

1. 경기의욕	① 인내력, ② 투쟁심, ③ 자기실현의욕, ④ 승리의욕
2. 정신의 안정·집중	⑤ 자기조정 능력, ⑥ 이완 능력, ⑦ 집중력
3. 자 신	⑧ 자신, ⑨ 결단력
4. 작전능력	⑩ 예측력, ⑪ 판단력
5. 협 조 성	⑫ 협조성

이 내용을 종래의 「정신력」이라는 추상적 언어와 구별하는 의미로 「심리적 경기능력」이라는 언어를 사용하였다. 즉, 스포츠선수가 경기장면에서 필요한 심리적 능력이라는 의미이다.

2. 심리적 기술을 측정하는 평가척도

스포츠선수가 심리적으로 강해지기 위해서는 먼저 자신을 아는 것이 제1단계이다. 경기장면에서 필요한 자신의 심리적 능력이 어느 정도인가를 이해하고, 좋은 것을 키우고 나쁜 것은 트레이닝 할 필요가 있다. 이런 의미에서 심리적 기술을 측정하는 평가척도에 의한 진단이 심리 트레이닝의 출발이 된다. 물론 선수자신이나 코치·지도자가 분석할 필요가 있다는 것은 말할 필요도 없다.

표 5-7. 당신의 심리적 기술은 5단계 평가로 기입한다

	전혀 없다 (1)	별로 없다 (2)	중간 이다 (3)	상당히 있다 (4)	매우 많다 (5)	
1. 인내력						
2. 투쟁심						
3. 자기실현의욕						
4. 승리의욕						
5. 자기컨트롤						
6. 릴랙스능력						
7. 집중력						
8. 자신감						
9. 결단력						
10. 예측력						
11. 판단력						
12. 협조성						합계점

표 5-8. 심리적 기술의 판정법

	A	B	C	D	E
남자	53이상	52~47	46~42	41~36	35이하
여자	51이상	50~45	44~39	38~33	32이하

경기레벨이 높은 선수나 경력이 오래된 선수일수록 자신·결단이나
예측력·판단력이 높다.

1) 심리적 특성 검사

(1) 심리적 경기능력 검사

「정신력」의 내용이 명확하게 되었기 때문에 각 스포츠선수의 심리적 경
기능력을 진단하는 방법을 생각하였다. 질문에 대하여 대답하는 방법은 예를
들어, 「경기가 시작되면 투쟁심이 솟아난다」라는 질문에 대해서 「항상 그렇
다」라는 것과 같이 그 선수가 많은 경기 중에서 체험에 기초를 두고 일반적인
경향으로서 어느 정도인지를 질문한다.

이런 의미에서 이 검사는 스포츠 선수가 가지고 있는 「특성」으로서의 심
리적 능력을 조사하는 진단검사가 된다. 경기 수준이 높은 선수나 경험이 많
은 선수가 고득점을 나타내고, 특히 자신, 결단력, 그리고 예측력, 판단력이 높
다는 것이 밝혀지고 있다.

2) 경기 전 심리상태 검사

(1) 시합전 심리상태 진단검사

스포츠선수는 다음 경기를 위하여 심리적인 준비를 해둘 필요가 있다. 이를
위한 조사방법으로 경기 전 1개월부터 1일 전 정도의 기간에 실시할 수 있는
방법이 필요하다. 이 목적에 따라서 경기 전의 심리상태를 진단하는 방법이
계발되었다. 이 검사는 경기 전의 심리상태를 진단하기 때문에 「특성」 검사
에 대해서 「상태」 검사가 되는 것이다.

질문항목은 심리적 경기능력 진단검사의 12척도에 관련된 20항목이다. 통계적 분석결과로부터 인내도, 투쟁심, 자기실현의욕, 승리의욕, 릴랙스도, 집중도, 자신, 작전사고도, 협조도의 9척도이다.

이 검사는 중학생부터 성인까지 사용할 수 있으며, 「시합전의 심리상태 진단검사(DIPS-B.I)」로 한다. DIPS-B.I은 Diagnostic Inventory of Psychological State Before Competition의 약자이다.

즉, 경기 전의 심리적 준비로는 위 9항목과 같은 내용을 높이는 것이 필요하다는 것이다. 단지, 검사의 실시 기일이 경기의 몇 일전인가에 따라서 득점도 달라진다.

(2) 경기상태불안(CSAI-Ⅱ) ;

마튼(Martens, R.) 등에 의해 작성되었으며, 현재의 불안상태를 진단할 수 있다.

(3) 기분프로필 척도(POMS) ;

과거 1주간의 기분상태를 긴장, 억울, 노여움, 활동성, 피로, 정서혼란의 6항목의 척도를 진단할 수 있다.

(4) 심리적 컨디셔닝 진단 테스트(PCI) ;

경기 전의 심리상태를 일반적 활기, 기술효능감, 투지, 기대 인지, 정서적 안정감, 경기실패불안, 피로감의 7항목의 척도를 진단할 수 있다.

(5) 상태불안조사(SAI) ;

스필버거(Spielberger, C.D.) 등에 의해 작성되어, 현재의 불안상태를 진단할 수 있다. 질문 수는 20항목이다.

3) 경기 중 심리상태 검사

(1) 시합 중의 심리상태 진단검사

실제의 경기장면에서 심리적 경기능력이 어떠하였는지를 조사할 필요가 있다. 「실력발휘도」 또는 「경기성적」, 「승패」에는 경기 중의 심리상태가 큰 영향을 미치기 때문이다. 그 경기를 하기에 적합한 심리상태를 만들었는지가 중요하며, 그것을 체크해둘 필요가 있다.

 이 검사는 경기직후에 실시할 필요가 있기 때문에 간단한 것이 좋다. 여기서 「특성」으로 조사한 12항목의 척도의 내용을 더욱더 간단하게 10항목으로 하였다.

 채점결과는 50점 만점으로 한다. 이 검사도 경기 중의 심리상태를 진단하기 때문에 「특성」 검사에 대한 「상태」검사이다. 그 이름은 「시합 중의 심리상태 진단검사(DIPS-D.2)」이다. DIPS-D.2는 Diagnostic Inventory of Psychological State During in Competition의 약자이다.

 그 외에 검사법은 아니지만 이상적인 심리상태로서 다음과 같이 서술되고 있다.

 (1) 「레어(Loehr, J.E.」의 12항목의 이상적인 심리상태(근육을 릴랙스 한다,

〈표2-6〉 경기 중의 심리상태 체크항목(경기종료 직후에 5단계평가)

	전혀 그렇지 않았다	별로 그렇지 않았다	어느 쪽이라고 말 할수 없다	상당히 그렇다	바로 그대로 되었다	
1. 시합에서 인내력이 발휘되었다						
2. 시합에서 투쟁심(투지, 파이트, 적극성)이 있었다.						
3. 자신의 목표를 달성하는 기분으로 시합이 되었다.						
4. 「절대로 이긴다」라는 의욕을 가지고 시합이되었다.						
5. 자신을 잃어버리지 않고, 항상 하는 플레이가 되었다.						
6. 너무 긴장하지 않고, 적당하게 릴랙스한 시합이 되었다.						
7. 집중력을 발휘하였다.						
8. 자신을 가지고 시합이 되었다.						
9. 시합 중에 작전이나 상황 판단은 잘 되었다.						
10. 시합에서는 우리 선수와 말을 주고 받으며, 격려하고 협력하는 시합이 되었다.						

합계점…

표 5-10. 경기 중의 심리상태 판정표

A	B	C	D	E
47이상	46~43	42~37	36~33	32이상

합계점이 50점에 가까운 것이 실력발휘를 높일 수 있다.

프레셔가 없다, 하려는 마음, 잘될 것 같은 기분, 마음이 진정되어 있다, 플레이가 즐겁다, 무리가 없다, 마음을 비우고 플레이하고 있다, 민첩하게 움직인다, 자신이 있다, 집중력이 있다, 지신을 컨트롤할 수 있다).

⑵ 「가필드(Garfield, C.H.)」의 8항목의 피크 퍼포먼스 필링(정신적으로 릴 랙스하고 있다, 신체적으로 릴랙스하고 있다, 자신감과 낙관성, 지금 여기 에 집중, 정신력, 고도한 의식성, 고치의 상태 등).

⑶ 「마이크스(Mikes, J.)」의 농구선수에게 요구되는 요소(집중, 냉정함, 자신).

⑷ 「윈버그(Weinberg, R.S.)」의 테니스선수의 8가지 이상적인 심리상태(자 신, 집중력, 신체적 릴랙스 등).

⑸ 「그라햄(Graham, D.)」의 골프선수가 존에 들어갈 때에 필요한 11항목 (침착냉정, 육체적 릴랙세이션, 두려움이 없는 마음 등).

3. 심리적 기술과 퍼포먼스의 관계

3개의 평가척도와 「목표달성 실력발휘」, 「승패」, 「평가」, 그리고 「심 리면의 지도」 등을 삽입하면 그림 5-10과 같이 평가척도 시스템화가 된다. 이 그림에서 중요한 것은 다음의 3점이다.

제 1은, 「「실력발휘 목표달성」에는 「시합중의 심리상태」가 현저하게 관 계하고 있다라는 것이다. 그리고 실력발휘·목표달성이 된다면 경기에 이기든 지간에 「성공」이라고 평가하고, 역으로 실력발휘·목표달성이 되지 않았다면 경 기에 이겼어도 「실패」라고 평가한다. 그리고 경기에서는 「성공」을 쌓는 것이 중요하다는 것을 나타내고 있다.

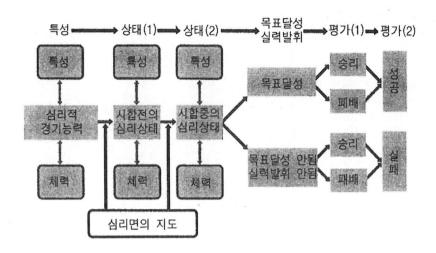

그림 5-10. 심리적 기술의 특성, 상태와 실력발휘 및 평가의 관계

제 2는, 「시합중의 상태」에는 「시합전의 심리상태」나 「심리적 경기상태」가 관계하고, 「시합전의 심리상태」에는 「심리적 경기능력」이 관계하고 있다는 것이다.

이것은 심리적 경기능력이 높은 사람은 경기 전의 심리상태가 잘 높여졌고 경기 전의 심리상태가 잘 높여졌다면 경기 중의 심리상태가 좋아 진다는 것을 의미한다. 즉, 경기 중의 심리상태가 좋아지면 목표달성이나 실력발휘가 잘 된다는 것을 의미하고 있다.

제 3은, 3개의 진단검사의 상호분석에서 「특성」과 「상태」에서는 현저한 관계를 보이고, 「특성」으로서 심리적 경기능력을 높여나가는 것이 「실력발휘」나 「성공」으로 이어진다」라고 하는 것이다. 그리고 심리적 경기능력의 진단이나 경기 전의 심리상태를 진단한 뒤, 심리면의 지도를 실시함으로써 경기 중의 심리상태를 바람직한 상태로 만들 수 있다는 것을 의미하고 있다.

이상과 같이 심리적 기술을 진단하기 위해서는 「특성」과 「상태(시합전, 시합후」의 3개의 검사가 필요하다. 이 3개 검사법을 유효하게 활용하는 것이 목표달성·실력발휘를 높이고 심리적인 면의 강화로 이어진다.

4. 심리적 기술의 트레이닝

경기성적을 높이기 위해서는 기술을 습득하고, 체력을 트레이닝함과 동시에 심리적 기술을 트레이닝 할 필요가 있다.

실력발휘도를 높이기 위해서는 앞에서 서술한 평가척도나 과거의 경기에서 상태가 좋았던 때와 상태가 나빴던 때의 차이를 분석하고, 자신에게 빠져있는 심리적 기술을 명확하게 하여, 그 극복방법을 생각하여 트레이닝을 해가면 된다. 이것이 흔히 말하는 심리트레이닝이다.

각 스포츠 종목에서 그 방법론을 연구할 필요가 있다.

표 5-11. 자신에게 모자라는 심리적 기술

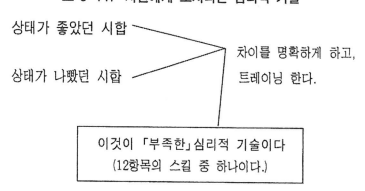

일반적으로는 많은 연구자가 다양한 방법론을 소개하고 있다.

「좋은 긴장감을 만든다」, 「집중력을 높인다」, 「작전능력을 높인다」 등의 트레이닝이 심리적 기술트레이닝의 삼각기둥이라고 생각하고, 아래와 같이 순서대로 트레이닝을 해야한다.

이것을 반복하여 실시하면 실력발휘도가 높아지고, 본 경기에서도 강해진다고 생각한다. 그 개요는 아래와 같다.

① 심리적 기술의 진단…자신의 심리면의 장점과 단점을 분석하여, 자신이 모자라는 심리적 기술을 명확하게 한다.

② 「의욕」을 끌어 올린다…경기의욕을 높인다. 그 방법으로 목표를 설정한다.

③ 「좋은 긴장감」을 만드는 트레이닝…몸과 마음을 릴랙스하는 방법을 익히면, 본 경기에서 「좋은 긴장감」을 만들 수 있게 된다.

④ 집중력 트레이닝…주의를 집중하는 방법, 집중을 떨어뜨리지 않는 방법, 그리고 집중력을 유지하는 방법을 익힌다.

⑤ 작전능력 트레이닝…이미지 트레이닝을 사용하여, 경기의 작전능력을 트레이닝 한다.

⑥ 심리적인 움직임 만들기, 경기 전의 심리적 준비…심리적 기술을 경기 중에 발휘되도록 한다. 경기 전의 심리적 컨디셔닝법을 익힌다.

⑦ 본경기(경기출장)…경기 전의 기분 만들기나 본 경기에서의 주의를 생각한다.

⑧ 경기 후의 반성…경기 중의 심리상태, 목표달성도, 실력발휘도를 평가하여 다음 경기를 준비한다.

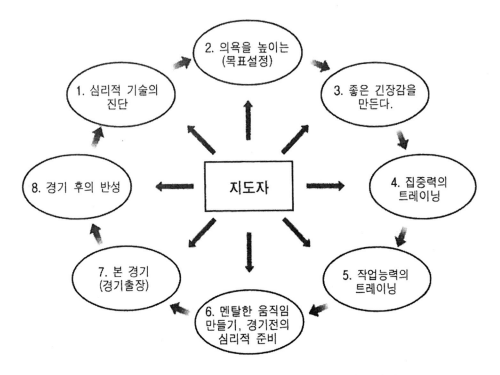

그림 5-11. 심리적 기술 트레이닝의 진행방법

아구 선수들이 생각하는 심리적 기술 트레이닝법의 예

1. **인내력**; 「연습 이외에서의 몰아붙임」, 「연습시의 곤란극복」, 「연습량」, 「목표설정」, 「보수설정」

2. **투쟁심**; 「라이벌의 설정」, 「승리에 집착」, 「시합형식으로 연습」, 「사이킹 업」

3. **자기실현 의욕**; 「연습량」, 「목표설정」, 「셀프토크」, 「이미지의 활용」

4. **승리의욕**; 「승리에 집착」, 「보수와 벌의 설정」, 「승리체험」, 「야구외의 팀」, 「목표설정」

5. **자기컨트롤 능력**; 「릴랙세이션」, 「기분전환·긴장과 완화」, 「셀프토크」, 「반복으로 숙달」, 「루틴화」, 「자기를 객관시」

6. **릴랙스 능력**; 「릴랙세이션」, 「자기를 객관시」, 「마음의 준비·마음가짐」, 「루틴화」, 「숙면」

7. **집중력**; 「주의집중」, 「연습 때부터의 집중」, 「릴랙세이션」, 「일상생활의 관리」, 「이미지의 활용」, 「반복에 의한 주의의 필요량 저감」, 「기분의 고양」

8. **자신** ; 「연습량」, 「성과·결과의 재인식」, 「긍정적 사고」, 「시합경험」, 「이미지의 활용」, 「상정된 곤란의 극복」

9. **결단력**; 「반복에 의한 패턴화」, 「도루」, 「일상생활」, 「적극성·공격성」, 「자신의 신뢰」

10. **예측력**; 「예측의 연습」, 「상대선수의 관찰」, 「정보수집」, 「도루」 「반복에 의한 패턴화」

11. **판단력**; 「판단의 실천」, 「도루」, 「과감함의 좋은 점」, 「경험의 양」, 「반복에 의한 패턴화」, 「번트처리연습」, 「집중의 향상」, 「자신의 판단」

12. **협조성**; 「커뮤니케이션」, 「합숙」, 「의견의 주장」, 「동료의식」, 「시합중의 커뮤니케이션」

CHAPTER **6**

스포츠 바이오메커닉스

인간은 오래전부터 자신의 신체 활동 능력을 증진시키는데 관심을 가져왔다. 생존을 육체적 기술에 의존했던 선사 시대에는 인간은 살기 위해서 자신의 육체적 힘을 발달시켰다. 그러나 현대에는 신체적 능력이 생존과 직결되는 것은 아니다. 그렇지만 신체적 건강과 활동은 항상 중요시 되어왔고, 인간은 자신의 신체적 기술을 발달시키고자 노력하고 있다.

스포츠 지도자들은 이러한 점에 주의하여 선수들이 목표에 달성하도록 도와주어야 한다. 승리와 패배의 차이가 근소한 차이로 판가름 지어지는 경기에서 선수들은 고속 촬영이나 컴퓨터 시뮬레이션과 같은 고도의 과학적 방법을 사용한다.

기준 타수를 갱신하려는 주말 골퍼는 슬라이스를 없애기 위해 프로 골퍼의 도움을 청한다. 이러한 목적을 달성하기 위해 프로 골퍼는 선수의 활동을 비디오 테이프에 담아 실수의 원인을 찾고, 그들에게 필요한 점이 무엇인지 지적해 준다. 선수의 무릎 부상을 치료하는 트레이너는 선수의 걸음걸이가 치료후 변화되었는지를 조사해 볼 필요가 있다.

이러한 것들이 코치, 지도자, 트레이너 등이 운동 발전을 위해서 생체역학과 기능학의 개념을 어떻게 사용할 수 있는가를 설명해 주는 것이다.

1. 생체 역학과 기능학(Biomechanics and Kinesiology)

생체역학이나 기능학이라는 용어는 경우에 따라서는 교환이 가능하다. 그러나 이들 용어는 원칙적으로 독립된 두 가지 체육관련 분야이다. 생체역학은 역학의 과학적 원칙을 적용하는 스포츠와 인간의 신체와 그 행동 양식, 그리고 스포츠 기구 등을 이해하기 위한 물리학 연구의 한 분야이다.

생체역학(biomechanics)이라는 용어는 그 기원을 알게 되면 더욱 이해하기가 쉬워진다. Bio는 그리스어에서 온 것으로 생명, 살아있는 것을 뜻하며, mechanics는 뉴튼 물리학 분야와 움직이고 있는 생물과 미생물에 작용하는 힘을 뜻한다. 생체역학은 인간의 행동뿐만 아니라 스포츠 기구와도 관계가 있다.

기능학(kinesiology)은 인간 행동에 대한 과학적 연구를 취급하는 체육의 또 다른 분야이다. 기능학이라는 말은 운동을 뜻하는 그리스어 kinesi와 과학을 뜻하는 ology에서 유래되었다. 기능학은 뼈, 조직, 근육, 신경 등의 운동을 야기하는 해부학적, 심리학적 요소들을 다룬다.

지도자들의 견해에 따르면 생체역학과 기능학의 큰 차이는 기능학이 주로 심리학, 해부학, 신경 그리고 근육 등에 관련되어 있는 반면, 생체역학은 생물학적 체계의 구조와 기능과 관계가 있을 뿐 아니라, 인간의 행동을 연구하는 물리 역학(mechanical physics)에 대한 원칙의 적용과도 관련이 있다.

1) 생체역학의 발달과 이용

생체역학의 원칙들은 생물학, 생리학, 공학, 우주 공학, 그리고 의학 등의 여러 분야에 적용될 수 있다. 이런 전문 분야를 이용하는 사람들로, 스포츠 트레이너, 코치, 교사, 그리고 운동 생리학자 등을 들 수 있다.

최근까지 우리나라에서는 생체역학 연구가 매우 제한되어 있었다. 그러나 미국, 이스라엘, 영국, 스위스, 독일, 그리고 러시아 등에는 스포츠 생체역학에 대한 연구가 비교적 활발하게 진행되었다.

러시아는 특히 생체역학에 대한 전문가가 많이 있고, 이러한 영역의 학문을 배구나 트랙, 필드경기 같은 구체적인 스포츠에 실제로 적용시켜 왔다.

미국에서도 최근 몇 년간 실제적인 적용을 할 수 있도록 변화가 일어났다. 최근에는 생체역학을 주제로 모든 국제 회의가 빈번하게 개최되어 연구결과와 아이디어의 교환이 활발하게 이루어지고 있다. 이러한 모임에는 생리학자, 공학자, 생체역학자, 컴퓨터 전문가 그리고 재활 전문가 들도 참가하여 정보를 주고 받고 있다.

2) 생체역학을 연구하는 이유

스포츠에서 생체역학의 등장은 이제 주지적인 사실이 되었다. 유능한 지도자는 이 분야의 연구결과를 보다 잘 이해하고, 이것의 미래를 위한 가치를 인식할 것이다.

많은 프로들은 생체역학적 연구로부터 이점을 얻을 수 있다. 자신의 분야에 있어 전문가가 되고자하는 지도자 또한 생체역학의 원칙에 대해 이해하여야 한다. 생체역학에 대한 지식은 또한 인간의 신체와 인간의 행동에 영향을 주는 여러 가지 요인에 대해서 보다 나은 지식을 제공하기도 한다.

이는 결국 지도자들이 체육과 스포츠에 관련된 더 훌륭한 자료를 얻을 수 있도록 하는 것이다. 생체역학은 운동수행능력을 개발할 수 있는 중요한 과학적 지식을 제공하며, 훌륭한 코치는 이러한 지식으로부터 스포츠기술을 지도하는 지식과 지혜를 얻을 수 있는 것이다.

학교, 대학, 올림픽 등 여러 선수들의 코치들은 매우 치열한 경쟁에 직면하기 마련이다. 그러므로 최고가 되고자 하는 코치는 가능한 모든 지식과 기술을 사용해야 한다. 생체역학은 스포츠 기술과 장비를 개발하는데 쓰여지므로 선수의 안전을 꾀하며 그들의 수행능력을 증가시키기도 한다.

생체역학의 원칙을 운동과 수행능력의 개발을 위해 이용하는 전문가들은 체육 교사, 트레이너, 운동 생리학자들이다. 생체역학은 런닝화와 테니스 라켓 같은 운동 용구의 고안에도 쓰여진다.

생체역학은 체육과 스포츠의 영역에만 한정된 것은 아니다. 이는 산업 근로자들의 근로 환경과 재해 방지를 위해서도 쓰여질 수 있다. 정형외과 의사는 병리학적 환경이 어떻게 운동에 영향을 미치며, 환자를 위해 어떻게 보철을 사용해야 하는지를 결정하기 위해 생체역학을 이용할 수 있다. 생체역학 분야가 확대됨에 따라, 인간 운동에 대한 생체역학의 공헌은 더욱 커질 것이다.

3) 연구의 영역

생체역학은 두 가지 영역과 주로 관련되어 있다.

첫째 분야는, 생물학적인 것이다. 행위나 운동은 근골계 운동을 포함하여 인간의 행동에 생물학적 양상을 수반한다. 예를 들어, 운동은 근육의 수축이나 뼈의 지레작용 등의 힘에 의해 일어나는 것이다. 행위를 하기 위해 뼈와 근육과 신경이 함께 작용한다.

해부학적 구조나 근육의 힘 등 인간 운동의 기반을 이루는 생체역학적 양상을 모를지라도 운동기능을 발전시킬 수도 있다.

생체역학 연구의 또 다른 분야는 역학과 관련되어 있다. 이 분야의 연구는 뉴튼 물리학의 법칙들을 인간의 행동에 적용시켰다. 생체역학은 또한 물체 운동과도 관련이 있다.

생체역학 연구에는 움직이지 않는 요소들을 다루는 정역학과 움직이고 있
는 요소들을 다루는 동역학이 포함된다.

동역학은 운동학적 연구와 운동역학적 연구를 수반하고, 운동학은 속도나 가
속도와 같이 움직이고 있는 시공간 요인과 관계가 있으며, 운동역학은 중력이
나 근육과 같은 시스템에 작용하는 힘에 관해서 연구한다.

생체역학적 연구는 운동수행능력에 영향을 주는 요인과 운동의 연구 등과
연관되어있다. 연구자는 신체의 이동경로, 각 속도, 질량과 관성 등 가속 요인
과 같은 것을 측정하기도 한다.

2. 인간의 행동과 관련된 생체역학적 용어

생체역학 분야는 힘과 운동과의 관계를 기술하는 전문 과학적 용어를 가지
는데 이중 중요한 것을 해설하면 다음과 같다.

힘(power) :
한 단위시간에 성취된 일의 양을 말한다. 예를 들어, 달리기를 하였다면
어느 정도의 힘을 냈을 것이고, 주어진 시간에 이 일을 해냈다면 이보다
두 배의 시간에는 두 배의 힘을 낼 수 있다는 것이다.

가속도(acceleration) :
움직임의 속도와 방향을 수반하는 속력(velocity) 변화를 말한다. 예를 들
어, 농구를 할 때, 선수는 빨리 드리블을 하다가 갑자기 속력을 늦추어 상
대편을 따돌릴 수가 있다.

속력(velocity) :
신체의 방향과 속도를 말하며, 한 단위시간 마다 신체의 위치 변화를 수
반한다. 움직이고 있는 신체는 계속해서 위치가 변하므로 그 속력을 결정
하기 위해서는 정확한 시간에 신체가 이동할 정도를 계산하여야 한다.

질량(mass) :
체내 물질의 양으로, 몸에 작용하는 힘의 비율을 말한다. 질량이 클수록
가속도를 내는 힘은 커진다.

압력(pressure) :
어떤 부위에 적용되는 힘의 비율을 말한다. 예를 들어, 16파운드 권투 글

러브는 12파운드 글러브 보다 더 넓은 범위에 압력을 가한다. 이런 경우에 16파운드 글러브는 더 큰 타격을 주지 못한다.

마찰(friction) :

두 물체의 면이 접촉한 상태에서 한 면이 다른 면을 스치면서 일어난다. 마찰은 부정적이거나 긍정적인 결과를 가져온다. 예를 들어, 마찰은 운동의 상실을 가져오므로 어떤 경우에 있어서는 부정적 결과를 가져온다.

작업량(work) :

어느 정도 거리를 두고 적용하는 힘의 방향에 따라 신체에 적용되는 힘을 말한다.

에너지(energy) : 운동수행시 신체의 능력을 말한다. 생체역학에서는 다음과 같은 두 가지 에너지를 사용한다.

(1) 기능적 에너지-몸이 움직이면서 발생하는 에너지(스키어의 몸무게, 속력 등은 기능적 에너지를 결정한다)

(2) 잠재적 에너지-신체가 지상에서 차지하고 있는 위치에 의해서 일어나는 힘, 체중, 키 등과 관련된 에너지

각속도(angular velocity):

어느 단위시간 동안 이동하는 각이며, 각 가속도는 어느 단위 시간동안 변화한 각속도를 말한다. Northhp과 Logan, Mckinney는 볼링 공이 레인을 따라 굴러가는 것을 예로 들어, 각 속도는 수학적으로 계산 가능하다고 보았다. 한편, 각 가속도는 공이 손을 벗어나서 굴러갈 때 부터 발생한다.

토크(Torque):

휨, 또는 회전력을 나타내며, 선가속도(linear accelerahon)와 대비되는 각 가속력의 생산과 관계가 있다. 토크는 몸이나 몸의 일부의 회전에 의해서도 발생한다. 예를 들어, 내전작용(pronation)은 토크를 발생시킬 수 있다. 토크의 발생은 봉(bar), 링(ring) 볼과 같은 기구를 사용하는 기계 체조에 있어서는 필수적인 것이다.

중력(gravity):

모든 물체를 지구의 중심으로 끌어들이는 자연적 힘이다. 중력에 있어 중요한 것은 무게와 부피중심으로 물건을 끌어당긴다는 것이다. 신체의 무

게 중심은 중력의 중심으로 알려져 있다. 중력의 중심은 인간의 부피가 설정된 모든 곳에 있으며, 모든 물질이 균형을 잡는 곳에 있다. 중력의 중심은 운동하는 동안 계속 변화한다. 중력의 중심은 몸의 자세에 따라 몸 안에 있기도 하고, 몸 밖에 있기도 하며, 운동방향이나 부가되는 무게에 따라 변한다. 사람이 손을 양 옆에 붙이고 똑바로 서면, 무게의 중심은 엉덩이 쪽에 자리잡게 된다.

선수들은 보다 나은 기술을 위해 중력의 중심을 이용할 수 있다. 예를 들어 농구에서 점프 볼을 할 때, 선수는 손을 앞위쪽으로 흔들어 높이를 유지하려고 한다. 이때 그는 한 손을 밑으로 내리고 다른 한 손을 최대로 뻗는 때가 있다. 두 손을 다 드는 것 보다 한 손만을 드는 것이 중력의 중심을 벗어나 보다 높이 도달할 수 있는 방법이다.

직선과 각 운동의 이해도 중요하다. Northrip, Logan, Mckinney는 던지는 동작은 손목 관절의 각속도를 수반하여 속도를 증가시키고, 차는 동작은 발목 관절의 각속도를 수반하여 그 동작을 돕는다는 예를 들었다. 양쪽 경우 모두 마지막 선가속도는 각 운동의 결과인 것이다.

3. 역학적 원칙과 관련된 개념

운동은 역학적 원칙들에 의해 지배된다. 생체역학자들은 운동의 분석을 통해 이러한 원칙들을 이용하는데 몇몇 역학적 원칙들을 해석하기 위해서 안정성, 움직임, 지레의 원리, 그리고 힘과 관련된 개념들을 다음에 설명하였다.

1) 안정성

안정성은 모든 운동 기술에서 있어 중요한 요소이다. 안정성의 개념은 평형과 관계가 있는데 평형이란 몸의 힘이 균형을 이루고 있는 상태를 말한다.

안정성이란 몸이 자기 위치를 약간 벗어난 후, 평형의 상태로 돌아가는 능력을 말한다. 평형을 되찾는 것 뿐만 아니라, 행동의 필요에 따라 평형을 유지하거나 깨뜨릴 수도 있어야 할 것이다.

중력의 중심이 안정된 위치에 있는 정적 평형 상태와 중력의 중심이 움직이고 있는 동적 평형상태가 있다. 스포츠나 운동에 있어서 안정성이라는 용어는 균형이란 뜻이다. 안정성을 유지하기 위한 몸의 능력은 세 가지 원칙에 의해 지배된다.

제 1 원칙

「중력의 중심이 낮을수록 안정성이 크다」.

안정성이 필요한 활동에 있어서 무릎을 굽혀 중력의 중심을 낮추게 하는 것이 필요하다. 달리기에서 달리다가 무릎을 굽히게 되면 효과적으로 멈출 수가 있고, 큰 걸음으로 내딛을 수 있다.

레슬링에 있어 땅에 거의 엎드리는 것과 풋볼에 있어 3점 스탠스에 있는 선수 등에게도 이러한 예가 적용된다.

개념 : 더 큰 안정성을 얻기 위해서 몸을 낮추어야 한다.

제 2 원칙

「중력의 중심이 지지면에 가까울수록 몸의 안정성은 커진다」. 중력선은 중력의 중심을 수직으로 통과해서 지구의 중심에 이르는 상상적 선이다. 이러한 원칙에서 보면 안정성을 위해서 무게를 골고루 분산시켜야 한다. 이렇게 해야 중력선을 지지면으로 내릴 수 있다. 물체가 한 방향으로 빨리 움직이는 활동에서 무게는 운동 방향으로 움직인다.

평평한 평균대를 걷는 데는 작은 지지면이어야 된다. 이러한 타입의 행동은 균형을 잃어버리기 쉽다. 균형이 깨어졌을 때 손을 들거나 발을 드는 것은 이전의 지지면으로 돌아가고자 하는 노력이다.

개념

1. 안정성을 높이기 위해 지지면 바로 위로 중력을 실어 몸을 지탱한다.
2. 한쪽으로 기울어졌을 때, 그 반대 방향의 팔이나 다리, 혹은 몸의 한 부분을 들어올린다(무게를 골고루 확산시킨다).
3. 무거운 물건을 들 때 무릎을 구부리고 허리를 펴 물건을 몸에 가까이 붙인다.

제 3 원칙

「지지면이 크고 넓을수록 몸은 더욱 안정된다」.

개념

1. 서 있을 때 지지면을 넓히기 위해 다리를 벌린다. 안정성을 더하기 위해 다리는 운동 방향으로 벌려야 한다.
2. 스탠스(stance)가 필요한 행동에 있어서는 양손과 발이 가장 넓은 기반이 된다.
3. 빠르고 무거운 물체를 받을 때 물체가 날아오는 방향으로 지지면을 넓힌다.
4. 힘을 적용할 때는 힘이 적용되는 방향으로 기반을 넓힌다.

2) 동작

동작(motion)은 운동(movement)을 의미한다. 운동은 몸의 균형을 파괴하는 것이다. 몸을 움직이기 시작할 때, 천천히 할 때, 멈출 때, 방향을 바꿀 때, 더 빨리 움직일 때 모두 힘이 필요하다.

움직이는 모든 것은 뉴턴이 공식화한 법칙의 지배를 받는다. 이 법칙은 어떻게 사물이 움직이며, 그 움직임을 예측할 수 있는지에 대해 설명하고 있다.

뉴턴의 법칙

뉴턴의 제 1법칙

모든 물체는 외력이 작용하지 않는 한, 원래 상태를 계속한다(관성의 법칙). 물체에는 관성(타성)이 있고 외력이 작용하지 않으면 정지상태를 계속하든가, 일직선상을 계속 같이 움직인다(움직이게 하거나 움직임을 변화시키려고 하면 저항한다).

개념

1. 일단 물체가 움직이기 시작하면, 그 속도와 방향을 유지하는데 큰 힘이 필요하지 않다. 예를 들어, 처음 자전거 페달을 밟을 때는 힘들지만, 일단

움직이고 나면 쉬워지는 것이다.

2. 물체가 무겁고 빠를수록 그 관성을 극복하거나 타성(momentum)을 흡수
   하는데 더 큰 힘이 필요하다. 풋볼에 있어서도 느리게 움직이는 쿼터백보
   다 빠르게 움직이는 라인 맨을 정지시키는 것이 더 어렵다.

뉴턴의 제 2법칙

운동의 변화는 가해진 힘에 비례하고, 힘이 가해진 직선방향을 향하여 일
어난다. 운동방향이나 속도가 변하는(가속, 감속) 것은 외부에서 어떤 힘이 작
용하기 때문이다. 이 사태변화를 일으키는 원인을 힘(force)이라 부른다.

$$힘(F) = 질량(m) \times 가속도(a)$$

가속도의 법칙은 물체의 속도 변화가 그것을 산출하는 힘에 정비례하고, 그
부피에 반비례 한다는 것이다. 만약 두 가지 다른 힘이 같은 부피를 지닌 물
체에 가해지면, 더 큰 힘이 가해진 쪽이 더 빨리 움직일 것이다.

이와 반대로 만약 똑같은 힘이 다른 부피를 지닌 두 가지 물체에 가해지면,
더 작은 부피를 지닌 물체가 더 빨리 움직일 것이다.

개념

1. 물체가 무거울수록 그것을 멈추거나(적극적 가속력) 천천히 하는 것(소극
   적 가속력)이 어려워진다.

2. 속도의 증가는 적용되는 힘에 비례한다. 물체에 더 큰 힘이 적용될수록
   물체의 속도는 커진다.

3. 타성(Momentum)은 속력과 부피 모두를 측정하는 기준이다. 만약 같은
   양의 힘이 같은 시간동안 다른 부피를 가진 두 물체에 가해진다면, 더 가
   볍고 부피가 적은 물체의 가속도가 커질 것이다. 만약 두 물체가 같은 속
   력으로 추진된다면, 더 무거운 물체가 관성을 넘는 더 큰 타성을 갖게 되
   고, 그것과 부딪히는 물체에 가벼운 물체보다 더 큰 힘을 가한다.

뉴튼의 제 3법칙

모든 작용에는 항상 같은 크기의 반작용이 반대 방향으로 생긴다(작용, 반작용의 법칙). 작용 및 반작용은 크기가 같고 방향이 정반대이다.

예를 들어, 100kg의 힘으로 벽에 부딪치면 100kg의 힘으로 반대로 튕겨 나온다. 작용 및 반작용의 또 다른 예는 손을 뒤쪽으로 힘있게 뺄수록 몸은 더 앞으로 나가는 것이다.

개념

물체가 움직일 때마다, 또 다른 물체가 반대방향으로 움직인다. 무엇인가를 잡아당기면 무엇인가 뒤로 가고, 무엇인가를 밀면 무엇인가가 앞으로 나오는 것이다.

3) 직선과 곡선 운동

운동은 직선이거나 곡선이다. 인간의 동작은 이 두 가지가 조화를 이룬 것이다. 몸을 직선방향으로 움직이기위해 곡선 운동을 하는 다리의 운동은 이러한 예이다.

(1) 직선운동 : 직선운동은 직선 방향으로 한 지점에서 다른 지점으로 움직이는 것을 말한다. 예를 들어 달리기에 있어서 몸은 출발에서 도착까지 직선으로 움직여야 한다. 팔다리 역시 몸 옆으로가 아니라 앞뒤 직선으로 움직인다.

(2) 곡선운동 : 곡선운동은 축(axis)이라고 불리는 순환 중심을 통해 몸이 움직이는 것이다. 대부분 인간의 동작에 있어서 곡선 운동은 직선운동으로 전환된다. 직선 운동은 순환 반경이 짧아질수록 증가한다. 이와 반대로 곡선 운동은 신체의 활동 반경이 커질수록 감소한다.

4) 지레의 원리

지레의 원리에 의해 몸의 효율적 운동이 가능하다. 지레는 축이라고 불리는 고정점에 의해 움직이는 역학기구를 말한다. 지레는 지레 받침(순환축), 작용대, 지레 받침으로부터 힘이 가해지는 지점까지의 대―무게 또는 저항대(지레 받침으로부터 물건이 있는 지점까지의 대)로 이루어져있다. 몸의 뼈는 지레 받침처럼 연결되어 지레의 역할을 하며, 근육의 수축은 이 뼈를 움직이는 힘이 된다. 지레 받침, 작용대, 저항대의 관계에 의해 세 가지 타입의 지레가 있다. (70~71쪽 참조)

첫째는, 지레 받침이 저항대와 작용대 사이에 위치하는 것이다.

둘째는, 저항대가 지레 받침과 작용대의 사이에 위치하는 것이다.

셋째는, 작용대가 지레 받침과 저항대 사이에 위치하는 것이다.

지레는 힘과 속도를 생산하므로 역학적 이점을 가져다준다.

첫째 유형의 지레는 지레 받침이 힘과 무게의 중앙의 위치하는 한, 힘과 속도를 생산할 것이다.

둘째 유형은 힘을,

셋째 유형은 속도를 생산할 것이다.

신체 운동의 대부분은 셋째 유형의 지레에 의해 이루어진다. 몸에서 작동하는 지레의 예는 햄스트링(대퇴부 뒤쪽 근육)의 하부 다리를 움직이는 운동을 말한다. 이는 대퇴부 앞쪽 근육의 경우에서도 마찬가지다.

작용대의 길이는 힘이나 속도를 생산하는 열쇠이다. 더 큰 힘을 내려면, 작용대는 될 수 있는 한 길어야 한다. 더 빠른 속도가 필요하다면, 작용대는 짧아야 한다. 몸 속의 지레는 작용대의 길이와 같이 작용하지 못한다. 그러나 라켓이나 배트의 끝을 잡으면 더 큰 힘을 생산할 수가 있다. 더 빠른 속도를 필요로 한다면, 배트를 짧게 잡아야 한다. 더 큰 힘이나 속도를 내기 위해 기구를 사용할 때는 사용자의 힘과 조화를 이루어야 한다.

개념

1. 지레는 속도나 힘을 생산하므로 역학적 이점을 얻게 한다.
2. 작용대를 짧게 잡을수록 속도는 빨라지고, 길게 잡을수록 힘이 커진다.

5) 힘

힘이란 다른 물체에 가하는 영향을 말한다. 그것은 보이지는 않으나 운동이 일어났을 때 항상 나타난다. 그러나 운동을 일으키지 않는 힘도 있다는 것을 명심해야 한다. 이러한 예로 벽을 미는 사람의 힘을 들 수 있다.

큰 힘이 작용하고있으나 벽은 움직이지 않는다. 또 다른 예로 팔씨름에 있어 서로 힘은 주고 있지만 움직이지 않는 상태를 들 수가 있다.

교사들은 운동에 대해 가르칠 때, 힘의 생산, 적용, 흡수 등과 관련된 원칙들에 대해 인식하고 지도하여야 한다.

6) 힘의 생산

몸의 힘은 근육의 활동에 의해 생산된다. 근육이 강할수록 몸은 더 큰 힘을 낸다. 그러나 근육의 힘은 그룹을 지어 적절하게 같은 방향으로 움직여졌을 때 가장 큰 힘을 낸다. 예를 들어 높이뛰기에 있어서, 몸은 점프하기 직전 마지막 스텝에서는 낮추어져야 한다. 이렇게 몸을 낮추므로써 몸의 가장 강한 부분인 대퇴부 근육을 수축시킨다.

다리가 높이 들렸을 때, 손을 높이는 것도 점프의 힘을 높이는 것이 된다. 가장 높은 점프를 위해서 안정성과 운동의 법칙을 기억해야 한다.

힘은 물체를 추진하기 위해 생산되어야 한다. 위에서 말한 것과 같은 원칙이 적용된다. 소프트볼 배트를 흔듦에 있어 힘의 적용이 가능한데, 이는 각기 다른 그룹의 근육의 협력이 있기 때문이다.

가장 큰 힘을 내기 위해 몸은 힙, 어깨, 팔, 손 등의 힘을 일련성 있게 순환하여 사용하여야 한다. 이러한 힘의 총합은 가장 큰 타성을 생산할 것이다. 다음은 갑작스러운 움직임이나 근육이나 힘줄의 상태 방지를 위해 필요하다.

(1) 힘의 작용

물체의 힘은 그 물체가 움직이는 방향으로 가해졌을 때 가장 효율적이다. 신체 활동의 대부분은 몸과 물체의 공간으로의 움직임을 수반한다. 몸이나 물체를 가장 효율적으로 움직이기 위해서 힘은 물체의 무게중심을 통해 전방으로 적용되어야 한다. 몸을 위로 움직이기 위해서는 모든 힘이 몸의 중심을 통해 위 쪽으로 작용해야 한다.

앞에서 설명한 점프의 예가 이러한 원칙을 설명한다. 점프에 있어서 가장 큰힘을 발생시키려면, 다리로부터의 힘이 몸의 중심을 통해 작용해야 한다. 만일 점프시에 몸이 한쪽으로 기운다면 힘은 그만큼 감소하게 된다.

물체를 던지는데 있어서는 다음 세 가지 요인이 관련되어 있다 :

속도 / 거리 / 방향

속도는 물체가 벗어나는 순간 손의 속도에 의존한다. 팔의 속도는 그것을 최대로 늘려, 몸을 숙이고 몸의 무게를 전이시켜, 날아가는 방향으로 한발자국 정도 나갈 때 증가한다. 이러한 운동은 타성을 유지하기 위해서 연속적으로 행해져야 한다. 배트나 페달이 기구로 사용된다면 이는 팔의 연장이 되는 것이다. 그러므로 같은 원칙이 적용된다. 기구는 그 끝을 다룰 수 있도록 될 수 있는 한 가깝게 잡아야 한다. 이렇게 할 때, 더 큰 힘을 적용할 수 있다.

거리는 중력의 힘과 공기 저항의 영향을 받는다. 그러므로 물체가 날아가는 거리는 그 힘뿐만 아니라 각에도 의존한다. 중력의 힘이나 공기의 저항은 45° 정도에서 물체가 손을 벗어났을 때 가장 적어진다. 각도가 커지면 공기 저항이 커지고, 각이 적어지면 중력의 힘이 커지기 때문이다.

방향은 물체가 손을 벗어나는 지점에 의해 좌우된다. 이는 팔을 궁형(활모양)으로 하여 물체가 목표물에 접촉되는 점에서 행해져야 한다. 원하는 각에서 물체를 던지고자 할 때 팔은 활모양이 되어야 한다.

중력이나 공기의 저항 이외에 날아가는 물체는 회전의 영향을 받는다. 물체는 회전되는 방향으로 향하기 때문이다.

(2) 힘의 흡수

운동시 힘을 받거나 흡수해야 하는 예가 많이 있다. 풋볼이나 소프트볼에서 던진 공을 받을 때, 점프 후 착지할 때, 축구 공을 헤딩할 때 힘의 흡수가 일어난다.

힘의 충격은 점차적으로 감소해야 하며, 될 수 있는 한 넓은 범위를 접지해야 한다. 그러므로 공을 받을 때, 팔은 공을 받기 위해 뻗어져야 한다. 점프 후 착지할 때는 엉덩이와 무릎, 발목 등을 굽혀 점프시의 에너지를 점차적으로 줄여 타성을 감소시킨다. 발 역시 충격의 영역을 넓히기 위해 약간 벌려야 한다.

개념

① 근육이 많이 사용될수록 힘은 커진다(물론, 같은 근육에 한해서).

② 근육의 신축성이 자유로울수록 더 큰 힘을 발생시킨다. 각각의 근육은 가장 큰 힘을 발휘하기 위해서 최대한 뻗어져야 한다.

③ 물체가 움직이면 물체의 무게는 중심으로 밀리거나 당겨지며, 물체는 움직이는 방향을 향한다.

④ 무거운 물체가 움직일 때, 근육의 힘은 순차적 방식(sequential manner)으로 사용되어져야 한다. 예를 들어 공을 던질 때의 순서는 몸에서 어깨, 팔의 윗부분, 아랫부분, 손, 그리고 손가락 순으로 진행되어야 한다.

⑤ 손발이나 기구가 사용될 때, 그들은 추진된 물체와의 접촉시 완전히 뻗어져야 한다. 이는 팔의 긴 운동을 가져오며, 가장 큰 힘을 낸다. 기구는 끝을 잡을 때 긴 운동을 가져와 큰 힘을 내는 것이다.

⑥ 던져진 물체를 받을 때, 떨어질 때, 찰 때는 되도록 가장 넓은 면적으로 힘을 흡수해야 한다. 공의 힘을 받기 위해 더 넓은 면이 좋은 것이다.

⑦ 힘의 흡수는 관절에 힘을 전달하므로 확산되어야 한다.

⑧ 물체는 45° 각도에서 던지는 것이 가장 멀리 날아간다. 멀리뛰기에 있어서도 45°가 가장 이상적이다.

⑨ 만일 공이 한쪽으로 회전한다면, 공은 그쪽 방향으로 날아간다.

⑩ 물체는 손이 원하는 비행과 접하는 부분에서 손을 벗어나는 것이 좋다.

⑪ 눈은 목표물을 보아야 한다.

개인의 기술 수행능력을 분석하기 위해서 체육 지도자는 운동을 지배하는 원칙들을 인식할 필요가 있다. 안정성, 움직임, 지레의 원리, 그리고 힘 등에 대해서는 위에서 언급하였다. 체육 관계자들은 또한 마찰, 기체역학, 유체역학, 그리고 공의 회전, 리바운드 등의 개념에 대해서도 관심을 가져야 한다.

생체역학과 기능학에 대한 지식은 인간 행동 분석의 기초가 되기 때문이다.

Ⅰ. 중 심

물체가 안정할 수 있는 조건

전 장까지 운동을 하기 위해서 필요한 신체 능력에 대해서 설명해 왔다. 그러나 신체 능력이 뛰어나도 상황에 적합한 동작이 불가능하면 스포츠를 잘한다고는 할 수 없다. 여기에서는 스포츠에서의 여러가지 동작을 역학적으로 분석하고 있다. 우선, 인간이 몸을 움직일 때의 기본 동작을 보자.

인간이 운동하는 중에 가장 중요한 기본 동작은 「선다」는 것이다. 따라서 우선 「서기」의 근 동작을 알아보자. 그러나 그 전에 「중심」에 대해서 이해하여야 한다.

중심이란, 그 물체의 무게 중심으로, 물체에는 반드시 중심이 있다. 사이코로와 같이 내용이 균일하게 정육면체나 볼과 같은 구(球)체인 경우, 중심은 그 물체의 중심에 있다. 그런데, 지점토 중에 적당하게 혼합해 만든 정육면체나 슬롯머신 옥의 중심은 기울어 버리고 중심은 없다. 또 그 지점토의 형태나 슬롯머신 옥의 위치에 의해 중심 위치는 여러가지로 변한다.

물체가 지면과 접해 있는 면을 지지기저면 이라고 한다. 구체의 경우 지지기저면은 지면과 접하는 한점이고, 의자와 같이 다리가 있어 전체가 접해있지 않은 경우, 각 전체를 둘러싼 면이 지지기저면이 된다. 그리고 그 물체가 그 자리에 안정해 멈춰 있을 때 중심에서 내린 수직선과 지면이 접하는 점(Z점이라고 한다)이 그 지지기저면 내에 있는 경우 만일 Z점이 지지기저면 밖으로 나와 버리면 그 물체는 쓰러져 버린다. 그리고 중심의 위치가 지면에 가까우면 쓰러지기 어렵고, 지면에서 떨어질수록 불안정하고 쓰러지기 쉽다.

정육면체보다도 세로로 둔 직방체의 경우가 불안정하고 쓰러지기 쉬운 것은 그 이유이다.

물체와 중심

중 심

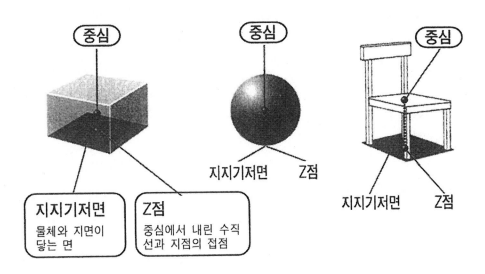

중심

중심

중심

지지기저면
물체와 지면이
닿는 면

Z점
중심에서 내린 수직
선과 지점의 접점

지지기저면

Z점

지지기저면

Z점

안정되는 조건

Z점이 지지기저면에
없어도 괜찮다.

Z점

쓰러뜨려보자.

중심이 지면에 가까운 편이
안정된다.

안정

불안정

원형 가운데에 중심이 있는 경우,
안정되지 않지만, 내벽면에 있으면 안정된다.

불안정

안정

Ⅱ. 서기 (1)

몸의 움직임과 중심의 이동

사람의 몸은 뼈와 근과 내장 등의 제 기관으로 구성된다. 만화에서는 뼈대만의 로봇이 서서 움직이지만, 실제로는 뼈만으로는 설 수 없다. 사람이 설 수 있는 것은 근이 뼈와 뼈를 묶어주기 때문이다. 사람의 몸에도 중심이 있지만, 사람의 몸과 앞에서 예로 든 물체와의 차이는 유연성이 있고, 움직이고, 손으로 물건을 들 수 있다는 것이다. 그러기 위해서 몸의 움직임에 따라 중심이 이동해야 한다.

서 있는 상태에서 앞으로 상반신을 굽히면 중심도 앞으로 이동한다. 굽히는 각도가 커지면, 중심에서 내린 수직선과 지면이 접하는 점(Z점)이 앞으로 이동하고, 마지막에는 지지기저면에서 나와 버린다. 사람이 쓰러지지 않는 것은 엉덩이를 뒤로 이동하고, 지지기저면 내에 Z점을 유지하고 있기 때문이다.

손에 물건을 들어도 중심은 이동한다. 그 때문에 오른손에 무거운 물건을 들 때는 Z점이 지지기저면에서 나오지 않도록, 허리를 왼쪽으로 이동시킨다. 반대로 중심을 이동할 수 없는 경우, 몸의 움직임도 한정되어 버린다. 예를 들면, 오른손을 머리 위에 똑바로 올리고, 왼발을 옆에 들어보자. 간단히 왼발을 들 수 있다. 다음에 몸의 오른쪽을 발, 허리, 어깨, 올린 손바닥까지, 벽에 딱 붙여 보자. 왼발을 올릴 수 없다. 왼발을 왼쪽으로 올리면 중심이 오른쪽으로 이동하기 때문이다.

이 경우 지지기저면은 오른 발바닥 전체가 되고, 대단히 좁기 때문에 지지기저면에서 Z점이 나와 버린다. 따라서 상체를 오른쪽으로 기울이는 것에 따라 중심을 오른쪽으로 이동하게 하려고 한다. 그러나 오른쪽에 벽이 있으면 중심을 이동시킬 수 없다. 그 때문에 왼발을 들 수 없는 것이다.

이와 같이 사람은 몸을 움직이는 것에 따라 중심의 위치를 이동시키고, 안정되게 서게 되는 것이다.

중심을 유지하고 서있기

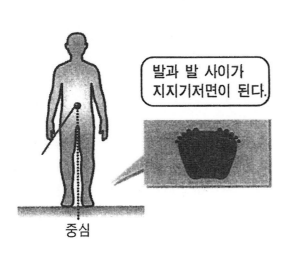

발과 발 사이가
지지기저면이 된다.

중심

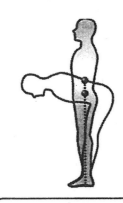

몸을 기울일 때 엉덩이를
이동시켜 Z점을 지지기
저면의 내측에 유지

움직임과 중심의 이동

중심이 이동할 수 없으면 몸의 움직임도 한정된다.
예를들면, 오른손을 똑바로 올리고 왼발을 올렸을 때.

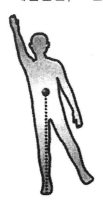

지지기저면이 한발이 되므로
상체를 오른쪽으로 기울여
중심을 이동한다.

우측 상체가 고정되어 있으면 중심이
이동할 수 없으므로, 왼발을 올릴
수 없다.

Ⅲ. 자 세

바른 자세란

자세는 전신의 근이 총체적으로 작용하는 것에 의해 형성, 유지되고 있다, 바른 자세란 전신의 근이 무리없이 협조해서 중심을 안정되게 할 수 있는 자세라고 할 수 있다.

자세는 유아 때부터의 운동량과 스트레스, 생활환경·습관에 의해 결정된다. 유아가 서서 "안녕"을 하는 것은 2개 발로 서기 위한 준비이고, 그것에 의해 골반 주위와 등의 근을 발달하게 하고, 아장아장 걷기를 이행한다.

아장아장 걷기를 하게 되면 비로소 중심을 잡는 트레이닝이 시작되고, 달리거나 뛰어넘거나 하는 놀이 중에서 근이나 신경을 발달시킨다. 이러한 놀이에 의해 운동 기초가 만들어지며, 대부분의 운동능력 수준은 이 시기에 결정되어 버린다.

심리적인 스트레스도 자세에 영향을 준다. 자세는 교감신경과 부교감신경이 협조하는 작용에 따라 유지되고 있다. 스트레스를 강하게 느끼면 교감신경이 활발하게 작용하고, 부교감 신경의 활동이 억제되며, 근은 항상 긴장하게 되어 자세에도 영향을 미친다.

생활환경도 자세의 결정에는 중요하다. 생활 습관의 차이에서 개개인의 버릇이 생기고, 최종적으로 그 사람의 자세와 중심의 위치가 결정된다. 나쁜 자세는 많은 경우 근의 과잉 긴장 결과이기 때문에 이른 시기에 개선할 필요가 있다. 또 자세는 운동 능력에도 큰 영향을 미친다. 자세가 바르면, 근에 쓸데없는 피로를 주는 일 없이 몸의 밸런스를 유지할 수 있다.

바른 자세를 취하려면, 발은 어깨 넓이로 발끝은 45°로 열고, 발끝으로 서서 체중을 모지구에 느끼면서 가볍게 뒤꿈치를 내린다. 그리고 엉덩이와 배를 긴장시켜 흉곽을 넓히고, 어깨에 힘을 빼고, 시선은 얼굴 조금 위로 향하고 선다. 자신이 바른 자세를 갖고 있는지 시험해보자.

바른 자세

자세를 결정하는 요인

1. 어린 아기였을 때의 운동량

2. 심리적인 스트레스

3. 생활환경, 습관

바른 자세의 포인트

-바른 자세를 취하면, 근의 불필요한 피로도 적다.

1. 발끝으로 서기를 한다.

2. 체중을 모지구로 느끼면서
발뒤꿈치를 내린다.

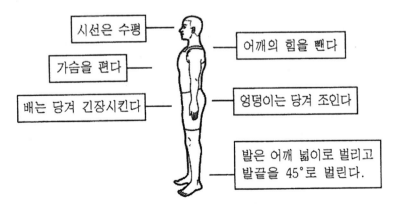

시선은 수평

어깨의 힘을 뺀다

가슴을 편다

배는 당겨 긴장시킨다

엉덩이는 당겨 조인다

발은 어깨 넓이로 벌리고
발끝을 45°로 벌린다.

＊ 바른 자세를 취하고 있는지 체크 해 보자.

Ⅳ. 운동축

신체 동작에서 만들어 내는 가상의 축

직립해서 상반신을 좌우로 비트는 운동을 생각해 보자.

몸을 비트는 중심의 축이 되는 것은 척추이다. 만일 척추가 직선이라면, 척추를 형성하는 추골의 하나하나가 수평으로 회선할 뿐이므로 회선축은 한 개가 된다. 그러나 실제로는 척추에는 생리만곡이 있는 전후로 비뚤어져 있기 때문에 추골 하나하나가 각각 축을 갖는 회선을 한 결과, 「상반신 비틈」이라는 회선 동작을 만들고 있다. 이러한 몸의 회선동작 축이 되는 것이 「운동축」이다.

모든 신체 운동은 신체의 각 부분의 회선동작이 조합되어 성립된다. 이 때, 신체 각 부분의 회전축은 따로따로 나와 있지만, 신체 동작을 보면 1개의 축이 있는 것과 같이 보인다. 즉, 운동축이란 겉보기에는 신체 운동에서 만들어 내는 가상축이다. 몸의 각 부분을 회선시켜 하나의 움직임을 만들어 내려면, 많은 근이 작용한다. 이것을 근의 협조운동이라고 부른다.

서는 것만으로도 근은 협조 운동을 하고 있는데, 자세가 나쁠수록 중심을 안정시키기 위한 협조운동은 복잡하게 되고, 중심도 안정되지 않는다. 나쁜 자세로 몸을 움직이는 경우, 중심이 안정되어 있지 않기 때문에 동작이 산만하게 되어 운동축도 안정되지 않는다. 운동축을 의식하는 것은 효율적으로 운동을 하기 위해서 중요하다. 예를 들면 직립한 상태에서 한쪽 발을 올리는 동작에서 한쪽 발만을 든 경우에는 상반신이 든 발의 반대쪽으로 크게 이동해 중심을 유지한다. 그러나 올리지 않는 발에 따른 수직의 운동축이 있다고 의식한 경우에는 상반신을 너무 이동하지 않아 근의 협조운동에서 중심을 유지하게 된다.

안정된 신체운동에 대해 「축이 안정해 있을 것」이라는 말을 사용하지만, 운동축이 안정되어 있다는 것은 겉보기에는 그대로 중심이 안정되어 있는 것처럼 보인다.

신체 동작의 축

운동축이란

-상반신을 비트는 동작의 경우 회선운동의 축은 척주가 된다.

*만약 척주가 직선이라면

골반의 하나하나는 같은 축을 중심으로 회전하기 때문에 회전축은 하나가 된다.

*실제의 척주에는 생리만곡이 있기 때문에

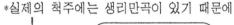

추골의 하나하나는 다른 축으로 회전 하지만, 몸의 움직임에서는 하나의 축으로 움직이는듯 보인다.

신체 각 부분의 회선동작이 조화를 이뤄 하나의 동작을 만들어 내고 있지만, 동작을 보면 하나의 축이 있는 듯이 보인다=운동축

한쪽 발 들기 동작

운동축을 의식하면, 중심을 유지하면서 효율적인 운동이 가능하다.

운동축을 의식하지 않으면

상반신을 크게 기울여 중심을 잡는다.

운동축을 의식하면

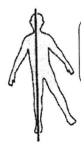

상반신을 크게 기울이지 않아도 근의 협조운동으로 중심을 잡는다.

V. 걷기 (1)

사람의 걸음걸이 관찰

걷기란 동작은 몸이 수평방향으로 이동하는 것이지만, 그 동작 중에는 반드시 중심을 안정시키는 근운동이 포함된다. 즉, 모든 이동 운동은 중심의 이동이라고 할 수 있다.

사람의 걸음걸이를 관찰하면, 머리가 전후좌우로 흔들리거나 머리는 안정되어도 허리가 크게 좌우로 흔들리거나 상반신 전체가 흔들려, 각자가 다른 걸음걸이를 하고 있다는 것을 알 수 있다. 물론, 자세도 달라 발끝의 방향이나, 발을 움직이는 쪽도 다르다. 또 한번 본 것만으로는 모르지만, 잘 관찰하면 중심의 이동 방법도 2종류인 것을 알 수 있다.

하나는, 상반신을 앞으로 굽히고, 중심을 앞쪽으로 이동시킨다. 그러면 지지기저면에서 Z점이 나오고 몸이 앞으로 기울기 때문에, 그것을 떠받치기 위해서 발뒤꿈치를 1보전에 내는 방법이다. 이것은 뒤꿈치부터 발바닥 전체를 쓴 운동으로, 뒤꿈치에 크게 하중이 걸리는 것이지만, 많은 사람은 이 걸음걸이를 하고 있다.

다른 하나는, 지면을 후방으로 차는 힘의 반작용으로, 중심을 앞으로 이동시키는 방법이다. 이것은 뒤꿈치의 하중 부담은 적고, 발끝(모지구)을 중심으로 사용하는 운동이다. 이 경우는 뒤꿈치도 관절의 하나로서 충분하게 사용할 수 있기 때문에 발의 충격을 완화해 준다.

걸을 때 몸이 흔들리는 것은 밸런스를 잡는 일련의 동작 결과로 생각해야 한다. 흔들리는 것은 몸이 밸런스를 잡으려고 행하는 행위이기 때문에, 그것 자체가 나쁜 것은 아니다. 그런데 밸런스를 잡지않으면 근운동이 많기 때문에 근피로가 축적되기 쉽다. 따라서, 바른 걸음걸이를 고려한다면 자연히 상반신을 흔들지 않고 걷는 방법을 생각해야 할 것이다.

두 종류의 걷는 방법

걷는 방법(중심의 이동)은 다리의 사용법에 의해 크게 두 가지로 나뉜다.

두 종류의 걷는 방법

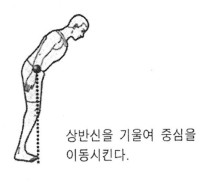

상반신을 기울여 중심을 이동시킨다.

몸을 지지하기위해 발이 나온다.

상반신의 동작이 크면 피로하기 쉽다. 발뒤꿈치의 부담도 커진다.

동작과 중심의 이동

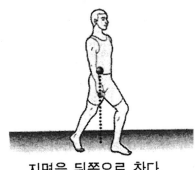

지면을 뒤쪽으로 찬다.

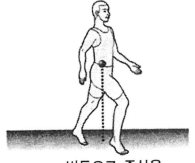

반동으로 중심을 이동한다.

상반신이 기울어지지 않고 발뒤꿈치의 부담도 적다.

걷기 (2)

밸런스가 흐트러진 걸음걸이

걷는 동작 중 발바닥 쪽의 형태를 관찰하고, 이와 같은 형태가 된 이유를 생각해 보자.

사람의 발에는 발바닥 장심이 있다. 발바닥의 장심이 많이 패인 사람이 운동 능력이 높다. 장심이 적게 패인 사람도 있지만, 이것을 편평족이라고 부르고, 운동 능력에 나쁜 영향을 미친다. 발바닥을 관찰하면 발바닥의 장심은 뒤꿈치부터 발의 바깥쪽, 그리고 발가락, 특히 모지의 근처에 걸쳐 형성되어 있는 것을 알 수 있다. 발바닥 장심이 형성되는 것은 그저 발바닥 장심 부분이 움푹 패여가는 것이 아니다. 뒤꿈치부터 발의 바깥쪽과 발가락에 걸친 부분을 많이 쓰는 것으로, 그 부분이 발달하여 발바닥 장심이 형성되기 때문이라고 생각하면, 걸을 때의 이상적인 발의 사용 방법을 추측할 수 있다.

여기서 이상적인 걸음걸이의 요령을 터득하는 트레이닝 방법을 알아보자.

많은 사람은 좌우 2개의 선 위를 각각의 발이 나가고 있다. 그러나 발끝을 각각 45° 위로 열면서, 평균대 위를 걷는 것과 같이 하도록 1개의 선 위를 걸어 보자. 자연스럽게 뒤꿈치부터 발의 바깥쪽을 사용해, 최후에는 모지구로 지면을 차는 것을 느낄 수 있다.

이 때 (1) 배와 엉덩이를 쥔다. (2) 가슴을 잡아당긴다. (3) 가볍게 턱을 올린다. (4) 상반신을 안정시켜 허리부터 움직인다. 이런 점에 주의하자.

보다 바르게 걸을 수 있고, 2개 선 위를 걸을 때보다도 상반신의 흔들림은 적어질 것이다. 힘을 넣지 않는 것은 근이 긴장하고 있기 때문에 자세가 바르게 되면 조인다는 의식은 하지 않아도 좋다.

그리고 이 때 어깨의 힘을 빼고 손의 흔들림은 자연스럽게 하반신의 움직임에 따라 밸런스를 잡도록 움직여야 한다.

바르게 걷는 법

발바닥 측

발바닥을 관찰하면 자주 사용하는 부분이 발달하고 있으므로, 발에
걸린 힘을 알 수 있다.

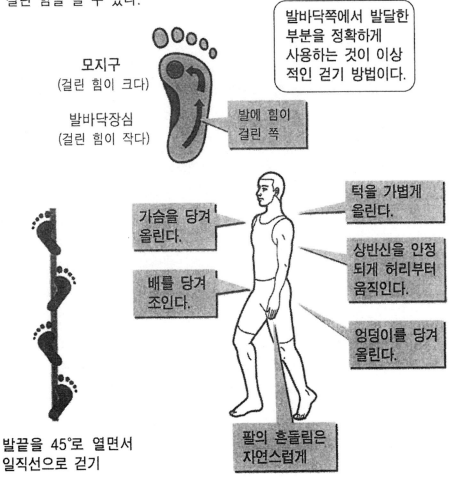

모지구
(걸린 힘이 크다)

발바닥장심
(걸린 힘이 작다)

발에 힘이
걸린 쪽

발바닥쪽에서 발달한
부분을 정확하게
사용하는 것이 이상
적인 걷기 방법이다.

가슴을 당겨
올린다.

배를 당겨
조인다.

턱을 가볍게
올린다.

상반신을 안정
되게 허리부터
움직인다.

엉덩이를 당겨
올린다.

팔의 흔들림은
자연스럽게

발끝을 45°로 열면서
일직선으로 걷기

바른 걷기방법을 실감할 수 있으면, 그후는 자연스럽게 걷는다.

VI. 달리기 (1)
장거리 달리기

벡터와 몸의 밸런스

　장거리를 달리는 동작의 기본은 걷는 동작과 같이 중심의 수평이동이라고 생각해도 좋다. 그러나 빠르게 달리면 상반신이 불안정하게 움직임이 커진다. 이것도 걸을 때와 같이 몸이 밸런스를 잡으려고 하는 자연스러운 움직임이지만, 지면을 차는 것에 의해 생기는 전방에의 추진력이 중심을 불안정하게 하여 상방향이나 측방향으로 분산되는 것이다. 이것이 「힘의 벡터 분산」이다.

　벡터란 힘의 크기와 방향을 화살표 크기와 방향으로 나타낸 것이다. 효율적으로 전방으로 나가기 위해서는 이 벡터의 분산을 최소한으로 억제해야 한다. 밸런스가 좋은 걸음걸이가 그 기초가 된다.

　밸런스가 좋은 걸음걸이를 자연스럽게 빠르게 하게 되면, 손은 단지 흔드는 것이 아니고, 견갑골을 수평으로, 후방으로 빼는 것이 느껴진다. 또 바른 자세는 바른 골반의 경사를 만들어 내고, 하반신의 움직임이 부드럽게 된다. 더욱이 협동 운동으로서, 견갑골을 후방으로 잡아당기면 대퇴부가 빼기 쉬워지고, 발의 의식은 지면을 후방으로 차는 것에 집중할 수 있는 것이다.

　또 피로가 축적되면 중심이 불안정하게 되고, 벡터가 분산하며, 상반신의 불안정한 움직임이 커지고, 그것을 안정시키기 위한 근운동도 많아지기 때문에, 피로는 더욱 더 축적되기 쉬워진다. 바른 자세를 유지하면 벡터의 분산도 적기 때문에 피로도 적게 된다.

　달리는 트레이닝으로 러닝머신을 사용하는 사람도 있지만, 기본적으로 지면은 움직이지 않는다. 움직이지 않는 지면을 확실하게 후방으로 차는 운동의 협동 운동으로 하여 상반신의 움직임이 구성된다. 지면이 움직이고, 확실히 차는 것이 불가능한 러닝머신에서는 근의 협조운동이 본래의 달리는 운동과 다르기 때문에 주의가 필요하다.

장거리 달리기

달리는 동작에서는 지면을 차는 동작에서 얻는 탄력을 이용하여 이동하기 위해 신체의 상하운동이 커지게 된다.

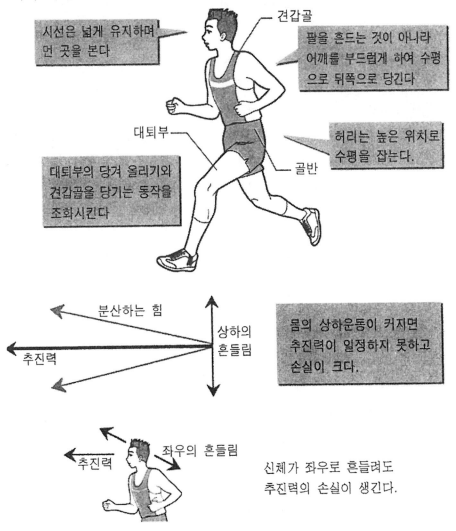

시선은 넓게 유지하며 먼 곳을 본다

견갑골

팔을 흔드는 것이 아니라 어깨를 부드럽게 하여 수평으로 뒤쪽으로 당긴다

대퇴부

골반

허리는 높은 위치로 수평을 잡는다.

대퇴부의 당겨 올리기와 견갑골을 당기는 동작을 조화시킨다

분산하는 힘

추진력

상하의 흔들림

몸의 상하운동이 커지면 추진력이 일정하지 못하고 손실이 크다.

추진력

좌우의 흔들림

신체가 좌우로 흔들려도 추진력의 손실이 생긴다.

신체의 상하, 좌우의 진동을 억제, 중심을 유지하는 일로 효과적으로 걷기를 일을 할 수 있다.

달리기 (2)
단거리 달리기

벡터의 분산이 기록을 결정한다.

단거리 달리기는 장거리 달리기와 발의 사용 방법이 다르며, 뒤꿈치를 사용하지 않는다. 즉, 발끝만으로 달리는 것이다. 따라서 발끝이 확실하게 지면에 착지하도록 하면 안정성과 순발력이 생긴다. 단거리 달리기의 경우는 수십 초 사이에 갖고 있는 모든 힘을 발휘하려고 하기 때문에, 장거리달리기와 다르고, 피로 정도에 관계없이 벡터의 분산이 생기기 쉽다.

예를 들면 100m의 직선 코스를 눈을 감고 레인에서 벗어나지 않고 전속력으로 달리는 사람은 대부분 없다. 이것은 누구라도 몸의 밸런스에 이상을 갖고 있어 벡터의 분산이 생기기 때문이다. 눈을 뜨고 있으면 똑바로 달릴 수 있다. 신체는 1보 1보를 무의식적으로 방향 수정하고 있는 것이다.

벡터의 분산이 클수록 수정작업이 많아지고, 1/100초를 다투는 레이스에서는 기록의 차에 영향을 미치는 것이 틀림없다. 벡터의 분산을 적게하기 위해서는 바른 자세가 중요하다. 밸런스가 좋은 자세를 유지하면서 달리면 상반신은 수직으로 서 있고 앞으로 기울어지지 않는다.

하반신이 움직일 때는 우선 허리부터 움직이지만, 이것은 골반의 회선 운동이다. 그러나 몸이 앞으로 기울어져 있으면, 골반의 경사가 나빠져 하반신이 부드럽게 움직이지 않고, 몸의 흔들림도 커지고, 벡터의 분산도 커진다. 인간의 요추는 곧은 것이 아니고 S자형으로 구부러져 있고, 이 생리만곡에서 충격을 완화시킨다. 그러나 많은 사람은 자세가 나쁘기 때문에 생리만곡 보다 더 구부러져 몸이 앞으로 기울어 버린다.

축구나 농구 등에서 볼을 의식한 나머지 앞으로 상당히 굽히는 선수가 프로 중에도 있지만, 그것은 자신 속에 있는 능력을 충분하게 발휘할 수 없다고 할 수 있다. 프로가 쉽게 한다고 해서 결코 흉내를 내서는 안 된다.

단거리달리기의 방법

단거리달리기에서는 단기간에 전력을 발휘하기 위해
장거리달리기와 발의 사용방법이 다르다.

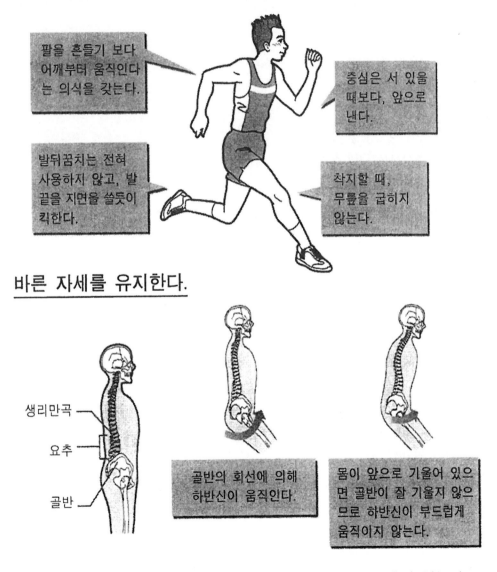

팔을 흔들기 보다
어깨부터 움직인다
는 의식을 갖는다.

중심은 서 있을
때보다, 앞으로
낸다.

발뒤꿈치는 전혀
사용하지 않고, 발
끝을 지면을 쓸듯이
킥한다.

착지할 때,
무릎을 굽히지
않는다.

바른 자세를 유지한다.

생리만곡

요추

골반

골반의 회선에 의해
하반신이 움직인다.

몸이 앞으로 기울어 있으
면 골반이 잘 기울지 않으
므로 하반신이 부드럽게
움직이지 않는다.

• 밸런스가 좋은 자세라면, 걸을 때도 신체는 앞으로 기울지 않는다.
  밸런스가 좋은 자세를 유지하는 일이 중요하다.

VII. 뛰기 (1)
높이 뛰기

높게 뛰기 위한 자세

신체는 척추를 회전축으로 하며 운동축은 척추 부근에 존재하지만, 몸의 중심은 운동축의 약간 앞쪽으로 위치해 있다. 따라서 운동 중심이 되는 운동축과 중심의 위치와는 어긋나 있다.

높이 뛰기를 할 때 윗쪽의 벡터는 운동축에 있지만, 중심과 운동축의 위치가 떨어져 있으면 앞쪽에 벡터가 생기기 때문에, 벡터의 분산이 생긴다. 벡터의 분산은 운동축과 중심이 떨어져 있을수록 커진다. 또 바를 뛰어넘기 위해서는 중심과 바의 위치가 가까운 쪽이 좋다.

벡터의 분산을 막으면서도 바와 중심의 위치에 접근할 수 있기 때문에 높이 뛰어넘는 형식은 시대와 함께 크게 변화했다. 일찍이 주류였던 「가위 뛰어넘기」는 기본적으로는 넓이 뛰기와 같은 동작으로, 앞쪽에서의 벡터를 위로 전환한 것이다. 그러나 이 뛰어넘기는 몸의 중심과 바가 떨어져 있어, 크기를 구하는데 쓸데없는 것이 많다. 그 때문에 태어난 것이 「베리 롤」이다. 베리 롤은 바와 평행으로 공중에서 엎드려 뛰어넘는다. 이것이라면 몸의 중심과 바의 거리는 가깝지만, 무릎이 바에 걸리기 쉽다. 또 사람의 몸은 뒤 보다 앞으로 굽혀지기 쉽다. 그 때문에 벡터를 상향으로 변환할 때 발목이 앞쪽으로 구부러져 상체가 앞쪽으로 굽혀지기 때문에, 중심이 앞쪽으로 이동해 버리고 벡터의 분산도 크다.

현재의 뛰어넘기는 「뒤로 뛰어넘기」이다. 배면 뛰기에서는 뛰어오르기 직전에 반전하고, 등을 젖힐 때 중심의 바로 밑에 운동축을 위치하게 하여, 중심에 의한 벡터의 분산을 최소한으로 억제한다. 또 등이 바를 넘은 후, 배를 조이면 허리 부분을 들어올리기 쉬워지며, 마지막으로 발을 위로 차 올릴 때에 복사뼈가 걸리는 것에도 대응할 수 있다. 따라서 뒤로 뛰어넘기는 관절의 움직임을 충분하게 활용해서 뛰어넘는 방법이다.

높이뛰기의 자세

높이 뛰기에서는 바와 몸의 중심이 가까운 쪽이 좋다.
이를 위해 시대와 함께 자세도 변하고 있다.

가위뛰기

바를 덮어씌우듯이 뛰어넘는다.
중심과 바의 거리가 떨어져있으므로 뛰어넘는
높이가 낮다.

베리 롤

바를 덮고 회전하듯이 뛰어 넘는다. 중심과 바의 거리는
가깝지만, 몸이 전방으로 굽히는 일로 벡터가 분산된다.

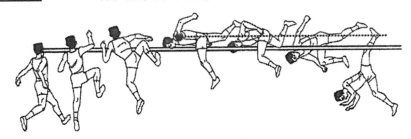

배면 뛰기

바에 등을 향하고 뛰어넘는다.
중심과 바의 거리가 가깝고, 벡터의 전환 효율이 좋다.
현재 주류의 뛰는 방법이다.

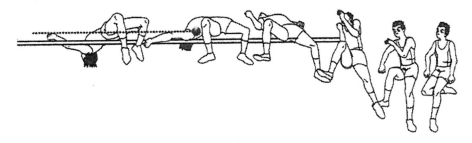

도약하기(2)
멀리 뛰기

거리를 늘리기 위한 자세

제자리 멀리 뛰기를 신체의 중심 이동이라고 생각해 보자. 몸이 뛰어넘는 것은 중심이 활 모양을 그리며 공중을 이동하는 것이기도 하다. 몸을 공 모양이라고 생각하면 공에 가입시키는 힘과 방향이 비거리를 결정한다. 공에 직접력을 가입시키면, 45°의 각도로 힘을 더할 때 비거리가 가장 길어진다. 그러나 몸의 중심 위치는 배꼽 부근에 있지만, 중심에의 벡터가 발생하는 것은 지면과의 마찰력이 있기 때문에 중심에 직접력을 더할 수 없다. 이 때문에 실제로 뛸 때의 각도는 45° 보다 적어진다.

제자리 멀리 뛰기보다도 멀리 뛰기 쪽이 뛰는 거리가 길어지지만, 이것은 도움닫기의 관성력이 영향을 주고 있기 때문이다.

도움닫기는 단거리 달리기와 거의 같지만, 뛰기 직전에 상향의 벡터를 얻기 위해서 몸이 가라앉기 때문에 몸의 컨트롤이 곤란하도록 빠른 속도가 되어서는 안 된다. 뛰어넘기 각도는, 일반적으로는 16~22° 가 좋다고 하는데, 경험으로 산출하는 것이 좋다. 다만 뛰기 뿐만 아니라, 중심에 어느 정도 비스듬한 상향 벡터를 더할 수 있는지가 중요하다.

도움닫기에 의한 수평 방향의 벡터에 스톱을 걸기 때문에, 또 도약 직후에는 몸이 앞으로 이완 되기 때문에, 몸이 젖혀지는 것을 방지할 필요가 있다.

현재 주류인 「가위뛰기」에서는 뛰기 후, 그대로 공중을 달려 빠지도록 발을 움직인다. 예를 들면 동작이 불안정하게 되어 거리가 좁혀져 버린다. 착지 직전에 공중에서 허리를 굽히는 것이지만, 단지 굽힌 발을 빼어 주는 것만으로는 엉덩이가 떨어져 버리고, 착지의 경우 뛰어넘은 거리를 감소시켜 버리기 때문에, 배를 당기면서 대퇴부를 끌어당기는 것과 동시에 엉덩이를 끌어올리는 것이 필요하다.

착지 시에는 끌어당긴 대퇴부를 단숨에 펴서 앞쪽으로 중심을 눌러 나가게 되면, 엉덩이가 지면으로 떨어지는 일이 없게 된다.

멀리 뛰기의 자세

제자리 멀리 뛰기

몸의 중심과 벡터가 발생하는 장소는 차이가 있기 때문에, 도약거리가 최고로 늘어나는 각도는 45° 이하

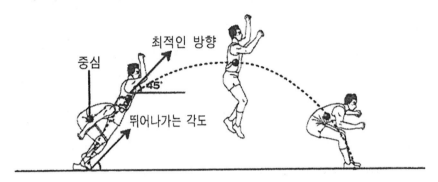

가위뛰기

멀리뛰기의 도약거리는 스피드 기술(도약 공중 자세)로 정한다.

조주   도약   공중   착지

VIII. 헤엄치기

헤엄치기는 비중력장에서의 운동

헤엄친다는 운동은 수중이라는 특별한 환경에서 부력을 이용한다. 사람의 부력의 대부분은 폐의 용적에 의존하고 있는데, 대부분의 사람은 폐를 부풀어 올리면 물에 뜰 수 있다. 부력을 얻기위해서는 바른 자세를 취하는 것이 중요하다.

가슴 부분의 뼈는 흉추, 흉골, 늑골이 짝을 이루어 바구니 모양으로 같이 되어있다. 이것을 「흉곽」이라 부르고, 폐나 심장을 지키는 동시에 주위의 근과 연동해 호흡운동을 돕고 있다. 밸런스가 좋은 자세면, 흉곽 주위의 근의 긴장이 감소되어 있기 때문에 폐의 용적이 커져 부력이 늘지만, 자세가 나쁜 사람은 흉곽 주위의 근이 긴장해서 흉곽을 압박하고, 폐의 용적이 작아져서, 부력도 줄어든다. 또 자세가 나쁜 사람은 등을 둥글게 하여, 엎드리고 수중에 뜬 경우, 폐 부분이 떠도 허리가 가라앉아 버린다.

이 자세에서는 수중을 나아가도 허리를 뜨게 하기 위한 벡터가 필요하게 되기 때문에 추진력으로서의 벡터가 분산해 버리는 것이다.

효율적으로 헤엄치기 위해서는 손이나 발만을 사용하는 것은 아니고 견갑골부터 팔, 골반에서 발이라고 하는 의식으로 몸을 사용하는 것이 중요하다. 즉, 헤엄칠 때 체간(동체)전부를 사용해야 한다. 물론 몸의 밸런스가 나쁘면 단거리 달리기와 같이 똑바로 레인을 헤엄칠 수 없다.

헤엄치기는 빠르게 헤엄치는 것만이 중요하지 않다. 지상에서는 반드시 중력이 걸리고, 그 안에서 운동하는 것은 항상 중심을 안정시키는 근의 협동운동이 수반된다. 그러나 수중이라면 전신을 중력에서 해방시키고, 근에 지상에서는 얻어지지 않는 근의 릴랙스를 하게 할 수 있다.

몸의 힘을 빼고, 전신의 근을 이용해서 넉넉하게, 기분 좋게, 여유만만하게 헤엄치는 것도 중요하다.

수중에서 움직이기

대부분의 사람은 폐를 부풀리면 물에 뜰 수가 있다.
릴렉스하여 몸을 자연스럽게 펴는 것이 중요하다.

등을 둥글게 하면 허리가 가라앉기 때문에 허리를 뜨게 하는 벡터가 필요하게 된다.

흉곽주위의 근이 긴장하고, 폐를 압박한다.
이를 위해 폐의 용적이 작게되고, 충분한 부력을 얻을 수 없다.

수중에서 몸의 사용법

중력의 영향이 적은 수중에서는 지상과는 몸의 사용법이 다르다.

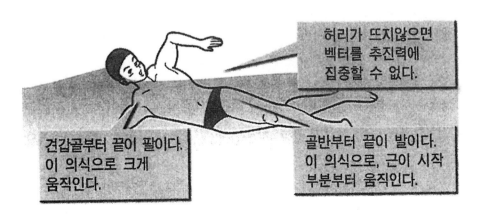

허리가 뜨지않으면 벡터를 추진력에 집중할 수 없다.

견갑골부터 끝이 팔이다.
이 의식으로 크게 움직인다.

골반부터 끝이 발이다.
이 의식으로, 근이 시작 부분부터 움직인다.

IX. 들어올리기

들어올리기는 물체의 위치가 중요

중심의 위치와 들어올리는 물체의 수평적인 위치 관계가 사물을 들어 주는 데 있어서 중요한 요소이다. 커피컵 한 개를 들어올려도 중심은 이동한다. 중심의 이동을 피하려면 중심의 위치와 들어올리는 수평적인 위치가 가까울수록 중심의 이동이 적어진다.

공원의 시소를 예로 들면, 시소에 오르는 위치에서 1 대 2에서도 충분하게 밸런스를 잡을 수 있다. 즉, 시소의 지점을 중심이라고 생각하면, 들어올리는 경우도 몸의 중심과 들어올리는 물체의 거리가 가까우면, 무거운 물체를 들어 주는 것이 가능하게 된다. 덤벨을 들어올릴 때, 팔을 펴서 들어올리는 것 보다 몸에 가깝게 들어올리는 것이 편안한 것도 이 때문이다.

무거운 물체를 들어주는 경우에 '허리를 넣고' 란 말을 쓰는데, 허리를 넣는다는 것은 발끝을 45°로 열고, 엉덩이와 배를 확실히 당기고, 흉곽을 끌어올려 얼굴을 약간 위로 향하는 것이다. 즉, 바른 자세를 유지하는 것이 중요하다.

바른 자세를 유지하면 허리의 통증을 막을 수도 있다. 사람의 요추에는 생리 만곡이 있다. 그런데 많은 사람중에는 바른 자세가 아니기 때문에, 정상인 생리만곡 보다 요추의 만곡이 크다. 이 때문에 본래 요추에 걸린 힘이 바른 방향으로 더해지지 않아 허리를 다치게 된다.

바른 자세로 되기 위해서는 발 끝을 앞쪽으로 해서 배를 조이는 것으로, 요추가 휘지않게 바로 직립하는 방향으로 골반을 회전시켜야 한다. 바른 자세는 트레이닝의 경우도 중요하다. 트레이닝을 할 때 자세가 바르지 않으면 효과가 적으며 몸을 다칠 위험도 있다. 우선 바른 자세를 유지하는 것을 기억하도록 하자.

물건 들어올리기

중심의 위치

물건을 들어올릴 때는 중심의 위치와 들어올리는 물체의 수평적인 위치를 가깝게 하는 것이 중심 이동이 작게된다. 즉, 몸의 중심과 물체의 위치를 가깝게하여야 무거운 물건을 들어올리는 일을 할 수 있다.

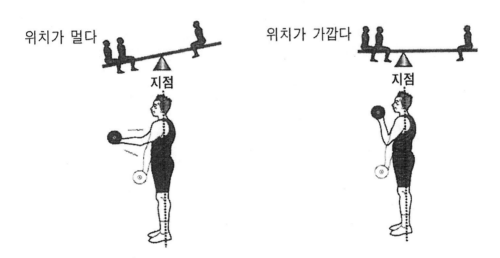

허리를 집어 넣은 자세

무거운 물건을 들어올릴 때 허리를 집어 넣는다는 것은 바른자세를 취한다는 것이다.

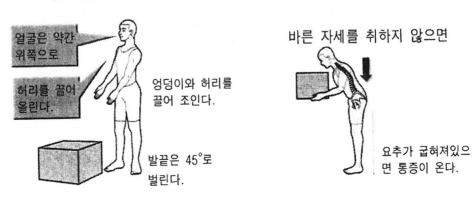

X. 던지기 (1)
overhand throw

투구 폼의 분석

물체를 보다 빠르고 멀리 던진다는 것은 던지는 물체에 보다 큰 힘을 전달해 주는 것이다. 사물을 던질 때는 지레의 원리를 이용하고 있다. 지점에서 작용점까지의 거리가 긴 쪽이 힘을 강하게 전달할 수 있다. 야구 볼을 오버 스로로 던지는 경우, 팔의 회전만으로 던지면 지점은 어깨, 작용점은 손이 된다. 그러나 지점을 견갑골에 두면, 작용점에서 손까지의 거리가 길어지고, 볼에 전하는 힘도 커져서 빠른 볼을 던질 수 있다.

견갑골부터 팔이라고 하는 의식을 가지면 대흉근뿐만 아니라 복근도 투구 형식에 더해지기 때문에, 팔의 흔들기가 빠르게 커진다. 뒤로 빼는 동작을 크게 하는 것에 따라 신체 전체를 회전시키면, 처음부터 공을 릴리즈(떼어 놓는다)하는 감이 없이 거리가 더해지기 때문에 빠른 볼을 던질 수 있다. 그러나 회선 각도가 커지면 회전축이 흔들리기 쉽고, 볼 컨트롤에도 영향을 미친다. 또 이 경우에는 지점이 중심과 겹치기 때문에, 확실히 중심을 안정시킬 수 없으면 볼에 충분한 힘이 전해지지 않는다.

또 던지는 볼이 소프트볼, 핸드볼, 농구볼과 같이 크면 관성의 법칙으로 물체(볼)를 이동시키는 힘의 반작용이 커진다. 즉, 몸에 미치는 힘도 커진다. 그 때문에 던지는 볼이 클 수록 중심을 유지하는 것이 어렵게 되고, 볼에 충분한 힘을 더할 수 없어 컨트롤이 어렵다.

회전축을 유지하면서도 몸을 크게 회전시켜 작용점에 큰 힘을 전해주는 것이 물체를 던질 때의 포인트가 된다. 물론, 몸을 크게 회전시킬수록 전신의 움직임을 조화롭게 하기는 힘들다.

오버 스로로 던지기

물건을 던질 때, 지점에서 작용점까지의 거리가 긴쪽이 힘을 강하게 전한다.

오버 스로-로 물건을 던지는 경우, 지점을 몸의 어디에 두는 가에 따라 전하는 힘이 변한다.

어깨를 지점으로하여 던지면 팔을 흔드는 힘만을 전달한다.

견갑골을 지점으로 던지면 대흉근, 복근의 힘도 전할 수 있다.

테이크백을 크게하면 작용점이 회선하는 거리가 크게 되므로 보다 강한 힘을 전한다.

던지기 (2)
underhand throw

왜 언더 스로는 컨트롤이 좋은 것인가

오버 스로-로 던진 후, 그대로 팔을 아래로 하면 손바닥은 뒷쪽을 향한다. 한편, 언더 스로-로 던진 경우는 팔이 아래로 하면 손바닥이 앞쪽을 향한다. 직립해서 팔을 아래로 한 채 손바닥을 앞쪽을 향하면, 자연히 양어깨가 열려 흉곽도 펴진다. 그대로 손바닥을 뒤로 향하면 양쪽의 어깨는 앞쪽 안쪽으로 둥그렇게 된다. 양쪽을 비교해 보면, 자연스럽게 바르게 선 쪽에 가까운 것은 흉곽이 펴지는, 손바닥을 정면으로 향한 때이다.

흉곽이 펴지지 않으면 밸런스가 나빠지고, 밸런스를 컨트롤하기 위해 전신의 근을 사용하게 된다. 따라서 언더 스로 보다 오버 스로 쪽이 운동 동작에서 많은 근에 부담을 주게 된다. 일련의 동작을 하는 경우, 많은 근이 동원되면 동작은 산만하게 되지만, 같은 동작을 적은 근으로 하면, 동작은 콤팩트하게 정리되고, 정확성이 생긴다. 따라서 사용하는 근이 적은 언더 스로는 컨트롤이 용이하다.

야구에서 토스를 할 때 언더 스로가 되는 것은 이 이유이다. 그러나 그 반면 언더 스로에서는 사용하는 근이 적기 때문에 볼에 큰 힘이 더해지지 않아 스피드와 거리가 나오지 않는다.

스피드가 필요한 소프트볼의 투수는 팔을 1회전시켜 볼의 초속을 증가시키고 있다. 그러나 팔을 회전시키면 관성력에 의해 상반신이 흔들려 버리고, 중심이 불안정하게 되기 때문에 그것을 안정시킬 수 있도록 충분한 트레이닝을 쌓지 않으면 스피드나 컨트롤에 영향을 미친다.

소프트볼의 투수는 언더 스로 중에서도 특수한 던지기에 속한다.

언더 스로 던지기

언더 스로와 오버 스로

• 언더 스로

언더 스로에서는 어깨의 자연스런
회전으로 물건을 던질 수 있다.

• 오버 스로

오버 스로에서는 전신의 근을
사용하지 않으면 안된다.

소프트 볼의 던지는 자세

소프트볼의 투수가 팔을 1회전하여 볼의 초속을 증가가시킬 경우
상반신을 흔들기 쉽다.

중심위치의 컨트롤이
필요하다

팔이 최하점에 오면 동
시에 반대측의 발을 딛
으며 낸다.

쉬었다 갑시다!

한국 쇼트트랙 비결은 과학

한국 쇼트트랙은 세계 최강이다. 여기에는 여러 가지 과학적 사실이 개입되어 있다. 쇼트트랙은 키가 165~175cm인 선수들에게 적합한 종목이다. 키가 너무 크면 원심력 때문에 코너에서 튕겨 나갈 위험이 높기 때문이다.

키가 너무 작으면 속도를 내는 데 불리하다. 김동성, 안현수를 비롯한 세계적인 선수들의 키는 거의 모두 이 범위이다. 코너를 돌 때 몸을 낮추고 손을 짚는 것도 원심력과 구심력 때문이다. 특히, 총길이 111.12m의 트랙 중 곡선이 차지하는 비중은 48%(53.41m)이지만, 경기는 80~90%가 곡선운동으로 이루어지기때문에 원심력과 구심력을 이용할 수 있는 능력이 절대 필요한 것이다.

쇼트트랙의 또 다른 비결은 스케이트 날에 있다. 스케이트의 양쪽 날을 원 운동하기 좋도록 일정한 곡률반경으로 휘어 두는데(로그라고 함), 코치와 선수들이 매일 연구하는 중요한 일 중 하나가 선수의 특성에 맞는 스케이트 날의 최적 곡률 반경을 찾아내는 것이다. 날을 어떤 비율로 휘느냐에 따라, 속도가 달라지기 때문이다. 같은 선수의 왼쪽과 오른쪽 스케이트 날의 휘어진 정도도 서로 다르다. 한국 쇼트트랙의 비결은 바로 이 로그에 있다고 해도 과언이 아니다.

이 때문에 우리 대표 팀은 외국 팀의 합동훈련 제의를 거절하거나 같이 훈련을 해도 절대 스케이트 날은 공개하지 않는다.공기저항도 무시할 수 없는 요인이다. 선수들은 선두에 나서는 것도 조심하는데 그것은 혼자 공기저항을 많이 받으면 체력이 소모될 수 있기 때문이다. 또한 공기 저항을 줄이기 위해 경기복에 미세한 홈을 내는데, 이 홈이 공기의 흐름을 매끄럽게 한다. 골프공과 같은 원리이다.

좋은 기록을 위해서는 온도도 중요하다. 발에 힘을 주면 스케이트 날과 빙판 사이에 마찰이 일어나 열이 발생하고, 이 때 생긴 물기가 윤활유 역할을 해 매끄럽게 해준다, 이 때문에 빙판 표면에는 약간의 습기가 있는 것이 좋다. 이를 위해 국제 스케이트 경기장의 실내온도는 섭씨 영상 18도, 빙판 표면은 영하 11도로 유지된다. 상황에 따라서는 경기 직전에 약간의 물을 뿌리기도 한다. 이런 온도 조합이 최상의 빙질 상태를 만들기 때문이다.

이와 같이 찰나와도 같은 시간을 단축하기 위해서 과학적 원리를 활용하지만, 무엇보다도 중요한 것은 쇼트트랙을 사랑하는 마음과 고된 과학적 훈련을 이겨 내며 쌓은 선수들의 기량임은 말할 것도 없다.

CHAPTER **7**

스포츠와 트레이닝

제 1절   스포츠 트레이닝

1. 스포츠 트레이닝의 의의

1) 스포츠 트레이닝의 의미

스포츠는 건강과 체력을 유지 증진시키고 삶의 보람을 부여하며, 스트레스를 해소시키는 등 현대사회에서 담당하는 역할이 크고, 오늘날 없어서는 안되는 활동으로 인식되고 있다.

스포츠 본래의 목표는 기록이나 기술의 고도화로, 이를 위해서는 꾸준한 노력과 새로운 연구가 필요하다. 그 직접적인 움직임에 스포츠 트레이닝이 있다.

2) 스포츠 트레이닝과 그 목표

스포츠 트레이닝이란 운동자극에 대한 신체의 적응성을 이용하여, 이것을 반복함으로써 의지력을 포함한 스포츠 능력의 강화와 발달을 예측하기 위한 행위로 생각할 수 있다.

스포츠 트레이닝의 목표는 (1) 신체의 건전한 발달, (2) 건강의 유지·증진, (3) 체력의 유지·증진, (4) 정신력의 육성과 향상, (5) 스포츠 능력의 육성과 개발·향상, (6) 스포츠 기술의 습득·개발·향상, (7) 스포츠맨십의 육성 (8) 스포츠 전술의 습득·개발·향상 등이다.

3) 스포츠 트레이닝의 내용

스포츠 트레이닝의 하나로 체력 트레이닝이 있다. 체력이 있어도 이를 충분히 활용할 기술이 없으면 무의미하다. 따라서 기술의 트레이닝도 필요하다. 또한 스포츠 경기에서 승리하기 위해서는 체력, 기술 외에 전술과 정신력이 필요하며, 이에 대한 트레이닝도 필요하다.

이상의 것을 효율적으로 숙지하기 위해서 스포츠 트레이닝 이론을 숙지하고 그 가치를 인식하는 것이 중요하다. 이를 갖추는 것이야말로, 트레이닝에 의욕적으로 몰두할 수 있게 하며 체력, 기술, 전술, 정신력 등을 배양할 수 있다.

트레이닝의 의의

스포츠 능력

긴장하지 않고 시합을 할 수 있는 마음과 의지

시합의 상황을 판단하고, 행동할 수 있는 능력

볼을 취급하는 기술

장시간 활동할 수 있는 지구력

빨리 이동할 수 있는 능력

볼 쟁취에 부담없는 근력과 체력

트레이닝의 의미

우수한 능력을 향상시킨다.

잠재 능력을 향상시킨다.

트레이닝을 통한 다양한 능력을 향상시키려는 노력에 의해 경기에서 좋은 성과를 낼 수 있다.

제 2절 체력과 트레이닝

1. 트레이닝~퍼포먼스를 높이는 숨은 노력

　　스포츠 선수에 있어서 기록이나 승패에의 구속은 그것이 전부이든 아니든 지 선수 생활을 계속하게 하는 큰 동기가 된다. 테니스에서는 자신 보다 상위로 랭킹되어 있는 선수를 이기기 위해서, 트랙 종목에서는 누구보다도 빠르게 결승선을 통과 하기위해서 필드 종목에서는 누구보다도 높게, 먼 곳에 뛰고, 던지기 위해서 모든 노력을 한다.

　　야구나 축구 등의 팀 스포츠도 팀의 승리라는 공통 목적을 달성하기 위해, 각각의 멤버가 힘을 최대한 발휘하려고 한다.

　　스포츠 선수에 있어서 최종적인 고울인 시합이나 경기대회의 시간은 극히 얼마 안 된다. 그렇지만, 그 짧은 시간에 최고의 능력을 발휘하기 위해 스포츠 선수는 매일의 트레이닝이나 연습으로 대응하고 있다.

　　평상시, 우리들이 경기장이나 텔레비전에서 볼 수 있는 훌륭한 퍼포먼스는 모두 평소의 트레이닝이나 연습의 결과이다.

　　최근은 스포츠 과학에의 관심 상승과 함께, 무대 뒤의 트레이닝이나 연습 광경이 클로즈 업 되고, 그 내용에 대해서 접근할 수 있다. 이들은 목표 달성에의 과정·수단이고, 어디까지나 퍼포먼스를 지지하는 일부분이지만, 시속 200km를 넘는 서브를 칠 수 있는 테니스 선수나 2시간여만에 42.195km를 달리는 마라톤 선수의 퍼포먼스는 이러한 과학으로 뒷받침된 트레이닝의 성과임에 틀림없다.

　　과학이 스포츠에 가져온 혜택은 기구나 환경을 비롯해 여러 가지가 있다. 그 중 트레이닝에의 과학 응용은 가장 눈부신 성과를 가져온 영역의 하나이다. 트레이닝은 한계에의 도전 가능성을 비약적으로 높이는 데 있어서 큰 공헌을 하고 있다고 할 수 있을 것이다.

2. 체력의 향상~트레이닝의 목적

시합이나 경기에서 볼 수 있는 최고의 퍼포먼스는 스포츠 선수의 트레이닝과 연습 결과이다. 지금까지 「트레이닝」과 「연습」을 구별해 표기하게 되었지만, 이것은 스포츠 선수에 있어서 강화해야 하는 요소가 크게 2개로 나뉘는 것을 의미하고 있다.

2가지는 체력의 강화와 스킬의 향상이다. 체력 강화를 위해서 행하는 「트레이닝」, 스킬을 위해서 행하는 「연습」은 스포츠 선수의 퍼포먼스를 지지하는 차의 두 바퀴라고 해도 좋을 것이다.

스킬은 스포츠 종목에 대한 전문성이 높고, 각 종목마다 확립되어 있는 기술론인 이론이 첨가된다.

체력 강화를 위한 트레이닝도 경기에 따라서 그 내용이 다르지만, 기초적인 부분에서는 공통되는 요소가 적지 않다. 신체의 구조나 기능에 입각하고, 신체에 의해 만들어지는 여러 가지 능력=체력은 어떻게 높여지는 가를 알아보자. 우선 능력을 높이기 위해서 행하는 트레이닝에는 어떠한 종류가 있는 것인가. 트레이닝의 목적은 「체력」을 강화하는 것이지만, 애당초 체력이란 뭔가를 명백하게 해 둘 필요가 있다.

우리들은 평상시, 「좀더 체력을 붙이면」, 「체력이 없기 때문에」라고 하는 바와 같이 무심코 「체력」이라는 말을 사용하고 있다. 이 경우 체력이란 신체를 움직이는 능력이라고 하는 듯한 막연한 것이지만, 스포츠 과학에 있어서 체력은 그 특성에 의해 몇몇 타입으로 분류된다. 그리고 그 특성에 따라, 각각의 능력을 높이기 위해서 개별적인 트레이닝 방법이 개발되어 있다.

이른바 「근력」, 「지구력」 등이 체력의 요소지만, 이와 같은 신체 운동에 관계하는 체력은 「행동 체력」이라고 부르고 있다. 그것과는 별도로 생명 유지로 관계되는 「방위 체력」이라는 것이 있다. 상세하게는 다음에서 소개하겠지만, 「체력」은 「행동 체력」과 「방위 체력」의 2개 요소로 구성된다. 스포츠에 있어서 중요한 것은 「행동 체력」이다.

3. 체력 요소에 따른 트레이닝

스포츠 활동에는 근육, 신경, 호흡·순환기, 관절의 움직임 등, 신체의 여러 가지 요소가 관계되어 있다.

근육에는 몇몇 수축 양식이 있고, 힘의 발휘 방법도 다르다. 스포츠 종목마다 주로 사용되는 근육의 수축 양식이나 스피드는 다르며, 주로 사용되는 신체 부위도 여러 가지이다. 그 스포츠에 요구되는 부위의 근육 파워를 최대한, 또한 필요로 하는 스피드를 발휘할 수 있게 하기 위해서는 부위, 수축 양식, 스피드 등에 입각해 정확한 방법으로 트레이닝을 행해야 한다. 또 전신의 기민한 움직임이나 반응의 빠름 등에 관계되는 신경계를 강화하기 위해서도 트레이닝을 실시하여야 한다. 호흡·순환기도 똑같이 경기 특성에 맞게 최대의 능력을 발휘할 수 있도록 강화를 시켜야 한다.

관절의 움직임도 트레이닝을 게을리 하면 해부학적으로 그 관절의 움직이는 것을 가능한 최대가동 범위를 유지할 수 없게 된다. 이와 같이 신체 능력을 향상시키기 위해서는 각각의 체력 요소에 따른 트레이닝을 행해야 하는 것이다.

강화해야 하는 체력에는 어떠한 종류가 있는지, 트레이닝을 행할 때의 원리와 원칙에 대해서 근육의 능력인 근력이나 파워 향상을 꾀하기 위한 레지스턴스 트레이닝과 그 종류, 호흡·순환기계가 관계되는 전신지구력을 향상시키기 위한 에어로빅스(유산소 운동), 기타의 체력 요소를 강화하기 위한 트레이닝법, 트레이닝 전후에 행해야 하는 준비운동과 정리운동, 스포츠 선수에게 있어서 중요한 트레이닝 스케줄을 구성하는데 있어서의 사고방식, 최근 주목을 집중시키고 있는 시각 트레이닝에 대해서 간단하게 소개한다.

제 3절 웨이트 트레이닝의 원칙

웨이트 트레이닝에서는 근력이나 근지구력을 높여 나가는 것이 무엇보다도 중요하다. 따라서 아래의 2개의 원리와 5개의 원칙을 고려하여야 한다.

1. 2개의 원리

(1) **과부하의 원리** : 근력을 향상시키기 위해서는 근육에 충분한 부하를 걸어야 한다. 근육이 최대 또는 그것에 가까운 부하에 대하여 적응할 때, 근력은 보다 효율적으로 증가할 수 있는 것이다.

(2) **특이성의 원리** : 웨이트 트레이닝은 각각 목적으로 하는 스포츠 종목의 퍼포먼스 향상으로 결부되는 것이 아니면 안 된다. 그러기 위해서는 실제 움직임에 가까운 형태로 근력을 발달시킬 수 있는 방법으로 트레이닝을 행하는 것이 필요하다.

2. 5개의 원칙

(1) **전면성의 원칙** : 트레이닝을 행할 때에는 모든 체력 요소를 균형있게 강화시키도록 노력하는 것이 중요하다.

(2) **점진성의 원칙** : 웨이트 트레이닝을 행할 때에 최초는 과부하이었던 중량이 근력 향상에 따라서 충분한 부하로서 통용되지 않게 된다. 이 때문에 트레이닝을 행하는 경우, 항상 적절한 부하가 되도록 부하량을 정기적으로 조금씩 증가시키지 않으면 안 된다.

(3) **반복성의 원칙** : 트레이닝은 반복해서 행할 때 비로소 효과가 나타난다.

(4) **개별성의 원칙** : 체력은 각기 다르기 때문에 각각의 능력에 따른 트레이닝 내용으로 행해야 한다.

(5) **자각성의 원칙** : 트레이닝은 강제적으로가 아니라, 의의나 목적을 이해하여 자신의 의사대로 행하는 것이 중요하다.

Ⅰ. 체력을 높이는 여러 가지 트레이닝

체력과 스킬은 스포츠 퍼포먼스를 지지하는 큰 요소이다. 이제 체력 향상 때문에 과학적인 트레이닝을 도입하는 것은 스포츠의 세계에서 상식으로 통하고 있다. 고등학교 수준에서도 전용 팀을 설치하거나 트레이너 제도를 도입하고 있는 학교도 늘고 있다.

머신이나 덤벨, 바벨을 사용한 웨이트 트레이닝 외에 러닝, 대시 등, 트레이닝에는 여러 가지가 있고, 각각의 종목에 요구되는 체력 요소에 따른 프로그램을 실시하는 것이 중요하다.

1. 레지스턴스 트레이닝~근력·근지구력을 높인다

1) 근육의 수축양식으로 다른 트레이닝의 타입

레지스턴스 부하를 사용한 트레이닝의 총칭이고, 그 대표적인 트레이닝이 웨이트 트레이닝이다. 적절한 방법과 프로그램에 의해 근력이나 근지구력을 높이는 것이 퍼포먼스의 향상으로 이어진다는 것은 과학적으로도 증명되고 있다. 레지스턴스 트레이닝에는 아래와 같은 종류가 있다.

(1) 아이소토닉 트레이닝

근육에 일정 부하를 걸고 운동을 하는 트레이닝으로, 바벨이나 덤벨 등을 사용하거나 트레이닝 머신을 사용해 실시한다. 모든 스포츠의 퍼포먼스 향상에서 필요 불가결한 트레이닝이라고 할 수 있다. 어느 정도의 부하를 사용하는가에 따라 효과가 변화하기 때문에 부하 설정이 대단히 중요하다.

(2) 아이소메트릭 트레이닝

벽을 누르거나 손바닥을 가슴 앞에 잡고 누르는 등, 고정되어 움직일 수 없는 상태에서 힘을 발휘하는 트레이닝 방법이다. 체조경기에서 힘을 준 상태에서 자세를 유지하거나, 레슬링에서 상대 선수와 짝이 되어 힘을 겨룰 때 요구되는 요소이다.

(3) 아이소키네틱 트레이닝

힘의 크기에 관계없이 일정 속도로 관절을 움직이게 하도록 설계된 특수한 머신을 사용해 행하는 트레이닝법이다. 빠른 움직임에서 트레이닝 효과를 얻을 수 있다. 발휘한 힘이 그대로 부하가 되기 때문에 과잉 스트레스가 걸리지 않아 상해를 일으키지 않는 등의 장점이 있다.

실시하는 장소는 제한되지만, 동작 만으로 속도를 컨트롤하는 것이 가능하고, 여러 가지 속도의 움직임에 대응할 수 있기 때문에 필요한 근력을 필요한 속도에 따라 강화할 수 있는 우수한 트레이닝 방법이라고 할 수 있다.

2) 폭발적인 파워를 높이기 위한 트레이닝

단시간에 힘을 단번에 폭발시키는 듯한 운동에서는 근력과 근육의 수축 속도를 높이는 것이 중요하다. 아니소토닉 트레이닝에 의해 폭발적인 파워를 높이기 위해서는 무거운 부하로 근력을 높이는 동시에, 빠른 동작을 가능하게 하기 때문에 가벼운 부하를 이용하게 된다.

이것에 비해 아이소키네틱 트레이닝은 동작 속도와 상관없이 동작 전반에 걸쳐 적절한 부하를 가할 수 있다. 전력을 발휘한 짧은 시간의 트레이닝을 충분한 회복시간을 가지고 반복하는 방법이 사용된다.

3) 근지구력을 높이기 위한 트레이닝

산소를 호흡하면서 행하는 유산소 운동은 장시간 계속할 수 있다. 그러나 호흡·순환기의 능력에 여유가 있어도 운동에 사용되는 근육은 수축이 반복됨에 따라 혈류가 방해되어 산소 결핍이 일어나면 운동을 계속할 수 없게 된다. 근육을 어느 정도 반복해서 수축하게 할 수 있는 근지구력은 퍼포먼스의 열쇠를 쥐고 있다.

근지구력의 향상에는 각각의 종목에 필요한 강도의 웨이트 트레이닝을 하고, 근량 그 자체를 늘려 에너지원을 보다 많이 축적하는 동시에 산소의 이용 효율이나 유산에 대한 내성을 높여야 한다.

Ⅱ. 유산소 운동과 그 효과

전신지구력은 모든 스포츠에 요구되는 체력 요소는 아니지만, 근력이나 파워와 함께 기초 체력중의 하나이다. 전신지구력을 높이기 위해서는 호흡·순환기계의 기능을 개선하는 것이 요구된다.

그러기 위해서는 유산소 운동에 의해 체내에서의 산소운반 능력과 산소소비 능력을 향상시키지 않으면 안 된다. 전신지구력의 지표에는 최대산소섭취량과 유산성 역치가 있고, 각각의 능력을 높이는 것이 지구력 향상의 포인트가 된다.

1. 전신지구력을 높이는 유산소 트레이닝

1) 전신지구력의 지표와 트레이닝법

(1) 최대산소섭취량의 향상

산소섭취량이란 체내에서 받아들여진 산소가 근육에 운반되어 소비되는 산소의 분량이다. 전신지구력의 지표인 「최대산소섭취량」은 그 최대치를 의미한다. 운동 강도를 점차 높여 나가면 호흡이 빨라진다. 이것은 신체의 산소 수요가 증가한 것에 기인한 것이다. 그러나 운동 강도가 어느 수준에 달하면, 그 이상 강한 운동을 해도 산소섭취량이 늘지 않게 된다.

이 단계의 산소섭취량이 최대산소섭취량이다. 스포츠 선수 중에서도 장거리 종목 선수의 최대산소섭취량은 일반 사람의 2배 가까이 된다.

장시간 계속되는 강도에 산소를 흡입하면서 행하는 러닝이나 자전거타기, 수영 등은 에어로빅스(유산소 운동)라고 불리고 있는데, 이러한 운동이 최대산소섭취량에 관계하는 신체 기능을 높이고, 지구력을 향상시킬 수 있다. 또 최대강도의 트레이닝을 행하는 것에 의해서도 최대산소섭취량은 증가한다.

(2) 유산성 역치의 향상

지구력이 요구되는 스포츠에서는 최대산소섭취량의 몇 %까지의 강도이면, 유산(피로물질)이 축적되는 일 없이 운동을 계속할 수 있는가 하는 것도 중요하다. 운동 시에 이용되는 산소량은 각 종목의 강도에 따라서 다르다. 이 때의 지표는 % 최대산소섭취량이라고 불리고, 운동 시의 산소섭취량을 최대산소섭취량으로 나누는 것에 의해 구할 수 있다. 유산이 축적되는 양은 이 % 최대산섭취량에 의해 나타낼 수 있다.

운동 부하를 조금씩 증가시켜 가는 테스트를 실시하면, 어느 단계에서 혈중 유산농도가 급격하게 늘기 시작한다. 이 직전의 값이 유산성 역치(LT)라고 불리고, 이후의 값이 무산소성작업 역치(AT)라고 불리고 있다. 이것 보다도 낮은 강도에 운동을 하면 산화-ATP계가 이용되고, 운동을 장시간 계속할 수 있다. 유산성 역치는 역치 부근에서 장시간의 트레이닝을 행하는 것으로 향상한다.

2) 유산소운동의 효과

에어로빅스 트레이닝을 행하면 신체에는 다음과 같은 변화가 일어난다.

(1) 심장의 비대

마라톤과 같이 장시간 걸리는 종목의 선수는 일반 사람에 비해 혈액을 보내는 좌심실의 용량이 크다. 이것은 경기나 트레이닝을 통하여 보다 높은 수준의 심박출량이 지속되도록 신체가 적응하기 때문이다.

(2) 심박수의 감소 / 1회 심박출량의 증가

전신지구력이 요구되는 종목의 선수는 트레이닝을 통해 안정시의 심박수가 감소하고, 1회의 심박출량의 증대를 보인다.

1회에 보다 많은 혈액을 보낼 수 있다는 것은 심근에 걸리는 부담을 감소하고, 효율적으로 에너지를 이용할 수 있다는 것을 의미하고 있다.

(3) 헤모글로빈과 혈액량의 증가

헤모글로빈과 혈액량은 어느 것이나 산소 운반 능력에 관계되는 중요한 요소이다. 그리고 양자 모두 트레이닝에 의해 증가된다고 알려져 있다.

(4) 신체 구성의 변화

체지방을 에너지로 하여 이용하기 위해서는 산소를 빠뜨리지 않는다. 퍼포먼스로 악영향을 주는 과잉인 체지방을 감소시키기 위해서는 에어로빅스 트레이닝이 효과적이다.

Ⅲ. 기타 트레이닝

근력이나 파워, 근지구력, 전신지구력 등은 대부분의 스포츠에서 빠뜨릴 수 없는 체력 요소이고, 레지스턴스 트레이닝(웨이트 트레이닝)과 유산소운동은 이들 기초체력 강화를 위한 대표적인 트레이닝 방법이다. 그렇지만 스포츠에서 요구되는 체력 요소는 이것만이 전부가 아니다.

민첩성이나 평형성 등의 능력도 전문적인 트레이닝에 의해 향상시킬 수 있다. 스포츠 선수는 각 종목에 따른 여러 가지 체력 요소의 강화가 요구된다.

1. 무산소운동-스프린트 트레이닝

전신지구력의 향상에는 그다지 높지 않은 강도에 장시간(30~50분)동안 러닝 등을 계속하는 유산소운동이 효과적이다. 단시간에 비교적 높은 강도로 행하는 스프린트 트레이닝은 강도에 따라서 얻어지는 효과가 다르다. 스프린트 트레이닝은 30~40초에 피로해지는 운동을 짧은 휴식을 사이에 두고 반복하는 트레이닝으로 아네로빅스(무산소운동)라고도 불리고 있다.

스프린트 트레이닝을 실시하면 ATP-CP계의 에너지대사 능력을 높힐 수 있다. 또 최대산소섭취량을 향상시키는 효과가 있다고 하는 연구 결과도 있다. 특히 단거리의 러닝으로 편성한 인터벌 트레이닝(50m, 100m, 200m의 스프린트를 휴식을 하면서 반복한다)은 육상경기의 중거리계 종목과 같이 ATP-CP계, 유산-ATP계를 주로 에너지원으로서 이용하는(산화-ATP계도 필요한 경우), 스포츠에서 무산소와 유산소 모두의 능력을 향상시키는 데 단히 유효한 방법으로 알려져 있다.

2. 민첩성 트레이닝

스포츠 종목에 따라서 요구되는 민첩성에는 여러 가지 타입이 있기 때문에, 경기 특성을 고려한 트레이닝이 필요하게 된다. 민첩성을 향상시키기 위한 트레이닝의 일례로서 애질리티 드릴(agility drill)이 있다. 애질리티 드릴은 웨이트 트레이닝에 의해 향상된 근력이나 파워를 스피드 등 다른 요소로 바꿔 나가는 것을 목적으로 하고 있다.

민첩성 향상에는 근력이나 파워 이외에 주동근과 길항근의 교치능력의 연계나 직접 움직임에 관여하지 않는 근육을 릴렉스시키는 능력이 필요하다. 이와 같은 능력을 높이기 위해서는 콘을 이용한 지그재그 달리기나 무릎높이 들어 발구르기, 싸이드 스텝, 반복 옆으로 뛰기와 같은 운동을 최대의 스피드로 실시하는 것이 필요하다.

3. 평형성 트레이닝

평형성 유지에는 평형 상태를 지각하는 감각 기관과 평형 상태를 유지하기 위한 근육이 관여하고 있다. 움직임을 동반하는 스포츠에서는 정지 상태에서 자세를 유지하는 이상으로, 자세를 무너뜨렸을 때 곧 본래의 자세로 되돌아가는 것이 중요하다.

평형성 향상을 위해 운동 감각을 높이기 위한 트레이닝을 종목의 특성에 맞게 실시하여야 한다. 예를 들면, 한쪽 발로 서거나, 한쪽 발로 점프 하여 한쪽 발로 착지하는 등, 불안정한 자세가 되기 쉬운 운동에서 균형을 잡는 트레이닝이 효과적이라고 되어 있다. 또 자세를 유지할 때에 근육을 약간의 수축으로 감당할 수 있도록 근지구력을 강화하거나 근력을 트레이닝하는 것도 유효하다.

4. 조정력 트레이닝

동작을 할 때에 관여하는 근육이나 기관은 스포츠 종목마다 다르고, 이것은 각각 요구되는 스킬에 관계하고 있다. 따서서 공통된 조정력의 트레이닝법이라는 것은 없다.

일반적으로 행해지고 있는 방법으로, 각 스포츠에 사용되는 움직임을 잘 이해하고, 그것을 한가지씩 무의식적으로 부드럽게 행할 수 있게 될 때까지 연습을 반복하고, 전체적으로 편성하는 것이 좋다. 예를 들면, 야구의 피칭은 발의 옮김, 허리의 회전, 팔의 흔들기 등의 움직임을 각각 분리해 연습하고, 그것을 모두 연결시켜 완성시키는 연습이 필요하다.

Ⅳ. 경기별 트레이닝

트레이닝 계획을 세울 때, 각각의 경기 특성을 확인하는 것이 중요하다. 특히 에너지의 이용 형태는 동일한 경기에서도 종목(예를 들면, 육상의 트랙 경기에서의 100m와 400m)에 의해 상당히 다르기 때문에 트레이닝의 내용은 이 점을 고려하여야 한다.

다음은 대표적인 스포츠 종목의 특징과 에너지 이용 형태, 이용되는 에너지의 비율(추정치), 기구나 환경을 비롯해, 스포츠 종목마다 트레이닝 계획이나 트레이닝 종목을 선택하는 것이 어떻게 중요한가를 소개하고 있다.

1. 경기 특성과 트레이닝 프로그램

1) 야구

시합은 2-3시간, 때로는 4시간 이상 걸리는 일이 있지만, 하나하나의 플레이는 10초도 걸리지 않는다.

타격이나 주루나 수비 등의 움직임은 순발적인 것이고, 전력 질주하는 시간은 몇초 정도이며, 주로 이용되는 에너지는 ATP-CP계가 80%, 유산-ATP계가 20% 정도로 되어있다.

2) 농구

달리기가 계속되고 있다는 이미지가 강한 농구도 실제로는 스톱 & 대시가 반복되고, 폭발적인 파워가 요구되는 점프운동으로 구성되어 있다. 그 때문에 에너지는 ATP-CP계는 85%, 유산-ATP계는 15% 정도로 되어 있다.

3) 배구

코트 내의 이동거리는 작고, 또 플레이의 지속 시간도 그다지 길지 않은 것이 특징이라고 할 수 있다. 따라서, 농구 이상으로 순발적인 힘이 중시되는 스포츠이며, 에너지의 이용 형태는 ATP-CP계는 90%, 유산-ATP계는 10% 정도로 되어 있다.

4) 테니스

시합 시간은 30분-4시간 이상으로 폭이 크고, 경기전개양상에 따라 사용되는 에너지의 패턴은 변한다. 서브나 스매쉬, 대쉬 등에서는 순발적인 힘이, 또 랠리가 계속되는 듯한 경우에는 지구력이 중요한 요소가 된다.

따라서 일반적으로는 ATP-CP계는 70%, 유산-ATP계는 20%, 산화-ATPTP계는 10% 정도로 되어있다.

5) 육상(100m)

경기 시간은 10초 정도이지만, ATP-CP계의 에너지는 7초 정도로 사용해 버리기 때문에, 유산-ATP계의 에너지도 동원되게 된다. 그 비율은 ATP-CP계는 98%, 유산 ATP계는 2% 정도로 추정된다.

6) 육상(800m)

육상 트랙경기 중에서도 과혹한 종목이 800m이다. ATP-CP계, 유산-ATP계의 에너지를 사용하고, 또 산화-ATP계도 이용한다고 하는 점은 400m와 같지만, 그 비율은 ATP-CP계가 30%, 유산-ATP계가 65%, 산화-ATP계가 5%로 상당히 다를 것으로 추정된다.

7) 육상(1500m)

1500m 에서는 4-5분 계속 달리는 일이 요구되기 때문에 유산소성의 요소가 상당히 높게 된다. 따라서 이용되는 에너지의 비율도, ATP-CP계는 20%, 유산-ATP계는 55%, 산화-ATP계는 25%로 되어 있다.

8) 육상(5000m)

경기 시간은 15분 정도로 지구성의 요소가 대폭적으로 증가하지만, 결승전 통과 직전의 경합에서는 대쉬 힘도 요구된다.

이와 같은 특성에서 에너지의 이용 형태는 ATP-CP계가 10%, 유산-ATP계가 20%, 산화-ATP계가 70%로 되어 있다.

9) 마라톤

단시간에 전력을 내는 듯한 에너지는 사용되지 않는다. 그 때문에 경기 중에 이용되는 에너지원은 유산-ATP계가 5%, 산화-ATP계가 95%로, 대부분 당질과 지질의 산화를 이용해 에너지를 만들어 내는 것이라 추정된다.

제 4절 시즌에서의 트레이닝 계획

지금까지 소개해 온 트레이닝을 실전에 활용하기 위해서는 트레이닝 계획안이 필요하다. 스케줄은 기본적으로 오프 시즌(시합기 종료 후), 플레이 시즌(시합기 전), 시즌(시합기)으로 나눠 생각할 수 있다.

스포츠 선수의 최종적인 목표는 시즌까지 능력을 높여서, 경기에서 실력을 100% 발휘하는 것에 있다. 따라서 각각의 시기에 행하는 트레이닝의 내용은 시합기의 성패여부에 영향을 미치는 것이어야 한다.

1. 트레이닝 계획 사고방식

각각의 시즌에 따라 행하게 되는 트레이닝과 목표는 다르다. 그러면 시즌마다의 트레이닝 내용은 어떠한 것일까?

1) 오프 시즌

이 시기는 신체의 피로를 회복시키고, 릴랙스시키는 것이 중요하다. 일반적으로 하드 트레이닝은 행하지 않고 다른 스포츠를 행하는 등, 체력의 유지에 노력해야 한다. 체중의 증가를 막는 것도 중요하다.

2) 프레 시즌

시즌을 향해 체력강화를 도모하는 있는 프레 시즌은 아래 2개의 단계로 나눌 수 있다.

(1) 기초체력 강화 기간

기술의 향상이나 전략의 활용은 충분한 기초 체력이 전제가 되기 때문에, 플레이 시즌의 전반에는 근력이나 유연성, 지구성 등, 이른바 기초 체력의 강화를 목적으로 하여야 한다.

(2) 전문체력 강화 기간

플레이 시즌의 후반은 종목에 필요한 체력, 기술력의 강화를 꾀한다. 전문적인 트레이닝은 퍼포먼스의 향상으로 직접 결부되기 때문에 프로그램 작성이 큰 과제라고 할 수 있다.

(3) 시즌

스포츠 선수의 목표는 이 시기에 최고의 퍼포먼스를 발휘하는 것에 있다. 컨디션의 유지와 지금까지 강화해 온 체력을 유지하는 것이 트레이닝의 과제가 된다.

이상의 예는 시즌이 명확한 종목의 예이다. 시즌이 장기에 걸치거나 중요한 대회가 1년에 2회 이상 있는 경우에는 프로그램의 재정리가 필요하다.

2. 트레이닝 계획의 실제

- 육상장거리 종목의 트레이닝 (2개의 시즌)

스포츠 선수의 트레이닝 프로그램은 어떠한 사고방식으로 기초가 되어 입안되는 것일까?

육상경기 중에서도 장거리 종목이면, 4월부터 6월까지가 트랙경기 시즌, 그리고 10월부터 1월까지는 역전 마라톤이나 로드 경기의 시즌 등, 2개의 피크가 있다. 각각의 시즌에 힘을 100% 발휘하기 위한 컨디션 만들기는 용이하지 않다. 역전 시즌 종료 후는 축적된 피로를 없애기 위한 시기가 되어야 한다.

쉬었다 갑시다!

고지대 훈련 왜 필요한가?

(산소운반능력 증가..... 마라톤 기록 단축 필수!)

최근 세계 마라톤은 고지대 훈련이 대세다. 2003년 베를린 마라톤 대회에서 2시간 4분55초로 세계기록을 세운 케냐의 폴터갓이나, 여자 세계기록 보유자인 폴라 래드클리프(영국, 2시간 15분 25초)등 세계 정상급 마라토너들이 고지대 훈련의 효과를 톡톡히 봤다는 것은 잘 알려진 사실이다. 과연 고지대 훈련의 어떤 효과가 마라톤의 기록을 끌어올리는 것일까?

고지대훈련에 관심을 갖게 된 것은 80년대 중반부터 케냐를 비롯한 에디오피아, 탄자니아 등 아프리카 고지대에 위치한 선수들이 중·장거리와 마라톤 종목에서 세계대회를 주름잡자, 그 원인을 분석하면서 부터이다. 한국에서도 지난해 이은정(삼성전자)이 고지대 훈련을 통해 5,000m, 1만m, 하프마라톤 등 여자 장거리 종목에서 5개의 한국기록을 쏟아내기도 했다.왜 고지대 훈련인가? 고지대 환경은 기압이 낮기 때문에 혈액의 산소운반 능력을 약화시켜 저산소증을 유발시킨다. 때문에 인체는 산소운반에 관여하는 헤마토크릿(적혈구) 및 헤모글로빈, 운동 시의 환기량, 심박수, 젖산농도 등을 증가시켜 산소운반능력의 현격한 증가를 가져온다는 장점이 있다.

고지대 훈련을 하게 되면 처음에는 저산소증으로 산소의 운반능력을 원활하게 해주면서 몸이 변화된다는 것! 우리가 숨을 쉬는 공기에는 약 22%의 산소가 포함되어 있다. 3,500m 고지에는 그 양의 2/3, 5,500m에는 1/2. 8,500m에는 1/3, 인간이 5,500m 고지 이상에서는 살 수 없는 이유이다. 고지대 훈련을 위한 적정 고도는 해발 1,600m-3,000m로 알려져 있다. 1,600m 미만의 고도에서는 적혈구 생성을 위한 자극이 일어나지 않아 산소운반능력의 향상 효과가 별로 없고 고도가 3000m 이상인 경우에도 훈련 강도를 유지할 수 없어 오히려 유산소 능력의 저하를 초래할 수 있기 때문이다.

새계 정상급 마라토너들 사이에서 고지대 훈련의 명소로 각광받는 곳은 4군데다. 미국 콜로라도의 볼더, 미국 뉴 멕시코주의 맬버키기, 스위스의 생모리츠, 중국 원난성의 쿤밍이 그곳이다. 그중 최근들어 특히 주목을 받고 있는 곳이 쿤밍이다. 이곳은 90년대 여자 중·장거리 부문에서 세계를 석권한 '마군단'의 훈련 캠프로 잘 알려진 곳. 베트남과 라오스 국경과 가까운 중국 남부에 위치한 쿤밍은 해발 1,895m의 고원지대이면서 날씨는 겨울 평균이 8도, 여름은 17도로 사시사철 온난한 기후의 체육 중심도시다.

특히 '마군단'을 이끈 마쥔런감독이 직접 디자인한 파트랙 트랙(1바퀴 1000m)과 크로스컨트라. 훈련장 등 완벽한 시설은 자랑거리다. 현대 마라톤 훈련법은 스포츠 과학의 집대성이라고 해도 지나치지 않다. 한국 마라톤이 최근 들어 침체되고 이봉주의 뒤를 이어줄 선수들이 등장하지 않는 것은 고지대 훈련과 같은 과학적 방법을 외면하기 때문이라고 할 수 있다. 이제 해수면에서 뛰는 시대는 지났다. 한국마라톤도 빨리 세계적인 추세, 최적 고지대 훈련방법을 연구, 채택해야 한다.

CHAPTER 8

스포츠 의학

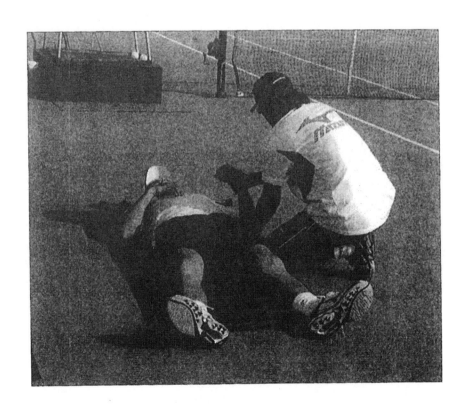

제1절 스포츠의 외상과 장애

I. 스포츠 외상과 장애의 분류

스포츠 외상이란 스포츠 활동 시에 있어서 충돌, 전도 등 명백한 외력에 의해 생기는 부상을 말한다. 또 매일매일의 스포츠 활동 부담이 장기간에 걸쳐 신체의 일부(뼈, 관절, 인대, 건, 신경 등)에 겹쳐 쌓이는 것에 따라, 그 부분에 장애가 생기는 일이 있다. 이들 스포츠 활동에 의해 생기는 외상 장애를 아울러 스포츠 상해라고 부르고 있다.

1. 스포츠에 의해서 일어나는 외상

스포츠 외상은 창상(피부가 손상), 좌창(피하조직 전체의 손상), 좌상(피부와 피하 조직이 동시에 손상)의 3개로 분류된다(표 8-1)

표 8-1. 외상의 분류

창상: 찰과상, 얕은 절창
좌창: 극상(찔린 상처), 깊은 절창, 열창, 할창
좌상: 피하조직의 타박상, 타박
협의의 좌상근·건손상(근육이 끊어질 수 있고, 단열)
골손상(골절)
인대 손상(염좌, 탈구)
신경 손상(신경 마비)

2. 스포츠에 의해서 일어나는 장애

스포츠 장애는 근·건의 장애, 인대의 장애, 관절·뼈·척추의 장애, 신경의 장애로 분류된다.

1) 근·건의 장애

테니스 엘보우, 야구 엘보우, 아킬레스건염 등이 있다. 이러한 장애는 근·건에 대해 국소적으로 운동 부하를 주는 것을 계속해서 발생하는 경미한 손상의 축적에 의해 생긴 것이다.

2) 인대의 장애

점퍼(jumper)슬, 장경인대염, 족관절의 만성 염좌 등이 있다.

3) 관절·뼈·척추의 장애

요추 분리, 피로골절, 변형관절증 등이 있다. 근·건이나 인대에 손상이 생기고, 그것이 직접 원인이 되어 일으킨 장애이다.

4) 신경의 장애

요추간판 헤르니아에 의한 척수신경계의 압박, 견갑상 신경마비 등이 있다. 이러한 외상이나 장애는 스포츠에 의해 일어나기 쉬운 스포츠 상해가 일반적이기 때문에 이것에 대해서 알아보자.

3. 스포츠 종목 별로 일어나기 쉬운 상해

• 야구·소프트볼

손목건초염, 경골 골절, 손가락뻠, 발목 염좌, 아킬레스건 단열, 야구 엘보우, 슬염좌 등이 많이 나타난다.

• 농구·배구

손가락뻠, 발목 염좌, 슬전십자인대 손상, 슬내측부인대 손상, 점퍼슬, 아킬레스건염 등이 많이 나타난다.

• 테니스·배드민턴

견관절염, 요통, 무릎관절 인대손상, 반월판 손상, 테니스 엘보우, 아킬레스건 단열, 손목건초염 등이 많이 나타난다.

• 스키

하퇴골절, 슬염좌, 슬인대손상, 경부염좌, 경추손상, 쇄골골절, 견관절 탈구, 엄지골절, 동상 등이 많이 나타난다.

• 축구·럭비

슬관절인대손상, 반월판손상, 경추손상, 대퇴부의 근육파열, 요통, 족관절 염좌 등이 많이 나타난다.

• 유도·검도

쇄골골절, 족관절 염좌, 무릎·팔꿈치·견염좌, 전완 골절, 유도에서는 이 외에, 어깨·팔꿈치관절탈구, 인대손상, 반월판 손상, 요통, 추간판 헤르니아가 많고, 검도에서는 아킬레스건 단열, 발가락의 골절이 많이 나타난다.

• 마라톤

요통, 근육파열, 러너슬, 점퍼슬, 경골과로성 골막염, 아킬레스건염, 족저근막염 등이 많이 나타난다.

• 골프

늑골 골절, 요통, 슬관절염, 골프 엘보우 등이 많이 나타난다.

• 수영

견관절염, 장딴지 경련 등이 많이 나타난다.

II. 발육단계에 의한 스포츠 상해 특징

1. 발육기에 보이는 스포츠 상해

발육·발달이 현저한 아동·학생에 있어서는 신체의 발육 단계를 충분히 파악해 놓는 것이 가장 중요하다. 이 발육 단계에 있는 아동·학생에 따른 연습이나 트레이닝 처방을 해야 한다. 이들을 충분히 인식하고 있지 않으면, 여러 가지의 발육기의 특징적인 스포츠 상해를 초래하고, 스포츠 선수로서 대성하지 못하게 하는 영향을 남기게 되기 때문에 주의가 필요하다.

발육기에 많이 보이는 상해 원인이 되는 스포츠 종목은 남자는 야구, 축구, 육상, 여자는 테니스, 농구, 배구 등이다.

스포츠에 의해 발생하기 쉬운 외상은 족관절 염좌, 슬주위 타박, 좌상, 손가락 삠, 슬내측부 인대 손상, 반월판 손상 등이다. 또 스포츠에 의해 일어나는 장애에서는 오스굿, 야구 엘보우, 신 스프린트, 아킬레스건염 등이다.

발육기에 있어서 특히 주의를 요구하는 것은 뼈의 성장이다. 뼈의 성장은 골단선에서 일어난다.

이 골단선·골단이 발육기에 동일한 신체운동을 반복하거나 신체의 일부로 사용하는 것이 지나쳐, 강한 부하가 더해지면 장애가 일어나고, 통증이 출현한다. 골단선·골단은 성장하고 있는 연골이며, 외력에 약하기 때문에 장애가 발생하기 쉽다.

• 야구 엘보우

발육기 팔꿈치 장애의 대표적인 것으로 볼을 던질 때, 가속을 위해서 팔을 뒤로 흔들면 팔꿈치는 앞으로 나간다. 이 때 팔꿈치의 내측이 끌려가 바깥쪽이 압박된다. 내측이 끌려가는 것에 따라 내측 인대나 근육에 긴장이 더해지고, 뼈의 통증(리틀 리그·엘보우)이나 박리, 또는 근이나 인대의 장애가 일어난다(상완골 내측상과의 골단선 이개).

• 테니스 엘보우

외측상과염이며, 초심자에게 많이 나타난다. 이것은 백 핸드 스트록에 의해서 사용되고 있지 않은 회외 신근군에 의한 외측상과부의 과로성 염증이며, 주위 근육조직의 미소단열이다.

표 8-2. 발육기의 스포츠 상해

순위	초등학생 상해		중학생 상해		고등학생 상해	
1	오스굿병	42.9(%)	족관절염좌	94.7(%)	오스굿병	78.2 (%)
2	족관절염좌	33.0	슬주위타박·염좌	73.3	야구엘보우	78.2
3	요통증	26.3	추지 (손가락락삠)	69.1	신스프린트	42.1
4	손가락염좌 ·골절	26.6	슬내측측부인대손상	57.1	아킬레스건염	39.1
5	야구엘보우	18.6	반월판손상	39.1	상완골외상과염	33.6
6	종골골단증	11.9	비복근근육손상	31.1	슬개건염	33.6
7	장 내 장	11.5	전십자인대손상	24.8	요추분리증	33.4

• 점퍼슬(슬개인대염)

점프의 반복으로 무릎에 과도한 부담이 걸리면, 무릎인대에 피로성 염증이 생긴다. 점프의 착지에서 무릎을 강하게 굴곡할 때에 통증이 있고, 압통은 슬개골 하단에서 발생 할 수 있다.

• 오스굿병

슬개 인대가 부착된 세로 선의 하단에서 동통을 호소한다. 예전부터 성장기의 골화 장애의 대표적인 것으로 무릎 하단의 돌출, 압통, 정좌통, 운동통 등을 말한다.

• 골절

피로골절, 약목 골절 등이 있다.

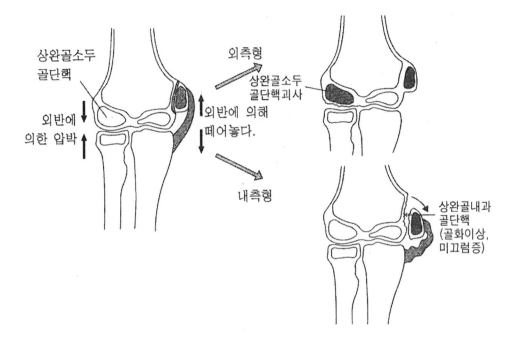

상완골소두
골단핵

외반에
의한 압박

외측형

상완골소두
골단핵괴사

외반에 의해
떼어놓다.

내측형

상완골내과
골단핵
(골화이상,
미끄럼증)

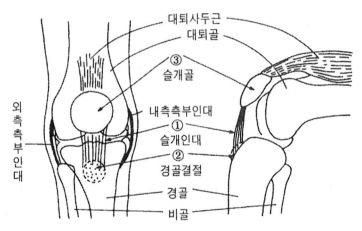

대퇴사두근

대퇴골

③
슬개골

내측측부인대

①
슬개인대

②
경골결절

경골

비골

외측측부인대

오른쪽 무릎을 정면에서 본 경우   오른쪽 무릎을 내측에서 본 경우

① : 점퍼슬 (슬개인대주위염)
② : 오스굿병 (경골결절골단연골염)
③ : 슬개연골 연화증 (슬개골아탈구 증후군)

그림 8-2. 슬관절의 상해부위

2. 중년과 노년의 스포츠 상해

중년과 고령자의 스포츠의 상해는 하지 근력의 저하, 유연성의 저하, 건의 탄력성 저하, 뼈·관절 연골의 변성 등의 가령에 의한 신체의 노후화(뼈의 가령변화, 관절의 가령변화, 근·건의 가령변화)가 원인이 되어 발현되는 것이 대부분이다. 중년과 고령자의 스포츠 상해를 보면, 지나친 운동에 의한 무릎에의 부하가 증대하고, 상해의 발현을 촉진시킨다.

조깅 상해로는 슬관절이 압도적으로 많고, 발목, 장판지, 아킬레스건 등 하지의 상해가 대부분을 차지한다. 또 최근의 중년과 노년의 스포츠에는 건강의 유지·증진, 질병의 예방·치료나 재활뿐 아니라, 경기 지향이 강한 중년과 노년자가 스포츠에 참가하는 경향이 있다. 이에 동반하여 종래에 볼 수 없던 중년과 노년자의 스포츠 상해도 증가하고 있다.

제 2절 스포츠에 의한 외상과 장애의 예방과 치료

Ⅰ. 테이핑

테이핑이 본격적으로 사용되기 시작했던 것은 1975년 리차드 마크라레아 씨에 의한 테이핑강습회가 행해진 이후이다. 이후 스포츠계에 활발하게 보급되어 왔다. 테이핑법에는 가지 각색의 방법이 고안되고 있는데, 기본적인 방법은 모두 유사하여 서로 통하게 되어 있다.

어느 것이나 인체의 구조를 이해하도록 한 다음, 바른 지식이나 기술을 습득하고, 사용해야 하는 것은 말할 것도 없다.

1. 테이핑의 목적

테이핑의 정식명칭은 아스레틱 테이핑(athletic taping)이고, 일반적으로 「테이핑」이라고 한다. 이 테이핑이란 수축성이 적은 횐면의 접착성 테이프를 관절에 감고, 관절의 움직임을 제한 또는 고정하는 것이다. 그 목적은 다음 5개 항목으로 나눌 수 있다.

1) 상해(외상)의 예방

스포츠 종목에 따라 상해를 입기 쉬운 부분이 있고, 그 부분을 사전에 보강한다. 또 우발적인 사고에 의해 상처를 입는 일이 있다. 그 상처에서 복귀했을 때 재발을 막고 재발의 불안감을 없애기 위해서 테이핑을 하기도 한다.

2) 부상 직후의 응급처치

염좌, 근육의 파열 등 손상 부위의 고정이나 부종을 방지하기 위한 압박을 목적으로 테이핑을 사용하는 일이 있다.

3) 상해 다음의 기능 훈련 보조

손상한 인대는 통증이나 부종이 없어져도 부상 이전 보다 느슨해 지거나, 강도가 떨어져 있는 일이 있다. 따라서 손상된 인대의 강도를 보충하는 동시에 손상 부위를 보호하기 위해 테이핑을 한다.

4) 상해 재발 방지

부상 다음의 재활 컨디셔닝 프로그램으로 완치하여 스포츠에 복귀한 후, 다시 같은 곳을 다치는 일이 있다. 그와 같은 것을 재발방지하거나 재발 불안감을 없애기 위해서 테이핑을 한다.

5) 관절 과유연성의 보호

선천적인 관절 이상으로 이완되거나 손가락이나 팔꿈치 등이 과신장해 있는 경우, 또는 발목이 완만하고 관절 불안정성이 있는 경우 등에서 테이핑을 사용한다.

2. 테이핑의 실제

1) 발목의 테이핑

① 발목을 90도로 유지. 앵커 테이프를 붙인다.

② 스타 업(up)(내측에서 과와 종을 통해, 외측으로)과 호즈 슈(5)를 교대로 붙인다.

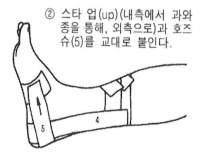

③ 3번째의 스타 업을 붙인 후, 호즈슈-테이프를 앵커까지 붙인다.

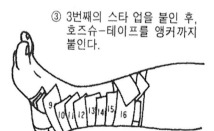

④ 앵커(1), (20)을 붙인다.

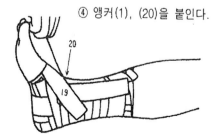

2) 주관절의 테이핑

① 앵커 테이프를 상완이두근과 전완부에 붙인다.

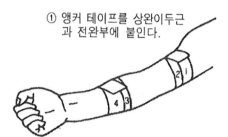

② 전완부부터 (5)의 테이프를 상완부에 향해 붙인다. 똑같이 (6), (7)을 X모양으로 붙인다.

③ (8), (9)도 X모양으로 붙인다.

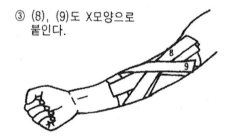

④ X 모양 테이프를 고정하기 위해 앵커를 붙인다.

3) 손가락 기절 관절의 테이핑

(1) 손목을 한바퀴 돌려 환부의 관절을 통하고, 턴해 손목에 감는다

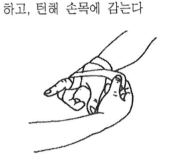

(2) 손바닥을 통해, (1)과 같이 행한다.

(3)

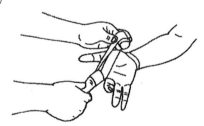

(4) 완성 1

4) 중지 관절의 테이핑

(1) 손가락의 내외 부분에 테이프를 붙인다.

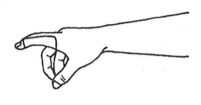

(2) 기절관절로부터 2손가락 관절을 통해 말절관절에 턴해 붙인다.

(3) (2)와 같이 반대 방향으로 붙인다.

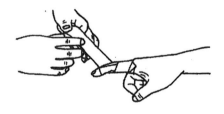

(4) 본래의 부분과 말절 관절부를 테이프로 한바퀴 붙인다. 손가락에 턱을 가져가도록 해 두부를 붙인다.

Ⅱ. 스포츠 마사지

1. 마사지의 종류와 목적

일반적으로 마사지란 사람의 손(때로는 발) 또는 특수한 기구를 사용해서 일정 수법이나 방법에 따라 대상자의 피부에 마찰, 압박, 유념 등의 힘을 주어, 질병의 치료나 피로 회복을 꾀하는 방법중의 하나이다.

마사지는 그 행하는 목적에 의해 의료 마사지, 보건 마사지, 스포츠 마사지, 산업 마사지, 미용 마사지 등이라고 불리고 있는데, 수법 그 자체가 다른 것은 아니고, 각각의 목적에 따라 적합한 방법을 선택해 행하는 것이다.

2. 스포츠 마사지

스포츠 마사지는 스포츠맨의 컨디셔닝(조정)이 목적이다. 즉 트레이닝에 의한 피로 회복을 꾀하는 것이 중요한 목적이다. 때로는 준비운동의 보조로서 사용하기도 한다. 의료 마사지를 스포츠 상해를 위해 실시하는 경우도 스포츠 마사지라고 부르는 일이 있다.

스포츠 마사지는 수법에 의한 마사지뿐만 아니라 때로는 기구를 사용하는 마사지나 이학 요법이나 체조 요법 등을 병용해 효과를 꾀하지만, 피로 회복 혹은 치료를 위해서 등, 이용 목적도 다르기 때문에 당연히 효과가 있는 경우와 없는 경우도 있고, 때로는 해가 되는 일조차 있다.

예를 들면 부상 직후(염좌, 근육 끊어짐, 타박 등)는 조직 내 출혈에 의한 부종, 국소의 발열 등의 염증 증후를 초래하기 때문에 마사지를 하면 염증이 더 심해질 수도 있다.

그 외에 금기로서 감염증의 이환 시, 유열시, 피부병, 통증이 심한 때, 음주 시, 의사에게 중지되어 있는 경우 등은 실시해서는 안 된다.

마사지를 하는 경우에 관해서는 다른 전문서에도 있지만, 목적에 맞게 처방하는 것이 중요하다.

Ⅲ. 아스레틱(운동) 재활

1. 아스레틱 재활이란

　　스포츠 선수, 스포츠 애호가가 부상을 입으면 구급 조치를 받은 후, 의료기관에 운반되어 치료를 받는다. 일반 사회복귀를 목적으로 한 치료나 이학 요법이 행해진다. 지금까지의 과정을 메디컬 재활이라고 부르고 있다. 그러나 이 단계로는 스포츠를 행할 때까지는 부족하다. 스포츠에 복귀하기 위해서는 보다 높은 수준에서의 근력, 파워, 스피드, 지구력 등의 회복이 필요하다.

　　이 일반 사회복귀로부터 스포츠에 복귀하기까지의 리해빌리테이션을 아스레틱 재활이라고 부르고 있다. 아스레틱 재활에서는 부상부위의 관절 가동역이나 근력을 부상 전의 수준으로 되돌리는 것뿐만 아니라 전신에서의 근력, 파워, 스피드, 심폐기능, 반응시간, 유연성, 교치성 등의 운동 능력을 본래의 수준으로 되돌리지 않으면 안 된다.

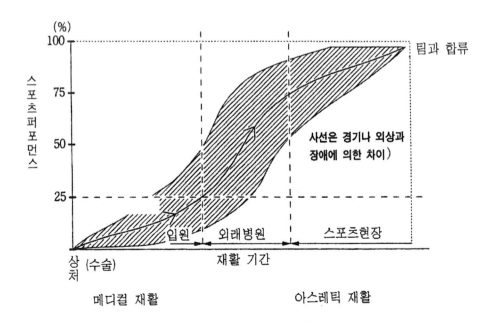

그림 8-2. 경기자의 부상에서 회복까지의 과정

2. 아스레틱 재활의 구성

1) 구성에서의 설정

재활의 구성은 선수의 현상을 파악하여 스포츠 복귀까지의 목표를 설정하는 것이다. 우선, 선수의 상해현상 파악이나, 압통부위나 종창부위의 확인, 관절에서는 가동역, 완화 등을 보는 것, 선수의 경력, 수상력 등을 충분히 파악할 필요가 있다. 선수의 운동능력을 파악할 수 있고, 스포츠에 복귀하는 데 필요한 능력을 설정 할 수 있으면, 단계적인 목표를 수립한다.

표 8-3 아스레틱 재활의 개략

1. 온열 요법 핫 팩, 바이 랩 등		10~15 분
2. 스트레칭		5~10 분
3. 준비운동과 지구성 트레이닝 treadmill 러닝		15~20 분
4. 근력 트레이닝		
환부 및 환부 외 트레이닝		
OKC 및 CKC를 적시 사용		20~30 분
5. 스텝 동작, 밸런스 트레이닝		10~20 분
6. 종목별 전문 연습		0~30 분
7. 쿨링 다운, 아이싱		15~20 분

2) 재활 메뉴의 설정

아스레틱 재활에서는 환부를 핫 패드나 초음파 등을 사용한 워밍 업부터 시작하고, 최후는 정리 운동으로서 스트레칭 후, 환부의 아이싱으로 끝나는 메뉴를 작성할 필요가 있다.

3) 단계적인 재활법

아스레틱 재활법은 응급처치부터 스포츠 복귀까지를 4단계로 나누어 목표를 설정, 실시하면 편리하다.

Ⅳ. 구 급 법

1. 구급법의 목적

구급법이란 뜻하지 않은 사고나 재해에 의해 상처 또는 병을 일으킨 사람에 대해 의사의 조치에 맡기기까지의 사이에 행하는 응급 치료이다. 우리들은 긴급 사태에 대비, 평소부터 바른 구급법의 지식과 기술을 갖춰 놓아야 한다. 그러나 구급법은 어디까지나 응급 치료이고, 의료를 행하는 것은 아니다.

2. 구급법 실시상의 일반적 주의사항

(1) 대출혈, 호흡 정지, 음독, 의식 장애 등, 촌각을 다투는 조치를 첫째로 한다.

(2) 청진, 시진, 촉진, 문진 등 환자의 상태, 정도 등을 관찰한다.

(3) 드러누워, 발은 높고, 머리는 낮게, 횡와위 등, 환자의 부상과 질병에 따른 체위를 바로 잡는다.

(4) 의사, 구급차에의 조속한 연락을 취한다.

(5) 환자(특히 의식불명이나 구토가 있는 환자)에게는 함부로 마실 것을 주지 않는다.

(6) 환자의 보온을 한다.

(7) 현장의 증거 대부분을 보존한다.

3. 구급 소생법

소생법은 의식이 없고, 호흡 또는 심장 정지를 일으킨 사람에 대해, 인공적으로 보조를 하여 생명을 구하는 것이다. 호흡이 정지해 있을 때는 인공호흡을 행하고, 심장도 정지해 있을 때는 인공호흡과 심폐소생술을 병행해야 한다. 호흡 정지 후의 소생률은 시간과 함께 현저하게 저하한다. 따라서 소생법의 실시는 1분 1초를 다투고, 대응 방법이 사람의 생사를 좌우하게 된다.

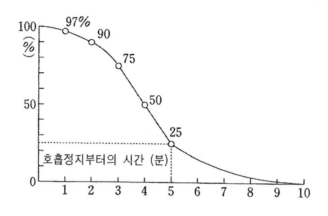

그림 8-3 드린커의 구명곡선

1) 기도의 확보

의식이 없는 경우나 호흡 정지 및 호흡이 곤란한 경우, 또는 이물질이 기도에 있는 경우는 기도가 폐색해 있다고 생각되기 때문에 기도를 확보한다. 뒷부분 후굴법, 아래턱 거상법 등이 있다.

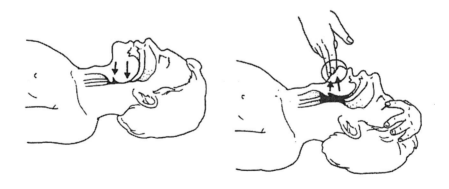

그림 8-5 기도확보의 방법

2) 인공 호흡

기도확보 후에도 호흡이 정지해 있는 것 같으면 인공호흡법을 행한다. 입 대 입 인공호흡법, 입 대 비 인공호흡법으로 행한다. 5초에 한 번의 리듬으로 행한다(그림 8-5).

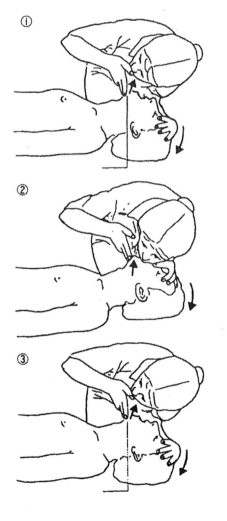

① 손가락으로 턱을 받쳐 올리고 두부를 후굴한다.

② 입을 크게 열고 환자의 입을 덮는다. 상복부를 옆으로 보면서 숨을 내쉰다.

③ 입을 떼고 호기를 행한다. 흉벽이 가라앉는 것을 보면서 귀 가까이서 호기의 유출을 검사한다.

그림 8-5 입 대 입 인공 호흡법

3) 심폐소생술

심장이 정지한 경우는 인공호흡과 병행해 심폐소생술을 행해야 한다. 환자를 단단한 마루 위에 눕히고, 흉골의 1/3지점에 손바닥으로 흉골의 압박을 반복하고, 혈류를 일으키게 한다. 1초에 1회 이상의 비율로 행한다. 심폐소생술 30회에 대해 인공호흡 10회를 행한다(그림 8-6).

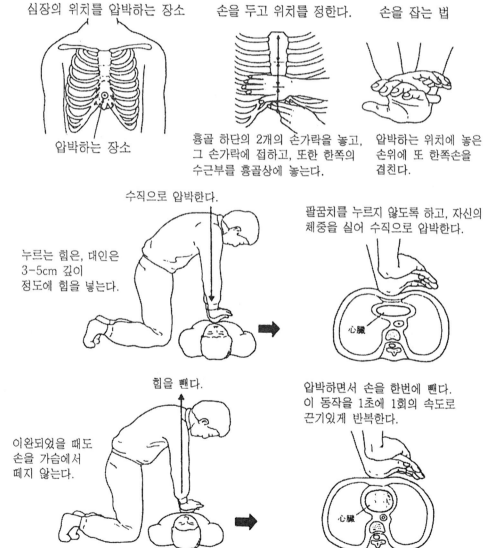

그림 8-6 심폐소생술

4. RICE 처치와 지혈법

RICE 처치(Rest=안정, Icing=냉각, Compression=압박, Elevation=고양)는 치료라기 보다는 좌상부의 염증을 억제하기 위한 일시적인 조치이며, 안정을 유지하고, 다음에 적절한 치료를 필요로 한다. 외상 등의 경우는 출혈을 동반 하는 것이 대부분으로 출혈이 많은 경우는 지혈을 하여야 한다.

출혈에는 동맥출혈, 정맥출혈, 모세관출혈이 있다. 주요 지혈법은 압박붕대, 지압, 지혈대에 의한 방법이 있다.

압박붕대에 의한 지혈법은 출혈 부위에 깨끗한 거즈 또는 손수건 등을 직 접 대고, 그 위에 붕대로 강하게 감는 방법이다. 지압에 의한 지혈법은 출혈 부위에서 심장에 출발점에 있는 지혈점을 손가락 등으로 강하게 압박하는 방 법이다.

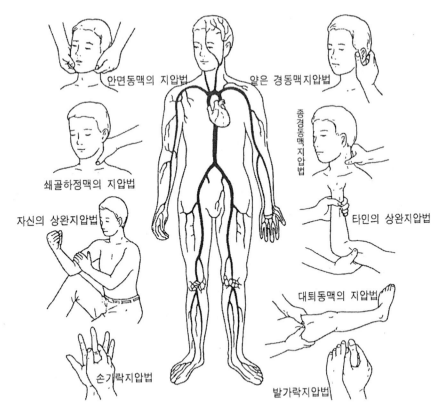

그림 8-7. 지압법과 지혈점

지혈대에 의한 지혈법은 상완부나 하퇴부의 사지의 주간 동맥의 출혈인 경우에 많이 행해진다. 지혈대는 출혈 부위 보다 심장에 가까운 곳을 단단히 죄고, 출혈 부위를 직접 압박하지 않도록 하고 지혈을 하는 방법이다.

제 3절 스포츠와 약물
Ⅰ. 스포츠계와 도핑

1. 도핑과 그 역사

스포츠 선수가 경기 성적의 향상을 목적으로 약물을 복용하거나 혈액 조작 등을 행하는 것을 도핑이라고 한다. Dope라는 말의 어원은 아프리카 동남부의 원주민 카피루족의 보아어로 카피루족이 제례나 전쟁 때에 마시는 강한 술 dope에서 유래되었다.

dope라는 말이 처음 영어의 사전에 실린 것은 1889년 경으로 경주 말에게 먹이는 아편과 마약의 혼합물을 의미했다.

로마 시대의 전차경기에서 꿀과 물을 혼합한 벌꿀수를 말에 줬던 것이 최초로 되어 있다. 경주 말에게 사용된 약물은 알코올성 음료로, 19세기 이후의 헤로인, 코카인, 모르핀 등까지 영향을 미친다. 이와 같이 경주말에게 사용되고 있던 dope가 19세기 후반부터 인간의 스포츠계로 퍼지고, 승리를 취할 목적으로 스포츠 선수가 사용하기 시작한 것이다.

도핑의 역사는 약의 역사와도 관련되어, 당시는 카페인, 알코올, 니트로글리세린, 헤로인, 코카인 등이 사용되고 있었다. 그러나 20세기에 접어들면서, 의학·약학의 진보에 동반하여, 안페타민, 에페드린, 스테로이도, 테스토스테론 등이 사용되었다. 특히 안페타민 등이 중추성 흥분제로서 개발되고, 당시는 전차경기자의 운동 능력 향상에 유익하다고 생각되어 사용되었다.

2. 약물 남용과 도핑의 규제

1879년의 6일간 자전거 경주에서 카페인, 알코올 음료, 니트로글리세린, 헤로인 등의 마약류가 사용되었다. 20세기 전반에는 의학, 약학의 진보와 의약품의 개발에 따라 안페타민으로 대표되는 흥분제가 많이 사용되고, 20세기 중간에는 근육강화제로서 단백동화제나 테스토스테론이 사용되기 시작했다.

최근에는 혈액 도핑이나 $\beta-2$ agonist(크렌부테로루) 등이 개발되고 있다. 또 도핑의 적발을 기피하기위해 이뇨약을 복용하거나, 소변에 잔재주를 부리거나 몰래 바꾸는 것과 같은 부정행위도 행해지고 있다.

올림픽 대회에서 도핑 규제가 처음 정식으로 행해진 것은 1968년의 그레노빌 동계올림픽과 멕시코 하계 올림픽 대회부터이다.

오늘날, 도핑 약물로서 등록된 약물은 자율신경계에 작용하는 약제, 중추신경자극제, 마약 진통제, 항우울제, 정신안정제이다. 이들 dope 리스트에 올라 있는 약물이 혈액샘플로부터 검출되면 도핑 반응 양성이라고 판단한다.

3. 안티(anti)도핑

IOC(국제 올림픽 위원회)는 「안티 도핑 국제 올림픽 헌장」을 1988년에 발표하고, 세계 각국의 스포츠계로 도핑 규제를 중심으로 한 도핑 반대를 호소하고 있다. 그러나 이와 반대로 해마다 우수한 도핑 약물이 개발되어 교묘하게 사용하고, 검출하는 측과 서로 「악순환」을 반복하고 있는 것이 현실이다.

Ⅱ. 도핑 약물

1. 스포츠에 왜 약물 사용을 필요로 하는 것인가

스포츠 경기대회는 어느 시기나 기간 내에 제한된 시간 안에서 행해진다. 약물 사용에 대한 유혹은 이 시기에 많아지는 것으로 생각된다.

첫째로, 스포츠 선수에게 병이나 상처가 있는 경우, 경기 일정상 시간을 들여 치료를 행하는 것은 곤란한 일이 많아 약이나 진통제에 의한 치료가 자주

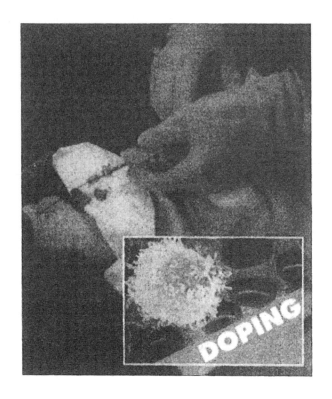

쾅해지는 것을 볼 수 있다.

　다음으로, 경기중 상대보다 조금이라도 유리한 상태로 대전하고, 승리를 이끌려고 하기 때문에 약물의 효과에 의지하는 것이다. 전자의 약물 요법은 일반 적인 약물 요법과 다르지 않지만, 후자는 약물의 효과를 부정하게 이용한 방법이다.

2. 도핑의 분류와 금지방법

1) 사용해서는 안 되는 약물

　(1) 흥분제 – 흥분제는 중추신경계를 자극하는 것으로 보다 민첩성을 향상, 피로감을 감소시키고, 경기 능력이나 투쟁심을 높이는 작용이 있다. 약물로서 안페타민, 코카인, 카페인, 에페드린 등을 들 수 있다. 안페타민과 그 관련물은 식욕의 감퇴, 정서의 변화 등을 일으키고, 금단 현상으로서 육체적·정신적인 중독 증상이 나타나는 일이 있다.

복용하고 있는 선수가 스포츠 경기 중에 사망한 예도 간혹 있어, 가장 위험한 약물로 인식되어 있다.

(2) 카페인-차나 커피에도 포함되어 있고, 피로감을 덜어 운동 능력을 높이는 작용이 있다고 인식되어 있다.

(3) 마약성 진통제-이것은 중등도에서 고도의 통증을 억제하는 진통제로 사용되지만, 호흡기능 저하 등의 부작용이 있다.

(4) 단백 동화제-남성 호르몬, 단백동화 스테로이드는 스포츠계에 있어서 근육증강제로서 근력의 강화나 근육의 증가 등의 목적으로 사용 되고 있다. 부작용으로 남성에서는 성선, 부성기의 위축, 성기능 저하, 여성에서는 다모, 음성 저하, 월경 장애 등이 있다.

(5) 이뇨제-치료의 목적으로는 혈압강하제나 유종치료제로서 사용되지만, 치료 이외의 목적으로, 약물을 사용한 스포츠 선수가 소변의 도핑 테스트로부터 피하기 위해 금지 약물이나 대사물의 뇨중 농도를 내리기 위해서 사용하거나, 체급별 종목에 있어서 급속한 감량을 목적으로 사용하는 일이 있다.

(6) 펩티드호르몬 및 동족체

태반성성선자극 호르몬이나 성장 호르몬 등의 남용에 의해 당뇨병이나 알레르기 증상을 일으키는 등의 부작용이 있다.

2) 해서는 안 되는 행위

(1) 혈액 도핑-지구력을 필요로 하는 선수에게 적혈구를 투여하는 것에 의해 최대산소성 운동능력을 높이고, 경기성적을 올리는 것을 목적으로 한 행위이다.

(2) 약리학적·화학적·물리학적 부정행위

약물의 복용에 의해 도핑 약물이 뇨 중에서 배출되는 것을 억제하는 조치나 도핑 규제로 사용하는 소변을 다른 소변과 바꾸거나 하는 행위이다.

3) 사용 제한이 있는 약물

알코올, 대마, 국소마취제, β-차단제, 부신피질 스테로이드는 금지약물로 다뤄지지는 않지만, 경기 연맹에 따라서는 검사되는 경우가 있다. 또 국소마취제는 금지 약물이라도 치료 목적상 필요한 경우는 사용 약물, 사용 장소를 제한하여 사용토록 하고 있다.

쉬었다 갑시다!

신의 선물, 아스피린의 유래

기원전 4세기경 히포크라테스는 버드나무 껍질로 만든 차가 해열 작용이 있음을 발견하였다. 이후, 2,000 여년이 지나 그 약효의 주성분이 살리신임이 밝혀졌고, 유사 물질인 살리실산이 더 강력한 소염 및 진통 효과를 가진 것으로 규명되었다. 그러나 고약한 맛과 복용 후 구토. 등 위장장애로 환자들에게 큰 인기가 없었다. 관절염을 앓는 아버지의 고통이 안쓰러워 연구를 시작한 29세 화학자 호프만이 1897년에 살리실산에 식초(아세트산)를 섞는 화학적 변형을 통해 속쓰림을 개선한 약을 만들고, 바이엘 사는 이를 아스피린이라 이름을 짓고 1899년부터 진통 해일제로 시판하였다.

아스피린이 우리 몸에서 통증을 일으키는 프로스타글란딘의 생성을 억제해 소염 및 진통 작용을 나타낸다고 밝힌 존 배인은 1982년 노벨 의학상을 받았다. 최초의 합성 의약품으로 100년이 지난 지금에도 매년 600억 알이상 팔리는 '세기의 약'이 되었다. 놀라운 사실은 마치 양파 껍질 벗기듯 아스피린의 새로운 효능이 계속 규명되고 있다는 점이다.

혈전의 생성을 억제해 심혈관 질환을 예방하고, 노인성 치매 및 대장암 등 일부 암에도 효능이 있으며, 신진대사 활성에 관계하는 산화질소의 생성을 유도해 몸의 활력을 증진시킨다는 연구도 있다. 아스피린의 일부 부작용을 위해 아스피린과 유사한 타이레놀이 1955년 미국에서 발명되었다. 타이레놀은 진통과 해열작용은 있지만, 항염증 작용은 없다.

어쨌든 아스피린이나 타이레놀만큼 인류의 고통을 덜어준 약도 없다. 선택은 개인의 취향이지만 위가 좋지 않다면 타이레놀이, 간이 좋지 않다면 아스피린이 바람직하다. 둘 다 간단한 구조에 안전하고 값이 싸며 다양한 치료 효과를 갖는 가히 '통증과 함께 신이 내린 선물'이라 할 수 있다.

CHAPTER 9

스포츠와 영양

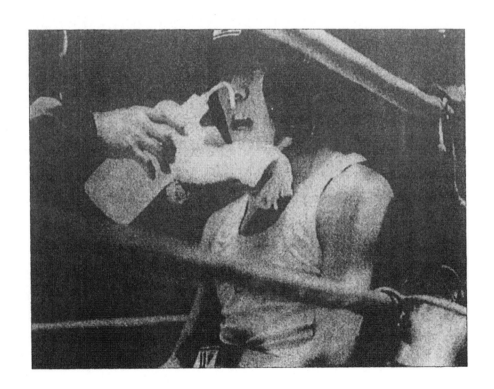

제 1절 영양과 에너지 대사

I. 영양의 중요성

인류에 있어서 기아에서 해방되는 일은 오랫동안 중대한 문제이었다. 현대와 같이 음식물이 넘치고, 좋아하는 것을 자유롭게 선택할 수 있는 시대가 도래한 것은 최근의 일이다.

개발도상국의 많은 분쟁, 내란이 계속되는 여러 나라에서는 지금도 기아와 영양결핍 해소가 급선무이다. 현재의 우리나라를 비롯한 선진 각국에서는 안정된 식량사정 하에서 개개인이 어떻게 건강 증진에 맞는 음식물을 선택 하는가가 새로운 문제가 되고 있다.

전형적인 영양 결핍증은 볼 수 없게 된 반면, 불규칙적인 식생활이나 기호, 불균형 식사 등 음식 본래의 목적에서 벗어난 행동이 많이 나타나고, 그 결과 영양소의 과잉 섭취나 불균형 섭취에 의한 건강 장애(비만, 고혈압, 동맥경화, 암 등)가 다발하는 데 이르렀기 때문이다. 음식물로서 섭취된 영양소는 생체 내에서 분해·흡수되고, 혈액·근육·뼈 등의 신체 조직을 만들거나 생존, 활동을 위한 에너지로서 이용된다.

식생활의 의미는 그날의 활동 에너지 확보와 같은 단기적인 목적뿐만 아니라, 신체의 형성, 질병의 예방, 마음의 편안함 등 생애를 통한 장기간에 걸친 심신의 건강유지·증진과 깊게 관계되어 있는 것이다.

사람의 건강에 영향을 미치는 인자 중에서는 영양은 가장 기본적으로 중요하다고 생각해도 좋다.

II. 식생활과 건강

1. 영양과 식품

식사의 가장 기본적인 기능은 식품에 포함되어 있는 영양소를 체내에 섭취해서 자기 생명의 유지나 성장, 또는 일상의 생활 활동 에너지로 이용하는 것이다. 음식에는 여러 가지 성분이 포함되어 있는데, 우리들의 체내에서 이용되는 것은 6~7종류로 분류할 수 있다(그림 9-1).

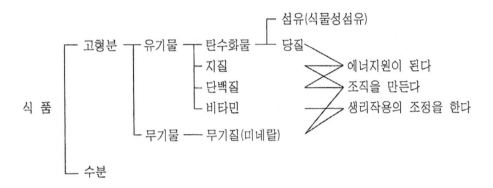

그림 9-1. 식품의 성분과 영양소로서의 주된 작용

이 중에서 당질·지질·단백질을 3대 영양소(3대 열량소), 무기질 및 비타민(보전소)을 포함시킨 5종류를 5대 영양소, 물을 포함시킨 6종류는 6대영양소라고 부르고 있다.

당질, 지질 및 단백질은 주로 체온 유지나 생활 활동 등의 에너지원으로서 이용되고, 단백질, 지질(인지질·콜레스테롤) 및 무기질은 체조직의 구성 요소로서, 비타민 및 무기질은 생리작용 조정물질로서 기능하고 있다. 또한 구성성분 중에 최대량을 차지하고 있는 수분은 영양소로서의 작용은 없지만 우리들이 살아나가는 데 있어서 없어서는 안 되는 중요한 물질이다.

게다가 탄수화물의 일종인 식물섬유는, 최근 발병률이 높은 허혈성심질환이나 대장암 등의 질환을 억제하는 효과가 있어 특히 주목되고 있다.

2. 영양 소요량과 건강

영양소요량은 우리들이 건전한 발육·성장을 하고, 건강의 유지·증진과 질병예방을 위해서 필요로 하는 에너지 및 각 영양소(당질, 식물섬유, 지질, 단백질 등의 3대 영양성분, 그리고 비타민류 13항목, 미네랄류 12항목 등의 미량

영양성분) 섭취량의 기준을 나타낸 것이다.

즉 현재의 영양 소요량은 건강하고 활동적인 생활을 보내기 위해서 필요한 영양소 섭취량의 기준이라고 할 수 있다.

3. 식사 패턴과 건강 영향

현대의 식생활은 자칫하면 식사 내용(질·양), 식사의 섭취방법 모두 불균형·불규칙적으로 되기 쉽다. 이와 같은 변화에 대해 우리들의 신체는 어느 정도의 대응·조절은 가능하지만, 허용 이상의 불규칙이 계속되면 대응이 불가능하게 되고 건강의 파탄을 초래하게 된다.

우리들은 개별 영양소를 섭취하는 것이 아니라, 그것들을 포함하는 식품을 섭취하는 것이고, 특정 영양소만을 줄이거나 늘리거나 하는 것은 사실상 용이하지 않다. 에너지 과잉 상태에 있어서는 대부분 예외 없이 지방이나 단백질의 과잉을 동반하고 있다.

반대로 에너지 결핍 상태에 있어서는 몇 종류나 되는 영양소의 결핍을 보이는 것이 보통으로, 예를 들면 철 결핍 상태에서는 동물성 식품, 특히 단백질의 섭취 부족이 많이 나타난다.

애당초 우리들의 식사는 살고 있는 지역이나 습관, 경제성 등에 의해서 제약을 받는다. 영양가가 높은 이유뿐만 아니라, 그 사람의 신체상황이나 생활환경을 고려하여 무엇을 어떻게 선택해 조리하고, 언제, 어느 정도 먹는가를 판정하고 실행하는 것이 가장 중요한 것이다.

이와 같이 우리들은 식사를 통해서 건강을 유지하고, 병을 예방하고, 혹은 병에서 회복할 수 있다.

4. 식생활의 지침

우리들은 보통 여러 가지 식품을 함께 조리한 것을 먹고 있다. 따라서 식사 지침으로서 섭취해야 하는 영양소의 분량을 중량으로 나타내는 것은 개개의 식품 구성에서 영양소의 함유량을 계산하여야 하는 데, 사실상 몹시 불편하다. 그래서 각 식품을 기초 식품군으로 나누고, 1일의 식사에 각 기초 식품군이 전부 들어가 있도록 명심하여, 라이프 싸이클에 의해 섭취하는 분량과 비율을 바꾼다는 방식이 이용되고 있다.

보통 표로 나타낸 분류로는 1군이 단백질원, 2군은 칼슘원, 3군은 비타민A, C 및 미네랄원, 4군은 비타민C 및 미네랄원, 5군은 에너지원, 6군은 에너지원이 각각 중심이 되고 있고, 「단백질원: 비타민 및 미네랄원: 에너지원」의 비율을 대강 1:2:3의 비율로 배분하는 것이 바람직하게 되어있다. 그러나 현실에서는 계절이 지난 야채·과일에서 보이기 쉬운 영양소(특히 비타민류)의 함유량 저하나 가공식품의 범람은 영양소 섭취 불균형을 더욱 조장하고, 식품 첨가물 등의 섭취 기회를 증대시키는 등, 건강을 지키기 위한 식생활을 위협하는 인자가 결코 적지 않다.

III. 스포츠와 영양

1. 에너지 대사율(RMR)

1) 스포츠맨의 바람직한 영양 소요량

우리들이 건강을 유지하고, 매일매일을 활발하고 쾌적한 생활을 하기 위해서는 어느 일정한 영양소가 필요하다. 이 영양소의 섭취기준량을 영양 소요량이라고 한다.

자신의 일상생활이 생활 활동 강도의 4구분에 해당하지 않는 사람, 특히 운동·스포츠를 일상적으로 실시하고 있는 사람은 에너지 대사율을 구하고, 여기에 알맞는 영양 소요량을 산출하여 바람직한 식생활을 하는 것이 중요하다. 에너지 대사율(RMR)은 앉기, 서기, 걷기를 기본으로 행하는 동작의 정도를 나타내는 것이다.

안정시 대사량은 기초 대사량의 1.2배가 되기 때문에, 시간 당 대사율은 아래의 방식을 사용해 계산이 가능하다.

$$RMR = \frac{운동시의\ 대사량 - 기초대사량 \times 1.2}{기초\ 대사량}$$

운동을 실시함에 따라 생기는 에너지 소비 증가분은 운동의 종류와 강도가 기초 대사에 비례한다.

2) 여러가지 활동이나 운동 에너지 대사율

표 9-1에 여러 가지 동작이나 운동 에너지 대사율을 나타내고 있다. 또 체중 1 kg당 1분간의 대사량을 나타내지만, 이것을 활동 대사라고 한다. 이 표는 20대 남자의 수치이기 때문에 연령, 성별에 따라 표에 나타낸 계수를 곱하는 것이 필요하다.

표 9-1 활동 대사 계수

연령 (세)	남	여
16~	1.12	1.02
17~	1.09	1.00
18~	1.07	0.99
19~	1.05	0.98
20~	1.00	0.96
30~	0.95	0.91
40~	0.93	0.87
50~	0.93	0.86
60~	0.91	0.86
70~	0.89	0.87

주) 20~29세인 남자 기초 대사 기준치를 기준으로 해 산출

2. 스포츠에서의 영양소의 역할

〈종목이나 개인차에 따른 영양 보급의 중요성〉

스포츠맨의 운동능력 향상을 위한 트레이닝의 중요성은 충분히 인식되어 있지만, 신체를 만드는 식사나 영양 보급은 경시되고 있는 것이 현실이다.

스포츠맨의 식사나 영양 보급은 운동 종목이나 개인차에 따라 다르기 때문에 각각 별도로 적용되어야 한다. 그러나 영양학의 입장에서 보면, 부적절한

식사를 하고 있음에도 불구하고, 그것을 의식하지 않거나 개선되지 않고 있는 경우가 있다.

식사나 영양 보급에 있어서 바른 지식이나 인식이 스포츠맨의 체력 증진이나 운동 능력의 향상에 담당하는 역할은 매우 큰 것이다.

식사로 섭취하는 음식 중에는 여러 가지 성분(영양소)이 포함되어 있다. 체내에서 이용되는 것은 크게 나눠 6~7종류로 분류된다. 그 중에서도 당질, 지질, 단백질은 3대 영양소 또는 3대 열량소라고 말한다.

일반인이 건강의 유지·증진을 목적으로 하는 경우는 통상 이 비율을 당질 55~60%, 단백질 12~15%에 지질의 값을 25%를 상한으로 한다. 이것에 대해 스포츠맨의 경우는 필요 에너지나 영양소의 확보 및 위장의 부담 경감을 고려하고, 이 비율을 다소 변화시키는 것도 때로는 중요하다.

기타 무기질(미네랄)과 비타민류를 보영양소라 말한다. 미네랄의 일부는 몸의 조직구성 요소로서, 혹은 체내부의 환경을 일정하게 유지하고, 몸의 여러 가지 작용을 조절하는 작용을 한다. 또 비타민류는 생체의 생리기능을 조절하고, 물질대사를 완전히 가동케 하는 유기화합물이다.

또 스트레스나 시합 등에 있어서는 비타민류(특히 A, B, C군)의 소비가 높아진다. 이들을 고려하여, 발육이 왕성한 청소년이나 트레이닝기의 스포츠맨의 영양에 관해서는 5대영양소의 효과적인 섭취비율을 생각해야 한다. 또 스포츠의 종류나 스포츠 특성에 따라서도 섭취 비율의 조정이 필요하다.

제 2절 스포츠 영양 보급과 수분 보급
I. 운동과 영양 보급

운동을 하면 그 강도(활동도)에 따라 에너지가 소비된다. 그 때, 에너지의 보급이 불충분하면, 체지방과 체단백질이 에너지원이 된다.

체지방 함유량이 적은 사람의 경우는 근력저하를 초래하는 근육단백의 분해가 일어나게 되기 때문에 주의가 필요한다.

1. 무엇을 어느 정도 먹으면 좋은가

최근의 영양 소요량은 성, 연령 이외에 체격, 신체 활동 강도를 고려하고 있다. 운동을 하는 경우에는 특히 그 중의 생활활동 강도에 따른 보정을 참고로 하면 좋다. 운동에 의해 적극적으로 소비되는 영양소—단백질, 칼슘, 칼륨, 비타민류(특히 B1, B2, C) 및 수분 등을 넉넉하게 섭취할 필요가 있다. 특히 감량을 목적으로 하는 경우는 총에너지의 보급도 필요하다. 더욱이, 고도의 경기 스포츠를 행하는 선수 등에 있어서는 필요로 하는 식사 내용이 일반의 건강 증진을 지향한 것과는 상당히 다른 경우도 적지 않다. 즉 「신체에 좋다」라고 하는 식사가 스포츠에도 적합하다고는 할 수 없는 것이다.

2. 총 에너지의 보급

일반인의 건강을 위한 일환으로 행하는 정도의 운동인 경우, 운동에 의한 소비 에너지 증가분의 보충은 주로 주식(밥, 빵, 면류)을 늘리는 것에 의해 행하는 것이 바람직하다.

주식과 부식을 동시에 늘리는 것은 가끔 섭취 에너지의 증가가 운동에 의한 소비 에너지의 증가분을 상회하기 쉽지 않고, 음식물 효율이 높은 식사를 적극적으로 섭취하게 되기 때문에 결국, 운동에 의한 감량 효과를 서로 상쇄하여 비만으로 이어질 수도 있다는 것에 주의하여야 한다.

이것에 비해 운동에 의한 에너지 소비량이 대단히 많은(예를 들면 1일의 에너지 소비량이 3,500kcal를 초월) 경우는 식사의 양을 억제해 위장의 부담을 가볍게 하기 위해서도 지방을 늘려, 지방으로 40% 전후, 당질로부터 45% 전후, 단백질 15% 전후의 에너지가 각각 섭취되도록 배려하면 좋다.

이러한 식사는 생활습관병 예방을 위해서는 마음에 들지 않지만, 심한 운동을 할 때에는 필요하게 되는 것이다.

운동 시의 에너지 소비량은 그 사람의 체격, 체력, 스포츠 종목, 트레이닝의 조건, 숙련도, 일상의 생활양식 등의 영향이 크다. 엄밀하게는 에너지 소비량은 동일 인물이라도 트레이닝 때와 시합 때에는 다르다.

그러므로 운동 시의 에너지 소요량을 정확하게 추정하는 것은 꽤 곤란하다. 여기에서는 일상생활의 활동 강도와 활동 지수를 사용한 간이 추정식을 소개한다.

$$1일의\ 에너지\ 소요량 = \frac{1일의\ 기초\ 대사량 \times (1+x)}{0.9}$$

$$= \frac{[체중1kg당\ 1일\ 기초\ 대사량 \times 체중] \times (1+x)}{0.9}$$

x : 생활 활동 지수(표 9-1)

Ⅱ. 건강 증진을 목적으로 한 운동과 영양

운동의 내용과 식사의 선택은 각자의 신체상황과 운동 목적에 따라서 할 필요가 있다.

1. 건강의 유지·증진을 목적으로 하는 경우

이것은 주로 중·고령자가 체력의 증진보다는 체력의 유지를 통해 건강의 유지·증진을 꾀하는 경우이다.

일반적으로 운동 강도는 그다지 높지않기 때문에 운동에 의한 소비 에너지 증가에 알맞게 총에너지 섭취량을 늘려가는 것이 좋다.

2. 감량을 목적으로 하는 경우

생체 유지에 필수적인 단백질, 비타민, 미네랄류 등의 필요량을 확보하도록 한 다음에, 총 에너지 섭취량의 감소를 꾀하도록 한다. 그 때, 여분인 체지방을 에너지원으로 하여 소비하기 때문에 지방의 섭취량은 줄이는 것이 중요하지만, 당질은 가능한 한 줄이지 않는 쪽이 좋다.

즉, 지방을 많이 포함하는 식품을 줄이고, 당질이 차지하는 비율을 높여서 영양소간의 밸런스를 어느 정도 바꿔서 음식물 효율을 낮추는 연구를 하면 효과가 크다. 식사 내용을 본래대로 하고 전체의 섭취량을 줄이면 큰 감량 효과는 기대할 수 없다.

이경우 신체가 기초 대사량을 하락, 에너지 효율을 올리는 것에 따라 보다 적은 에너지로 생명 활동을 유지할 수 있도록 적응하기 때문이다.

Ⅲ. 스포츠와 영양보급

1. 스포츠 내용과 영양

일반적으로 육상 경기나 수영, 단거리, 웨이트 트레이닝 등 단시간에 최대의 근력을 발휘하는 듯한 운동은 주로 포도당이나 글리코겐이 에너지원으로서 사용되고, 조깅이나 장거리달리기와 같은 지구성 운동에서는 지방산이 에너지로서 주로 사용되는 등 체내의 대사계도 운동 종류에 따라 다르다. 따라서 고도의 능력이 요구되는 스포츠 선수 등에 있어서는 운동 내용에 따른 세밀한 조정이 영양에 있어서도 필요하다.

1) 지구력과 영양

사람이 신체 활동을 하는 경우, 그 에너지 공급원은 운동 강도, 지속 시간, 운동 전의 식사 내용 등에 따라 다르다. 운동 개시 직후에서 골격근의 에너지원은 근육 중의 글리코겐이 주요한 것이지만, 계속하여 간장에 저장된 글리코겐이 분해, 혈중에 방출되고, 유산, 피루빈산, 당원성 아미노산 등의 당신생에 의해 당이 보급된다. 운동이 더 계속되면 혈중의 유리 지방산을 에너지원으로 이용하게 된다.

운동 강도가 높아짐에 따라서 에너지원은 당질의 연소가 차지하는 부분이 많아지고, 운동 강도가 낮고, 운동 시간이 길어짐에 따라서 지방의 연소 비율이 증가한다.

최대 산소소비량의 80% 이상인 강도의 운동은 대부분의 에너지를 당질의 연소에서 얻기때문에 스포츠 선수 등에 있어서는 근글리코겐 저장량의 대소가 지구력과 밀접하게 관계한다.

2) 지구력 강화법

운동 지속시간은 보통식, 고지방식에 비해 고당질식을 섭취한 경우가 가장 길다. 이것은 체내, 특히 근글리코겐량이 식사에 의해 변화하기 때문이라고 생각된다. 식사와 운동 구성에 의해 근글리코겐 저장량을 높이기 위한 프로그램을 글리코겐 로딩(glycogen loading)이라고 부르고, 고도의 지구성을 필요로 하는 경기 때에 잘 사용된다.

글리코겐 로딩은 경기 수 일 전부터 「고당질식사(전체 섭취에너지 중 당질이 차지하는 비율이 70%를 초과하는 식사)를 섭취하는 것에 따라 근글리코겐 저장량을 증대하게 하는 방법이다」. 이것은 1일에 여러 번의 시합이 있는 경우나 경기가 1시간 이상 지속되는 경우에 특히 필요하다.

• 시합 당일

식사는 3~4시간 전에 해결한다. 시합 개시 30분에서 1시간 전에 당질을 섭취하는 것은 피한다. 시합 중에는 휴식 시 마다 당질을 보급(체중 1kg당 1g 정도)하면 혈당치의 유지에 유효하다.

• 시합 후

운동 종료 후, 근글리코겐의 저장량이 고갈되기 때문에 시합 종료 직후, 당질을 보급(체중 1kg당 2~3g)하면 근글리코겐의 회복이 빠르다.

• 근 글리코겐의 회복과 당질의 종류

당질의 소화흡수 속도 및 체내에서의 대사 동향을 나타내는 것으로서 혈당상승 반응지수(Glycenlic Index, GI)가 있다. 일반적으로 GI가 높은 음식물은 소화흡수가 빠르고 혈당상승 반응도 강하게 생기지만, GI가 낮은 식품은 혈당의 상승이 완만하고 지속 시간이 긴 경향이 있다. 따라서 급속하게 에너지를 필요로 하는 경우는 고 GI식품이 유효하고, 근글리코겐 저장을 늘리기 위해서는 중~저 GI식품이 바람직하다.

다만 저GI식품의 대부분은 식이 섬유 함유율이 높고, 분량이 많아서 필요량의 섭취가 곤란한 것이 있고, 주의가 필요하다.

최근, GI를 고려한 영양법(스포츠 시, 비만, 당뇨병 대책 등)이 주목 되고 있다. 그러나 GI는 개인차가 크고, 조리법이나 식품의 조리방법 등에 의해 변동하기 때문에, GI를 지나치게 의식하는 것은 적절하지 않은 경우가 있기 때문에 신중한 배려가 필요하다.

• 수분, 전해질의 보급

운동 중의 수분 보급은 지금까지 기피하는 것이 일반적이었다. 지구력을 저하시키고, 발한을 증대시켜 탈수 상태를 도리어 촉진시킨다고 생각되었기 때문이다. 그런데 체수분의 대량 상실은 혈액의 점성을 상승시키고, 심장에의 부하를 높힐 가능성이 있으며, 또 운동 중의 적절한 수분 보급은 특히 대량이 아닌 한, 개선효과가 큰 것이 명백하다, 현재는 경기나 작업 중의 수분 보급이 널리 행해지게 되었다. 즉 수분의 보급은 그 상실량에 따라, 성실하게 보급하면 좋다.

체수분의 손실이 체중의 3%를 초월하면 운동 능력의 저하가 명백하며, 5%를 초월하면 현저한 열 피로 상태를 일으키고, 7%의 수분 손실에서는 환각 증상이, 10%는 열사병 등 위험한 상태가 된다고 알려져 있다.

마라톤 경기 경우, 운동 중에 수분을 전혀 보급하지 않는다면 체수분 손실량은(환경 조건에 의해 다르지만) 3~6ℓ에 도달하고, 체중의 5~10%에 상당하는 수분을 잃게 되어 매우 위험하다. 체수분 손실량으로 보아, 수분 보급이 중요하게 되는 경기는 50~60분 이상 계속되는 경우이다. Fox(1989)에 의한 수분 보급 가이드라인을 소개한다.

- 물 또는 소량의 당(2.5g 이하) 저장성 용액을 8~13℃로 식힌 것이 좋다.
- 경기 30분 전에 물 또는 앞에서 말한 용액을 400~600ml 섭취한다.
- 운동 중의 수분 섭취는 10~15분 간격으로 100~200ml 씩이 좋다. 식염의 섭취는 조심스럽게 하는 것이 바람직하지만, 운동 시의 발한에 의해 다량의 수분이 잃게 되는 경우는 식염뿐만 아니라, 칼륨, 마그네슘, 철 등의 보충이 필요하다. 특히 심한 발한에서의 철의 상실은 운동성 빈혈의 한 원인으로 간주되어 있다.

운동 시에 스포츠 드링크를 섭취하는 사람이 늘고 있다. 스포츠 드링크의 대부분은 수분 외에, 미네랄, 당분, 유기산, 비타민류를 포함하고 있고, 삼투

압을 체액 보다 약간 낮게 하고 있기 때문에 수분의 흡수 속도가 빠르다고 한다.

그러나 이들에 포함된 포도당이나 설탕은 체내에서 지방산이 에너지로 이용되는 비율을 저하하게 하고, 포도당의 에너지원으로서의 이용을 촉진시키는 효과가 있기 때문에 운동 강도가 특히 높은 경우는 운동전, 운동 중의 스포츠 드링크 섭취는 신중하지 않으면 안 된다. 단, 수분을 급속하게 보급할 필요가 있는 경우에 이들은 유효하다.

따라서 스포츠 드링크류는 운동 후에 마시는 쪽이 무난하다고 할 수 있다.

제 3절 스포츠와 기호품

I. 스포츠와 흡연

운동 시에 흡연의 영향을 가장 강하게 받는 신체 부분은 호흡기와 심장·순환계이다. 담배 연기중의 일산화탄소는 산소에 비해 200배 이상의 결합력을 적혈구 중의 헤모글로빈(Hb)에 대해 발휘하고, 일산화탄소 헤모글로빈(CO·Hb)이 되어 적혈구의 산소 운반을 저해시킨다. 혈액 중 일산화탄소 헤모글로빈 농도가 15%를 초월하면, 두통이나 시력 저하가 일어나기 시작하고, 30% 이상이 되면 구역질이나 구토가 더해지며, 50% 이상이 되면 혼수에 빠져들고, 마침내는 죽음에 이른다.

이와 같이 일산화탄소는 무서운 유독가스이다. 담배 1개의 흡연시 일산화탄소 헤모글로빈 농도는 1~2%의 상승을 하는 것에 지나지 않는다. 그러나 저농도라고는 해도 혈중의 일산화탄소 농도가 상승하면 산소 공급은 방해되고, 중추 신경계의 작용이 방해되거나 허혈성심질환이나 만성 폐색성 폐질환 환자인 경우에는 협심증이나 호흡곤란의 발작을 일으키기도 한다.

스포츠맨이 담배를 피우면, 호흡기 기능에 영향을 미치고, 활동하는 근육에의 산소 공급을 감소시킨다. 따라서 육상 단거리 달리기나 역도경기 등 산소를 보급하지 않고 대단히 짧은 시간에 심한 운동, 즉 무산소 상태에서 행해지는 운동을 하는 경우는 흡연 영향이 두드러지지 않는다. 그러나 항상 산소를 보급하면서 운동을 하는 마라톤 등의 전신 지구성의 유산소 운동은 흡연의 영향을 현저하게 받는다.

더나아가 니코틴 작용에 의한 영향, 즉 심박수의 증가, 혈압의 상승, 심장의 수축 증가와 이것에 수반하는 심근산소 수요증가, 말초 혈관의 수축과 이것에 동반하는 피부 온도의 저하 등이 더해진다.

이러한 작용을 종합적으로 생각하면, 흡연 영향하의 운동은 평지 보다 산소 농도가 낮은 고지에서 무거운 중량을 짊어지고 운동하는 것과 같다고 한다. 흡연은 스포츠의 강적이다.

Ⅱ. 스포츠와 음주

1. 스포츠 실시 중 음주 실태

스포츠 선수가 운동전이나 운동 중에 알코올 음료를 섭취해서는 안 된다. 그러나 스포츠 애호가 중에는 운동전이나 운동 중에 알코올 음료를 부담없이 마시는 광경을 흔히 볼 수 있다. 스키와 골프를 하는 일반 스포츠 애호가를 대상으로 하는 조사에서 운동 중에 음주 경험을 가진 사람은 스키어에 남성 87%, 여성 45%, 골퍼에서는 남성 80%, 여성 52%이었다. 또 스포츠 실시 중의 음주에 대해서 의견을 들어보면, 음주를 긍정하는 사람은 54.4%, 음주를 부정하는 사람은 21%를 나타내고 있다. 스포츠 시의 음주를 당연하다고 하는 듯한 관대한 사회적 풍토를 보이는 것이 현상이다.

스포츠를 하는데 있어서 알코올 섭취가 심신에 미치는 영향이 크다는 것을 인식하는 것이 필요하다.

2. 음주 전신 영향

섭취된 알코올은 그대로의 형태로 위나 장에서 흡수되고, 혈액 중으로 들어가서, 전신의 조직으로 운반된다. 따라서 혈중의 알코올 농도와 조직 중의 알코올 농도는 거의 같다고 한다. 알코올의 중추신경 억제작용은 뇌 조직 중의 알코올 농도는 거의 비례한다.

뇌의 알코올 농도는 직접 측정할 수 없기 때문에 전술한 것과 같이, 혈중 알코올 농도를 측정하면 명정도(술에 취한 농도)를 예측할 수 있다(표 9-2). 혈중 알코올 농도가 동일하더라도 알코올이 신체에 미치는 작용은 개인차에 따라 다르다.

술에 강한 사람은 혈중 알코올 농도를 올리는 쪽이 늦고, 약한 사람은 빠른 것이다. 흡수가 좋은 사람, 나쁜 사람, 체중 차에 의한 분산도, 위 내용물의 분량, 알코올 산화 능력의 차에 의해서도 차이가 있다. 그러나 개인차는 있어도 알코올을 음용하면 알코올은 혈액을 매개해 뇌에 달하고, 그 효과는 확실히 전신에 미치게 된다.

즉 혈중 알코올 농도가 상승하는 것에 따라서 중추신경, 특히 대뇌의 기능이 억제 마비되어 정신 기능 장해, 감각 장해, 운동 장해가 나타나게 된다. 이것은 알코올이 뇌에 달하면 우선 처음에 대뇌의 신피질 부활계를 선택적으로 억제하고, 지금까지 신피질에 억제되어 있었던 본능이나 정동적 행동을 담당하는 대뇌변록계(구·고피질)의 활동을 일시적으로 활성시킨 결과, 특유의 정신기능 장해를 보이고, 계속해서 알코올이 대뇌의 신피질의 운동령이나 소뇌에 강하게 작용해 운동 장해를 일으키기 때문이다.

3. 스포츠 실시 중에서의 알코올 음용 영향

스포츠에 미치는 알코올의 영향을 보면 신경계에의 영향은 평형기능, 반응시간(단순반응 시간, 선택반응 시간), 판단 능력이나 구별 능력을 요구하는 작업, 정확성, 스피드 등은 저하 경향을 나타내며, 알코올 농도가 많을수록 저하하는 폭이 크다고 인식되고 있다.

근력이나 파워도 일반적으로 저하한다. 또 알코올을 한랭 환경하에 섭취하면 말초혈관확장 작용을 일으키고, 체온 조절 기능을 방해해 체온을 저하시키기 때문에 스키나 겨울 산 등산에는 특히 주의를 요한다.

기타 스포츠 실시 중의 음주와 외상에 관한 조사에서 스포츠 실시 중에 음주하는 사람은 음주를 하지 않는 사람과 비교하여, 외상을 당하는 비율이 3.4배나 높은 것을 알 수 있다.

이와 같이 스포츠 실시 전 혹은 실시 중의 음주는 위험하다. 특히 건강 증진을 위한 운동 실시 중의 음주는 삼가야 한다. 사람들이 운동이나 스포츠에서 얻고자 하는 것은 여러 가지이다.

승패나 기록 향상 보다 기분전환, 사람과의 교류를 중요시하는 사람도 많다. 그러나 운동과 건강을 추구할 경우라도 음주를 당연하다고 하는 듯한 풍조는 없어져야 한다.

표 9-2 알콜의 혈중농도와 급성중독증상

알콜 혈중농도 (mg/100ml)	급성 중독증상
0-50	정상
50-200	정서불안증
	감각반응시간연장
	운동능력저하
200-300	만취상태
	언어장해
	시력장해, 정신착란
300-500	의식소실
	심만취
350-600	혼수
	흡수, 심혈관부전
	때로 사망

CHAPTER **10**

스포츠의 즐거움

Ⅰ. 스포츠의 매력

1. 스포츠의 즐거움

원래 스포츠라고 하는 말의 어원을 보면 오락이나 기분전환, 농담이나 장난, 큰 소동이나 연애 등, 현실생활에서 벗어나 즐기면서 노는 것을 의미하고 있다. 예를 들면, 골프는 옛날 양치기들이 양을 쫓으며 손에 들고 있던 지팡이로 돌을 굴리며 놀던 것이 시작이라고 한다. 이처럼 스포츠는 놀이적 요소가 강하고 한마디로 스포츠는 즐거운 것이다.

그렇다면 과연 그 즐거움이란 어떤 것일까?

스포츠의 즐거움을 알려면 스포츠를 하는 입장과 보는 입장 모두 다 알아볼 필요가 있다.

1) 스포츠를 하는 즐거움

스포츠를 하는 즐거움을 조사하기 위해 대학생을 대상으로 실시한 조사가 있다. 이 조사에서는 표 10-1과 같은 즐거움의 항목이 표시되어 있다. 이같이 스포츠를 하는 즐거움에는 여러 가지 즐거움이 있다. 예를 들어 승리감, 전술, 도전, 자기단련 등의 즐거움은 아마도 경기로서의 스포츠를 즐기는 사람들이 강하게 느끼는 즐거움일 것이다. 다시 말해, 이기는 것과 이기기 위해 노력하는 것에 즐거움을 느끼는 것이다. 이 경우에는 해냈다는 보람이라고 해도 좋을성 싶다.

한편, 패션, 해방성, 체력 향상 등의 즐거움은 경쟁하는 것이 아니고 스포츠를 즐기는 사람이 느끼는 즐거움일 것이다. 소위 레크리에이션과 같은 대중스포츠로서 즐기는 방법이라 할 수 있다. 또한 유희성, 자기표현, 주체성 등의 즐거움은 스포츠가 본래 가지고 있는 놀이(play)의 요소가 많은 스포츠의 즐거움을 지탱하고 있다고도 할 수 있다.

이와 같이 즐거움이 많이 있지만 같은 스포츠를 하더라도 사람에 따라 느끼는 즐거움은 다르다. 예를 들어, 이 조사에서는 해방성, 활동조건, 승리감, 전술 등의 즐거움은 남자가 훨씬 강하게 느끼고, 교우, 활동 등의 즐거움은 여자가 강하게 느끼고 있다. 또한 운동부에 소속되어 활동하고 있는 사람들은 교우, 도전, 자기표현 등의 즐거움을 강하게 느끼고 있지만, 운동부에 소속되지 않는 사람들은 유희성, 활동조건 등의 즐거움을 보다 강하게 느끼고 있다.

더 나아가 생각할 수 있는 것으로는 자신의 운동기능의 단계에 따라서 즐기는 방법이 달라진다는 것이다. 스포츠를 시작할 때는 예를 들어 테니스라면 볼을 상대에게 보낼 수 있는 것이 즐겁고 계속해서 주고받는 것만으로도 즐겁다.

표 10-1. 스포츠를 하는 즐거움의 인자와 그 내용

No	인자명	주 요 내 용	
1	교　우	·서로 협력할 수 있다	·팀웍이 있다
2	자기단련	·혹독한 연습	·노력하는 것
3	해 방 성	·일상생활에서 벗어날 수 있다	·자신을 잊고 전념할 수 있다
4	도　전	·가능성의 추구	·목표가 있다
5	활　동	·신체를 움직이는 것	·활동자체
6	활동조건	·같은 세대가 행할 때	·공평한 입장
7	기능습득	·좋은 플레이를 할 수 있다	·좋은 기분을 느낀다
8	승 리 감	·승패가 있다	·이기는 기쁨을 맛볼 수 있다
9	주 체 성	·자신의 능력에 맞추어 할 수 있다	
10	자기표현	·자기표현을 할 수 있다	
11	유 희 성	·유희성이 있다	·오락성이 있다
12	체력향상	·체력이 향상된다	·건강을 증진한다
13	전　술	·작전을 세운다	·의외성이 있다
14	규칙매너	·규칙이 있다	·많은 지식을 얻는다
15	패　션	·패션이 있다	

* 대학생 238명을 대상으로 스포츠를 하는 즐거움을 조사하기 위해 실시한 조사를 바탕으로 즐거움의 내용(구조)을 인자분석이라는 방법으로 분석한 결과, 표와 같이 15 항목과 그 주요내용(오른쪽 표기)이 도출되었다.

그런데 실력이 늘어감에 따라 볼을 자기 마음대로 컨트롤 할 수 있는 것, 강한 볼을 쳐서 상대를 제압하는 것, 작전(전술)을 생각해 내 그 작전을 실행에 옮기는 것 등 차례차례로 즐거움이 변화해 간다. 다시 말해 기능이 향상됨과 동시에 즐기는 방법도 변화하는 것이다. 그 시점에서 자기 자신에게 간단히 할 수 있는 것 보다는 조금 무리가 되는 수준에 도전하는 것, 또 그런 레벨의 기능을 소화해 낼 수 있을 때 성취감의 즐거움이 있을 것이다.

2) 스포츠를 보는 즐거움

K리그, 프로야구, V-리그, 골프, 마라톤, 테니스 등 실제 경기장에 가서 혹은 텔레비전 등의 매스미디어를 통해서 스포츠를 보는 기회는 상당히 많아졌다. 이제 스포츠 관전은 특정인의 전유물이 아니다. 그러면 보는 즐거움이란 어떤 것일까.

(1) 일류선수를 보는 즐거움

보는 스포츠를 관객동원력이 있는 스포츠라고 하지만, 이러한 스포츠에서는 대단히 고도의 기술이 펼쳐진다. 뛰어난 선수가 펼치는 게임은 보는 이를 흥분시키고 매혹시킨다. 또한, 훌륭한 선수가 플레이하는 진지함과 긴장감, 투지 등 임하는 자세도 보는 사람을 감동시키고 매혹시킨다.

(2) 자기 자신을 선수에게 비추어 보는 즐거움

보는 것만으로도 자신이 참가하고 있다고 생각하며, 하고 싶어 하는 충동을 느끼기도 하고, 예전에 자신이 플레이하던 때를 생각하며 열중하는 등 훌륭한 선수에게 자신의 경험과 생각을 비추어 보는 즐거움이 있다. 또한, 규칙이나 전술을 잘 알고 있기 때문에 보아서 재미있는 면도 있다. 축구를 관전하면서 「지금은 업사이드다!」, 「반대쪽으로 돌려!」라고 외치는 사람도 많다.

(3) 끝을 알 수 없는 즐거움

「스포츠는 각본 없는 드라마다」라는 말을 자주 하지만, 스포츠에서는 다음에 무슨 일이 일어날지 모른다. 조마조마, 두근두근하면서 손에 땀을 쥐고 꼼짝하지 않고 주시한다. 이러한 스릴과 묘미가 스포츠가 갖고 있는 즐거움

중의 하나다.

(4) 시합장의 환경을 즐긴다

시합장에서의 패션, 하프 타임의 쇼, 해설, 그 장소의 분위기, 스포츠와는 직접 관계가 없는 주변의 것을 보고 느끼는 즐거움이 있다. 이 같이 즐거움이 많은 것은 스포츠가 여러 종류의 즐거움을 사람들에게 제공할 수 있는 가능성을 가지고 있다고 하는 것이기도 하다.

그 즐거움은 사람에 따라 느끼는 방법이 여러 가지이고 말 그대로 십인십색이다. 그리고 스포츠를 경험하고 알면 알수록 보는 즐거움도 깊어지기 마련이다. 스포츠 지도자는 이런 점을 잘 이해하고 많은 사람이 각자 자기 나름대로의 즐거움을 스포츠에서 발견할 수 있도록 도와주는 것이 중요하다.

2. 삶의 보람으로서의 스포츠

스포츠에는 여러 가지 즐거움이 있다. 이것은 물론 젊은 사람들뿐만 아니라 고령자에게도 해당된다. 젊은 시절에 했던 스포츠를 나이가 들어서도 계속하는 사람도 있다. 또한 나이가 들면서 스포츠를 시작하는 사람도 있다.

최근 평생교육의 입장에서 평생스포츠라고 하는 생각이 정착하고 있다. 태어나서부터 평생에 걸쳐 스포츠에 참가할 수 있고, 또한 인생을 살아가며 그때그때의 필요에 따라 스포츠에 참가할 수 있는 환경을 만드는 것이 그 기본적 생각이다. 이것은 단순히 고령이 되어 스포츠를 한다는 의미가 아니고 전 생애에 걸쳐 자신이 항상 스포츠와 더불어 산다는 의미로, 충실한 인생을 의도한다는 차원에서 매우 적극적인 사고이다.

성인이 되어 스포츠를 시작하는 것은 유년시절의 스포츠경험에 큰 영향을 받는다. 따라서 평생스포츠를 생각할 때 어린이들의 스포츠와 관련하여 생각해야 한다. 여기서 무엇보다 중요한 것은 어린이들이 스포츠의 즐거움을 실감하고 언제, 어디서나 필요와 욕구에 응하여 스포츠를 고안해 가며 할 수 있는 힘을 쌓는 일이다. 어린이의 스포츠 지도자는 이렇게 멀리 내다볼 수 있도록 명심해서 지도를 해야 한다.

또한 학교, 가정, 직장, 지역사회 등이 연대하여 스포츠 경험을 생활 속에서 활용하여 다른 활동과도 결부될 수 있도록 해야 한다. 나아가 체력향상이나 건강증진을 위한 스포츠의 필요성, 고령이 되어 자신 있는 삶을 살수 있도록 삶의 보람을 유지해 주는 것 중의 하나로서 스포츠가 갖는 의미도 매우 중요 하다.

3. 스포츠는 특별한 것은 아니다.

스포츠란 「경쟁하는 것」, 「단련하는 것」이라는 이미지가 강한 것일 수만은 없다. 그러나 스포츠라는 단어는 본래부터 라틴 단어의 deportarer의 「기분전환」, 「놀이」라는 의미를 가진 단어 라 할 수 있고, 텔레비젼 게임을 하는 것이나 영화를 보는 것 등도 하는 사람이 즐겁다고 느끼면 전부 「스포츠」이었다.

현재는 스포츠라고 하면 앞에서 정의했던 바와 같이, 「몸을 움직이는 것에 의해 즐거움을 얻는 것이 목적인 활동」이나 「건강을 위해서 몸을 움직이는 것」을 가리킨다. 그러나 아직은 아직 「경쟁하는 것」, 「단련하는 것」이라는 이미지가 강하다. 물론 프로 스포츠를 비롯한 「싸우는 스포츠」, 「이기기 위한 스포츠」도 즐겁고 재미있다. 그러나 스포츠를 「건강을 위한 것이고, 즐기는 것」이라고 생각한다면, 좀더 즐거움의 폭이 넓어지는 것은 아닐까.

「연령이나 성별과 관계없이 누구라도 행할 수 있는 것」이라는 것이 스포츠이다. 또 건강이란 신체적으로 병이 없을 뿐만 아니라, 심리적으로도 풍요로운 상태를 가리키는 말이다. 즉, 스포츠에 의해 건강하게 된다면, 인간의 생활과 인생이 풍족하게 되는 것이고, 특별히 행하는 것은 아니라 생활과 밀착해 있는 것이다.

스포츠를 이와 같이 말하는 「스포츠 문화」라는 사고방식은 조금씩 확대되어 있다. 지금부터의 스포츠는 인간의 생활을 풍족하게, 그리고 즐거운 생활을 하기 위해서 필요 불가결한 문화적 가치를 가지는 「습관」으로 발전시켜야 한다. 그러한 생활이 불가능하면, 삶과 스포츠의 엇갈림은 계속해서 멀어져 버릴 것이다.

스포츠 문화

스포츠의 어원

스포츠의 어원은 라틴어의 DEPORTARE(기분좋다. 즐거움, 놀이)이다.

기원전 5세기	라틴어	DEPORTARE
14세기 16세기	고대프랑스어 중세영어	DEPORTER, DESPORTE DISPORTE SPORT

　　이 시대는 기분좋다, 즐겁게 되는 놀이(수렵, 도박 등)를 의미하는 언어였다. 현재와 같이 몸을 움직이는 즐거움을 가리키게 된 것은 19새기 이후이다.

스포츠 문화

　　경쟁을 하는 것만이 스포츠가 아니다. 스포츠란 몸과 마음을 풍요롭게 하여 즐기는 것이다.

즐거움

건강을 위해

일상적으로 행한다.

경쟁한다

단련한다

특별하게 행한다

Ⅱ. 스포츠의 신체에의 효과

바른 지식을 가지자

앞에서는 스포츠는 건강을 위한 것이다라고 설명하였다. 그러면 스포츠를 행하면 신체적으로는 어떠한 효과가 있는 것인가. 스포츠를 열심히 실행하고 있는 사람은 사망률이 낮다는 연구결과가 나와 있다. 그 이유의 하나로는 생활습관병에 대한 효과가 상승되고 있고, 예를 들면 「당뇨병」에서는 스포츠를 행한 후에 혈당치가 내린다는 결과가 나와 있다.

또 「암」에 관해서도 운동에 의해 면역력이 높아져 발생율이 내려가고, 「심장병」에 있어서도 명백히 스포츠를 하고 있는 사람 쪽이 사망률이 낮다. 또 「비만」에 대해 효과가 있는 것은 말할 것도 없다.

또 운동을 하는 것에 따라 운동 능력이 높아지고, 전도 등 부상을 당하는 경우가 줄어드는 효과도 있다.

고령자는 하체가 약해져서 쓰러지는 것이 많아지고, 부상을 당하면 누워 버리는 일이 있지만, 80세를 넘은 고령자도 운동을 하면 운동 기능이 높아지기 때문에 평상시부터 운동을 하고 있으면 그러한 사고를 예방할 수 있다.

다만 주의하여야 하는 것은 스포츠를 하는 것이 건강에 좋다고 하는 것이 지나치면(오버트레이닝) 안 된다. 건강을 위한 스포츠라도 그 트레이닝량이 적당하지 않거나, 바른 트레이닝 방법이 아니거나, 사용하는 도구가 맞지 않으면, 부상(상처)이나 스포츠 장애(야구 엘보우 등, 스포츠에 의해 몸의 같은 부분을 혹사하는 것에 따라 일어나는 증상)로 이어진다.

스포츠의 효과를 충분하게 얻고자 한다면 몸이나 스포츠에 대한 바른 지식을 가지고 있는 것이 중요하다.

III. 스포츠의 마음에의 효과

스포츠는 마음에도 효과가 있다

건강이란 몸뿐만 아니라, 심리적으로도 안녕을 유지한 상태인 것이다. 스포츠를 하는 것은 심리적인 안녕에도 효과가 있다.

운동을 하면 부정적인 감정이 줄어든다. 또 성격면에서도 스포츠를 잘 하고 있는 사람과 하지 않는 사람을 비교해보면, 잘 하고 있는 사람들은 사교적으로 느긋함이 있고, 하지 않는 사람 쪽이 신경질적이거나 열등감이나 감수성이 예민하다는 조사 결과도 있다. 단, 본래부터 사교적인 사람이 스포츠를 좋아할 가능성도 있기때문에 스포츠를 통해서 성격이 변화했다고는 단정할 수 없다. 스포츠에 의한 심리적 효과의 단기적인 영향을 알기위해 시도된 연구결과가 있다. 예로서는 문제를 20분간 행하게 한 다음,

(1) 줄넘기를 9분간과 휴식을 5분 한 사람

(2) 줄넘기를 13분간과 휴식을 1분 한 사람

(3) 15분간 휴식한 사람의 3종류에 그 후, 다시 한번 20분간의 문제를 행했을 때 어떤 사람이 가장 실수가 적었는가를 조사한 사례가 있다.

이 사례에 의하면, 적당하게 운동을 하고 휴식도 취한 (1)의 사람이 가장 실수의 수가 적었고, 운동을 했지만 휴식이 짧았던 (2)의 사람이 실수의 수는 처음과 별로 변화하지 않았다. 그러나 계속해서 휴식을 한 사람은 대폭적으로 실수의 수가 늘어있었다.

이 결과에서, 적당한 운동은 단기적이지만 심리적으로 좋은 효과가 있다고 보고되었다.

이와 같이 스포츠를 하는 것은 심리적인 효과도 있다. 기분 전환을 하고 싶을 때, 조금 좋아졌다라고 말할 수 있기 위해서는 스포츠를 하는 것이 최상의 방법이다.

쉬었다 갑시다!

건강한 수명 연장, 12가지 비법

1. 운동을 꾸준히 하라. 하루 20분씩만 걸어도 5년은 더 오래 산다. 운동은 4~8항에도 상호작용 효과를 가진다.

2. 매일 비타민C 1,200mg, 칼슘 1,000~1,200mg, 엽산 400mg 등을 복용하라. 6년은 더 젊어진다.

3. 날마다 25g의 섬유질을 섭취하면 12g을 섭취하는 사람보다 2.5년은 더 젊어진다.

4. 스트레스를 줄여라. 높은 스트레스는 실제 나이보다 32년 더 늙게 만든다.

5. 많이 웃으면 스트레스도 풀리고 면역체계도 강화된다. 15년은 더 젊어지고 20년 더 오래 산다.

6. 담배를 끊고 간접흡연도 피한다면 8년 넘게 생명이 연장 된다.

7. 혈압이 정상인 사람은 고혈압을 앓고 있는 사람보다 건강 나이가 25년은 더 젊다.

8. 자동차 안전벨트를 매는 등의 안전습관만으로도 3.4년은 더 산다.

9. 양치질을 부지런히 하면 6.4년은 더 젊어진다.

10. 정기 건강검진을 받고 만성질환을 잘 관리하는 사람은 그렇지 않은 사람보다 12년은 더 오래 산다.

11. 젊게 사는 것에 관심을 갖고 그대로 실천해라. 26년은 더 젊어진다.

12. 평생토록 배우는 자세를 가져라 5.6년은 더 젊어진다.

참고문헌

임호남, 건강·스포츠 심리학, 도서출판 금광, 1998.

임호남, 건강·스포츠 심리학, 도서출판 금광, 2004.

고흥환, 김기웅, 운동행동의 심리학, 보경문화사, 1994.

정청희, 김병진, 스포츠심리학의 이해, 도서출판 금광, 2003

『実践的スポーツ栄養学』鈴木正成著, 文光堂, 1993

『筋肉はエンジンである』宮下充正・勝井三雄編, 大修館書店, 1988

『交流分析のすすめ』杉田峰康著, 日本文化科学社, 1990

『教養としてのスポーツ科学』早稲田大学スポーツ科学部編, 大修館書店, 2003

『メンタルタフネス読本』宮本貢編, 朝日新聞社, 1993

『日本人の栄養所要量　第6次改定』厚生省保険医療局健康増進栄養課, 第一出版, 1999

『生化学・栄養学』塩川優一・新山喜昭他著, メヂカルフレンド社, 1982

『選手とコーチのためのスポーツ生理学』E. フォックス著, 大修館書店, 1996

『新エスカ　運動生理学』橋本勲・進藤宗洋他著, 同文書院, 1995

『新・テニスの科学』テニスジャーナル編, スキージャーナル, 1994

『スポーツ上達の科学』吉福康郎著, 講談社, 1990

『スポーツの栄養・食事学』鈴木正成著, 同文書院, 1986

『スポーツ傷害・救急ハンドブック』栗山節郎著, 不昧堂, 1987

『スポーツビジョン』スポーツビジョン研究会編著, ブックハウスHD, 1991

『トレーニング・バイブル』窪田登監, 森永製菓健康事業部, 1997

『トレーニングの科学』宮下充正著, 講談社, 1980

『トレーニング用語辞典 [新訂版]』石井直方総監, 森永製菓健康事業部, 1990

『動きを測る』大道等著, 大修館書店, 1991

『運動処方の実際』池上晴夫著, 大修館書店, 1987

『ビタミン』五十嵐脩著, 丸善ライブラリー, 1991

『スポーツとは何か』　玉木正之　　　　　　　　　　　　　　　　　　講談社
『教養としてのスポーツ・身体運動』　東京大学身体運動科学研究室・編
　　　　　　　　　　　　　　　　　　　　　　　　　　　　　　東京大学出版会
『運動学習とパフォーマンス』　リチャード・A・シュミット　調枝孝治・監訳
　　　　　　　　　　　　　　　　　　　　　　　　　　　　　　　大修館書店
『シンプル生理学』　貴邑冨久子・根来英雄　　　　　　　　　　　　　南江堂
『スポーツ心理学ハンドブック』　上田雅夫・監修　　　　　　　実務教育出版
『図説・運動の仕組みと応用』　中野昭一・編著　　　　　　　　　医歯薬出版
『からだの構造と機能　日常生活行動を支える身体システム』　小坂橋喜久代・編著
　　　　　　　　　　　　　　　　　　　　　　　　　　　　　　　学習研究社
『基礎運動学　第4版』　中村隆一・斎藤宏　　　　　　　　　　　医歯薬出版
『最新スポーツ大事典』　岸野雄三・編集代表　日本体育協会・監修　大修館書店
『スポーツ障害を防ぐ』　中原英臣　　　　　　　　　　　　　　　　講談社
『運動生理学20講　第2版』　勝田茂・編著　　　　　　　　　　　朝倉書店
『図説・運動生化学入門』　伊藤朗・編著　　　　　　　　　　　　医歯薬出版
『人体機能解剖学』　杉晴夫・編著　　　　　　　　　　　　　　　　南江堂
『日本人体解剖学』　金子丑乃助原　　　　　　　　　　　　　　　　南山堂
『関節トレーニング』　井原秀俊・中山彰一共著　　　　　　　共同医書出版社
『レジスタンストレーニング』　石井直方　　　　　　　　　　　　　山海堂
『筋と筋力の科学1　重力と戦う筋』　石井直方　　　　　　　　　　山海堂
『筋と筋力の科学2　筋を鍛える』　石井直方　　　　　　　　　　　山海堂
『関節はふしぎ』　高橋長雄　　　　　　　　　　　　　　　　　　　講談社
『自分の骨のこと知っていますか』　桜木晃彦　　　　　　　　　　　講談社
『スポーツ・トレーニング理論』　村木征人　　　　　　　　ブックハウスHD
『スポーツスピード養成SAQトレーニング』　日本SAQ協会・編　大修館書店
『スポーツ心理学Q&A』　日本スポーツ心理学会・編　　　　　　不昧堂出版
『マイスポーツ2001』　　　　　　　　　　　　　　　　　　　大修館書店
『スポーツ科学講座・8・スポーツとキネシオロジー』
　　宮畑虎彦　高木公三郎　小林一敏　　　　　　　　　　　　　大修館書店
『姿勢のふしぎ』　成瀬悟策　　　　　　　　　　　　　　　　　　　講談社
『ステップアップスポーツ　スポーツ科学バイブル』　高畑好秀・総監修　池田書店

『ベースボールの物理学』　Adair K. Robert　中村和幸・訳　　　紀伊国屋書店
『スポーツ科学講座2　スポーツと体力』　朝比奈一男ほか　　　　大修館書店
『Contributions of upper limb segment rotations during the power serve in
　　　　tennis』　Elliott B.ほか：Journal of Applied Biomechanics 11
『The role of upper limb segment rotations in the development of racket-head
　　　　speed in the squash forehand』　Elliott B.ほか：Journal of Sports
　　　　Sciences 14
『Three-dimensional kinematics of the throwing arm during the penalty throw
　　　　in water polo』　Feltner M. and Nelson S.：Journal pf Applied Biomechanics
　　　12

『スポーツ動作の隠し味』 石井喜八　　　　　　　　　ベースボール・マガジン社

『選択反応条件下におけるソフトテニス・フォアハンド・ストロークのキネマティクス的分析』 楠堀誠司ほか　　　　　　　　　　　バイオメカニクス研究3(4)

『野球の投球動作におけるボール速度に対する体幹および投球腕の貢献度に関する3次元的研究』 宮西智久ほか　　　　　　　　　　　　　　　　体育学研究41

『スポーツスキルの科学』 宮下充正　　　　　　　　　　　　　大修館書店

『ボールゲームにおける状況判断研究のための基本概念の検討』 中川昭
　　　　　　　　　　　　　　　　　　　　　　　体育学研究28-4

『A three-dimensional cinematographic analysis of upperlimb movement during fastball and curveball baseball pitches』 Sakurai S.ほか: Journal of Applied Biomechanics 9

『「たくみ」の科学』 大築立志　　　　　　　　　　　　　　朝倉書店

『投げる科学』 桜井伸二　髙槻先歩　宮下充正・監修　　　　　大修館書店

『Timing an attacking forehand drives in table tennis』 Bootsma R. J. & Van Wieringen P. C. W.: Journal of Experimental Psychology: Human Perception and Performance 16-1

『Analysis of correlation between selected kinematic variables of the take-off and the length of the ski-jump』 Jost B.ほか : In proceedings of XVIII international symposium on biomechanics in sports. : Y. Hong & D. P. Johns (Eds.) The Chinese University of Hong Kong

『The improvement of coincidence anticipation timing task with bat-swing』 Matsuo T., Kasai T., & Asami T: Journal of Human Movement Studies25

『Timing strategy of baseball-batting』 Matsuo T.& Kasai T.: Journal of Human Movement Studies 27

『Expert perception and decision making in baseball』 Paull G & Glencross D.International : Journal of Sport Psychology28

『Mechanics of cycling』 Pons D. J. & Vaughan C. L.:In Biomechanics of sport, C. L. Vaughan (Ed.) CRC Press Inc.

『A cinematographic and mechanical analysis of the external movements involved in hitting a baseball effectively』 : Race D.E.: Research Qurterly32

『Choice batting reaction-time.』 Slater-Hammel A. T. & Stumpner R. L. : Research Quarterly 22

『Forces applied to a bicycle during normal cycling』 Soden P. D. & Adeyefa B. A. : Journal of Biomechanics 12

『Ski-jumping-, alpine, cross-country-, and nordic-combination skiing』 Watanabe K : In Biomechanics of sport, C. L. Vaughan (Ed.) CRC Press Inc.

『Optimal design parameters of the bicycle-rider system for maximal muscle power output.』 Yoshifuku Y. & Herzog W : Journal of Biomechanics 23-10.

찾아보기

자

스포츠의 과학적 원리

초판 인쇄 2018년 12월 2일
초판 발행 2018년 12월 5일

지은이　　윤신중

펴낸이　　진수진
펴낸곳　　혜민북스

주소　　　경기도 고양시 일산서구 하이파크 3로 61
출판등록　2013년 5월 30일 제2013-000078호
전화　　　031-949-3418
팩스　　　031-949-3419

값 26,000원